三月残花落更開，小檐日日燕飛來。子規夜半猶啼血，不信東風喚不回。

宋王令送春诗歲在甲午仲夏吉日 古燕馬戎漢書時年七十有九

马龙 著

不信东风唤不回

我的祖父马连良

团结出版社

图书在版编目（CIP）数据

　　不信东风唤不回 / 马龙著. -- 北京 ： 团结出版社，
2018.4
　　ISBN 978-7-5126-6007-6

　　Ⅰ．①不… Ⅱ．①马… Ⅲ．①马连良（1901-1966）
—传记 Ⅳ．①K825.78

　　中国版本图书馆 CIP 数据核字(2017)第 327060 号

出　　版：团结出版社
　　　　　（北京市东城区东皇城根南街 84 号　邮编：100006）
电　　话：（010）65228880　65244790　（出版社）
　　　　　（010）65238766　85113874　65133603（发行部）
　　　　　（010）65133603（邮购）
网　　址：http://www.tjpress.com
E-mail：zb65244790@vip.163.com
　　　　　fx65133603@163.com（发行部邮购）
经　　销：全国新华书店
印　　装：三河市东方印刷有限公司

开　　本：170mm×240mm　　16 开
印　　张：22.75
字　　数：325 千字
印　　数：5045
版　　次：2018 年 4 月　第 1 版
印　　次：2018 年 4 月　第 1 次印刷

书　　号：978-7-5126-6007-6
定　　价：68.00 元

1963 年马连良于香港留影

马连良、陈慧琏结婚照

《马跳檀溪》马连良饰刘备

《胭脂宝褶》马连良饰永乐帝

电影《群英会·借东风》在拍摄中的工作照，马连良（右）饰诸葛亮、叶盛兰（中）饰周瑜、谭富英（左）饰鲁肃

《海瑞罢官》马连良饰海瑞

《秦香莲》马连良饰王延龄

《赵氏孤儿》马连良饰程婴

目 录
CONTENTS

第一章

投身梨园

我这里唤娇儿早上学院

家虽贫学不辍古有格言

——选自马派名剧《清风亭》

门马茶馆

"庚子之乱"后的1901年，二十世纪伊始。大清王朝与西方列强签订了丧权辱国的《辛丑条约》，正所谓"量中华之物力，结与国之欢心"。国力衰竭，山河破碎，风雨飘摇，大厦将倾。积贫积弱的华夏神州面临三千年来未有的动荡变局，帝都北京顿失往日的辉煌气象。

就在这年的正月初十日，在北京阜成门外檀家道一个普通的马姓城市平民家庭中，出生了一个男孩，他就是马连良。他的降生，并未给这个本已清苦的家庭带来什么欣喜，因为当时的马家生活已经相当拮据。在这战乱频仍的动荡年代，家里多一张嘴，就意味着多一份不安和辛劳。马连良出生时，家里只盼这孩子能平安长大，根本就不曾想过让他日后出人头地、光宗耀祖，更不可能奢望他日后成为一代艺术大师了。

马家是一个回民大家庭，世代信奉伊斯兰教。马连良的父亲叫马西园，娶妻马氏。马氏病故后，又续弦满氏。育四男一女，长子早殇，次子春轩，三子就是马连良，乳名叫三赏儿，意思是真主赏赐给马家的第三个儿子，幼女慧敏及幼子连贵。

马连良母亲满氏是穷人家出身，在德胜门外做贩卖鸡蛋的小本生意，是人称"鸡子满家"的女儿。她持家勤俭，办事果断，对子女管教甚严。而马西园本人则性情温和，慈眉善目，恪守教规，一心向主。他除了赚钱养家之外，还十分热心于回族同胞的公益事业，乐善好施、助人为乐。马连良就成长在这样一个慈父严母的家庭环境中，他的性格特征打上了深刻的家族烙印。他之所以后来能成为一代京剧大师，与他出生时的家庭环境有着密切的关系。

早在清咸丰年间，马连良的祖父马永祥就定居北京。到了马连良这一辈，可以说是正儿八经的北京人。坊间传说马家是陕西扶风人，估计是有人因马连良成名时的剧社名为"扶风社",而凭空想象的。当时京城居住的回民人口只有五六万人,属典型的少数民族。历史上,由于清政府曾对回族起义进行过多次武装镇压,大批逃难的回民四处流散,择地而居,到清末已很难形成反抗的势力。流散的回民势单力孤,备受压迫歧视,过着逆来顺受的生活。

京城的回民同样地过着"大分散,小聚居"的日子。他们分散在京城各地,以各地的清真寺为中心,聚集在一起。京城有几处回民居住相对集中的区域,如牛街、花市、齐化门(今朝阳门)、德胜门外等地。因回民在清代甚至清以前,多不参加科举进身仕途,因此回族人中官宦人家并不多,有钱有势者更是凤毛麟角。由于血脉中有经营、谋划之才,回族人多以营商为业。二十世纪初,京城回民中主要有"白、马、金、邓"四大家族,富庶殷实,为人称道。

京城回民有两大特征:其一,由于人口少又互相通婚,彼此之间常有亲戚关系,被形象地比喻为"缠头亲",北京人形容远亲时喜说"八杆子打不着的亲戚",这在京城回民当中却不适用;其二,姓氏集中,故多在姓氏之前加一"小批儿",以示区别。较有名气的有廊房头条的"金店李家",以经营金银首饰闻名。牛街的"驴子孙家",贩驴起家,后业玉器。"珠子沙家",垄断性专供皇家用珠。花市古玩行的"润宝成李家"、"玉器铁家"等,均为京城知名商家。在回族中,大门大户,发达之家毕竟是少数,其余大多是小商小贩、小业主等穷苦人家,生活境遇远不如京城的满汉人家,故世人皆称"穷回回"。

"回回手中两把刀,一把卖羊肉,一把卖切糕"。这就是说,回民主要以做小买卖和勤行为谋生手段。虽然从事的都是体力劳动,但是回民受伊斯兰教教义的影响,对清洁卫生非常重视,在京城内以干净整洁而著称。比如卖切糕的,木头推车永远用碱水洗刷出白碴儿,车上的铜活擦得锃光瓦亮,看着就洁净,让食客对食品卫生感到万分的信赖。据晚清沈太侔《东华琐录》记载,阜成门内锦什坊街有一推车卖羊肉的回民,如遇有泥潭,用手持车的两端,有数百斤重,抬起离地二尺有余,轻捷地飞身越过，成为当地一奇观，可见回民爱清洁的程度。

马连良祖父马永祥就是干勤行出身，所谓勤行就是饮食业。他共生有七个孩子，六男一女。分别名为马西园、马心如、马崀山、马振东、五子名不详、马沛霖及幼女，幼女后来嫁于哈家，人称哈马氏。马永祥故去后，留给七个孩子一份祖产，即位于阜成门外箭楼斜对面的一所茶馆，名叫长顺馆。由于是马家经营，加之所在的地理位置，俗称"门马茶馆"。这家茶馆因设有"清音桌"，常有戏迷、票友在此大唱西皮二黄，专业演员如金秀山、德珺如等常来喝茶并演唱。这二位一个是花面大家，一位是小生翘楚，在当时都是响当当的头路大角儿，"门马茶馆"也算当时有一定艺术凝聚力的票房之一，名字也就不胫而走，正名长顺馆反而没人知道了。马家也按照京城回族人的习惯，被人称之为"门马家"。

此时，京剧艺术的发展经历了从民间到宫廷，再从宫廷回归民间的过程，进入了前所未有的成熟发展阶段。以"伶界大王"谭鑫培为首的一班优秀京剧艺人，按照业内人士的形容，正红得山崩地裂。进宫承差，为西太后和光绪皇帝演出，如同家常便饭，艺人们被称为"内廷供奉"。这在世人眼里，是莫大的荣耀。特别是谭鑫培，他一改过去须生直腔直调，声宏宽响的唱法，创立了低回婉转的巧腔，甜腔，为慈禧所赏识，谭的戏已成了她不可或缺的享受之一。西太后还赏赐谭鑫培六品顶戴，对朝中大小官员恭维谭为"谭贝勒"、"谭大王"等都予以默许，不加干涉，给予了谭极高的社会地位。

常言道：上有好者，下必甚焉。京城内外的人们，上至达官贵人，下至贩夫走卒，没有不好唱两句"杨延辉坐宫院自思自叹"的，谭派戏迷遍布各地。当年"大老板"程长庚认为谭腔过于甜软柔媚，近于凄凉，并预言"此乃亡国之音！"虽然这句话逐渐地被应验，可朝廷的景状颓败至此，人们除了用谭腔来宣泄胸中的郁闷以外，又有何良策呢？"国家兴亡谁管得，满城争唱叫天儿"，正是这个时代的真实写照。

在如此强烈的艺术氛围之下，马西园等老哥儿六个都被影响得喜好京戏了，而且都能够来上两段。日子过得虽然清苦，可苦中作乐也是一大精神解脱。子从父业，老哥儿六个也都从事于勤行，同时照应着茶馆的生意。日子长了，马家兄弟和来茶馆的票友、艺人也逐渐混熟了。一日戏班儿的爷们半逗半认真地与马家哥儿几个说："平常你们净伺候我们了，今儿客人少，闲着也是闲着，我们哥儿几个也伺候你们一回。马大爷来一段吧，我们傍着您！"马西园腼腆得不知所措，连忙推辞："我不行，不行，要唱让我们老三唱吧。"

三爷马崑山在众人热切要求之下也不推辞，大大方方，直工直令地唱了一段《摘缨会》。开始大家都抱着玩的心态，谁也没把这位马三爷当回事。可不唱不知道，一唱吓一跳。马崑山声若洪钟响遏行云，"坑坎麻杂"（京剧术语：指唱腔中应当遵循讲究的地方）面面俱到，顿时技惊四座，众人齐呼："好！"几位专业的角儿和众票友齐声喝彩："这马家门真是藏龙卧虎啊！崑山，你都能下海了！"马崑山腼腆地回答："您别逗了，我这两下子都是跟您学的。"没过几日，众票友总撺掇马崑山唱，他也乐得高兴，一来二去，马崑山会的戏就露了不少。一天几位角儿正儿八经、推心至腹地与马崑山聊了起来，"崑山，你是不是以为我们跟您逗哏呢，你的玩艺儿地道，跟我们一块干吧，下海！"

马家哥儿几个这才知道，原来三爷的水平真够"下海"的资格，没有不高兴的。唱戏挣钱多，不但能让一家老小过上安生的日子，而且还能山南海北地云游四方、增长见识，多过瘾呢！可是不行，要让北京的老回回亲戚知道马崑山下海唱戏，马家天天都得被人戳脊梁骨。原来回民的传统观念认为，唱戏就不是回回应该干的职业。

因为穆斯林认为，只有安拉才是唯一应该顶礼膜拜的真主，所谓"认主独一"。而唱戏这行在后台要拜祖师爷，上台前又化妆、勾脸，然后粉墨登场，在台上时不时还要下跪，拜拜帝王将相、各路神仙。这都是伤"伊玛尼"的事，就是指破坏了回族的宗教信仰，所以不能干。另外，当戏子毕竟是"下九流"的贱业，为世人所不齿。在中国传统社会的四堕民"娼优隶卒"中，唱戏的还排在妓女后面，戏班的人曾无奈地自嘲："咱们管窑姐儿还得叫声姨儿呐。"

马崑山把他的难处说了，有人开导他："你唱戏养家，靠本事吃饭，天经地义！总比眼看着一大家子人受穷挨饿强。有没有真主，在你心里，不在乎别人怎么说！"马崑山何尝不想下海唱戏帮补家里，只是碍于坊间的闲话，怕伤及家人。老哥儿六个商量之后，想出了个高招，决定让三爷崑山先到上海尝试一下。这一招进可攻，退可守，倒也两全。于是马崑山踏上了南下的火车。

马崑山到上海之后，没费多少周折，竟然以票友出身在戏班里唱上了二路老生（京剧术语：以老生行当饰演的主要配角），非常不易。时常来个《洪羊洞》中的八贤王，《珠帘寨》里的程敬思等二路活儿，后以擅长王帽戏（京剧术语：以帝王为主演的剧目）著称。

特别是一次在《四郎探母》的演出中，突然露了一手绝活儿，令沪上震惊。杨四郎在"见母"之后有一句唱腔"儿去去就来"。正常的演法是唱完这句后下台，转场到下一折"见妻"。谁也没想到，马崑山没这么演。他一边唱着这句，一边往后台走。虽然人进了下场门，但是唱腔却一直延绵不断，而且声音响堂打远，每一个字音都清清楚楚地从后台送入前台观众的耳膜。一句唱完，人又重新从上场门回到了舞台中央。上海观众从来没见过这样的声音、气力、演法，一下子就"炸窝"了，马崑山从此在上海滩屹立不倒。等把白花花的银子汇到北京后，老回回亲戚们才知道，原来唱戏比干勤行和做小买卖强多了，真挣钱呀！随着当时社会上的西风东渐，中国人的思想也日渐开放，老辈们也逐渐地接受了现实。

马崑山又将其四弟振东、六弟沛霖约到了上海，正式"下海"。振东唱小生，沛霖唱丑。北京这边主要靠大哥西园维持。虽然兄弟们在上海挣了钱，可北京的日子也没好到那里去。主要是马家人丁兴旺，各家添丁进口，开销自然就大了。于是马崑山又把大哥的次子马春轩、二哥的长子马春樵、四弟的长子马春风（后更名马四立）、大嫂的娘家内侄马春甫等全接到上海，让他们进了当地的小金台科班学戏，因此这四个人按科班的规矩，都排名"春"字辈。从此，在马崑山的带动之下，马家两代人均在上海走上了从艺的道路，马连良以后从艺多受其三伯影响。

　　京城的回民下海从艺，马崑山不是第一人，也算是前辈了。他让回民血脉中能歌善舞的特质，通过京剧艺术得到了充分的展示。后辈的京剧演员中多回族，不应忘却马崑山等老前辈的引领。

　　同其父辈一样，马连良自幼受到"门马茶馆"里的京戏熏陶。咿呀学语之时，耳朵里就灌满了西皮二黄。等能说会道了，嘴里的哼唱自然就有了京戏的味儿。回族的孩子出生后，都要请阿訇起个经名，多为阿拉伯人常用的名字。如今在各大网站搜索马连良词条后，均显示经名为尤素福，实为后人附会而成。由于年代久远，实际经名已无证可考。五岁时，马连良被父亲送入阜外三里河清真寺所办的学堂念书，诵读《古兰经》。和他一起读书的都是周围回民人家的孩子，他的同窗好友之一赵炳南，后来成了北京中医医院的院长。

　　他上学经常走过一家老戏园子叫"阜成园"，当时"宝胜和"戏班常在那里演戏。一听到锣鼓点响，马连良这两条腿就想往戏园子里跑，终于有一天实在忍不住，就逃学了，第一次看了场真正的大戏。其中有杨瑞亭的《战太平》，崔灵芝和冯黑灯的《因果报》等剧目，一下子被舞台上的艺术魔力所征服。从此以后曲不离口，等会的戏多了，戏瘾也越来越大。

　　他的三伯马崑山见侄子对戏特别"魔怔"、入迷，整天哼哼叽叽的，小大人儿一般，就向大哥建议："我看三赏儿是块唱戏的料，您让他也学戏吧，将来准有出息！"马西园已有次子春轩习小生，他对学戏多少有些了解，那不叫学戏，叫"打戏"。哪个学戏的孩子，不是遍体鳞伤的。即使是这样打出来，也不一定能成好角儿，俗话说："三年能出一个状元，十年出不了一个戏子。"三赏儿从小聪明可爱，人又懂事，马西园实在不忍让他去学戏，还是先念书再说。

让我学戏吧

人算不如天算，世道日趋艰难。到了1908年，西太后和光绪帝先后驾崩，国家进入了"双国服"时期，百业凋敝民不聊生。门马茶馆的生意实在无法维持下去了，马西园只好干起了卖洋灯罩（煤油灯罩）的小买卖。马连良从小心重，眼见家境越来越差，就与父亲商量："还是听三伯的，让我学戏去吧。人家又管吃，又管穿，还能挣点零花钱，将来我一定成好角儿，奉养您二老！"马西园心酸地说："儿啊，你真懂事，别怨爸爸心狠，咱们先试试吧！"

当时学戏有三种形式：其一，请人教戏。家中有钱的请先生给孩子教戏，每月付给先生"月规"；其二，坐科学艺。进科班学艺，不交学费，如坐七年大狱；其三，手把徒弟。也不必花钱，把孩子"写"给师父，满师后多少年内要给师父效力。如程砚秋、张君秋等，就是采取这种方法学艺的。

马西园选择了第三种方式，把马连良送到一个叫樊顺福的先生家，先学戏试试。这位先生倒不太爱打人，可是特别爱骂人。有一回他儿子偷了他的钱，他没完没了地"砸灯罩子"（骂人谐音），整骂了一天一夜。马西园一看着急了，心想这可不行，玩意儿没学着，再把我们孩子教坏了。这种先生品行不端，咱不试了。

马连良从樊家离开不久，有内行人士张子潜先生给马西园介绍，喜连成科班的叶春善社长可是个公正忠厚之人，为人谦逊，崇尚道德。其社中弟子一个个都谨慎自好，专心技艺，否则在社中不能立足。张子潜称叶先生教学办事，公私分明，廉洁自重，身上绝无戏班中人的不良恶习，堪称梨园界之君子！另外，叶社长苦心孤诣地经营科班，却遭到业内一些人士的冷嘲热讽，认为他沽名钓誉，办不了多久科班就得垮台。叶先生身上憋

"喜连成" 科班的叶春善（左）和萧长华（右）

着一股劲，事必躬亲、自强不息，誓将喜连成办成全国第一的科班。他大胆预言："二十年后，没我的人，谁也开不了戏！"

马西园听说后十分高兴，心想跟着这样的师父，孩子才能走正道，才能学到真东西。还有一点，"喜连成"科班一贯重视尊重回教，以前曾有个别戏班在演戏之时，因某些戏词中带有对回教歧视不敬之意，引发了京城中穆斯林捣毁戏园子的事件。因此，"喜连成"总教习萧长华先生特别告诫丑角演员，在抓哏时要特别慎重，禁止信口开河，以免引起回教观众的误会。

在"喜连成"，所有回教学生的伙食与其他学生严格分开，饭、菜、碗、筷等都必须另备。学校制订纪律，要求学生之间互相尊重，不许歧视，违者必罚。尽量在生活上给予方便。让回教学生的家长对叶、萧二位深信不疑，他们把孩子送到"喜连成"学戏非常放心。马西园基于上述理由，三思之后，决定把儿子送入叶春善主持的"喜连成"科班。

宣统元年（1909年）正月十五日，马西园带着儿子三赏儿去了前门大栅栏里的广德楼戏园子，见到了"喜连成"科班的社长叶春善先生。叶社长把这个孩子上下仔细端详了好一阵，用双手对孩子上下身拍打了几下，然后说了句："这孩子，成！长像不错，先让他学武生看看？"从此，马连良就算是入了"喜连成"科班。

等师兄弟们散戏之后，马连良随着大队人马回到了科班。由于教师对师兄们没有任何交待，也就没人对马连良在科班的生活给予指点，加之他又是第一次独自离开家门，在外面与陌生人从未打过交道，心中甚感不安与惶恐，就这样惴惴不安地过了一夜。第二天，也没事干，看着人家练功、说笑，自己多少还是有些紧张。入科的第三天，叶春善先生把马连良叫到身边问道："在家里学过戏没有？能唱一段吗？"于是马连良就唱了"听谯楼打罢了四更时分"一段，叶说："嗓子不错，让他文武两门抱吧，还是先学武生！"

进入"喜连成"后，排二科"连"字辈，总教习萧长华先生为之起名"连良"，号"温如"。将"温良恭俭让"的道德理念，寄托在这个新来的学徒身上。马连良从此有了学名，而乳名三赏儿逐渐被人淡忘了。先从茹

"连字辈"学生大合影，前排右起第三人为马连良

莱卿先生学武生，学了《石秀探庄》、《蜈蚣岭》等戏，这只是入科后的审察阶段，并未正式入科。等到先生们都认为是可造之材后，才能正式"写字"，也就是签订契约。

马连良学起戏来有些大智若愚，对科班的"念、背、打"的教学方法很难适应，因此比一般的孩子慢了许多。当时的老师先生都信奉"不打不成材"这一理念，科班里的学生们经常被先生戒尺相加。打手板是比较轻的惩罚，有一种打法叫"两面焦"，即手心朝上，手背紧贴桌面，戒方打在手心上，手心手背会被同时打伤。当有些学生在唱念方面总不能让先生满意时，最残忍的惩罚是用戒方直接插入嘴中不断搅动，使口腔内完全受伤。由于马连良经常挨打，可越打越怕，越怕就越学得慢。

又有旁人耻笑马连良的念白"一嘟噜一块"，口齿不清，有"大舌头"之嫌。最后竟被一位老师讥笑道："祖师爷不赏你这碗饭，你还是卷铺盖走人吧！"把个小小年纪却心事重重的马连良委屈得有冤无处讲，提着小铺盖卷，忍气吞声、一步三回头地走到了"喜连成"的大门洞，眼泪不停地往下掉。本想好好学戏，长大成名，孝敬父母，谁知自己这么没本事，让人家轰走了。家里那么穷，自己不但帮不上忙，反而又成了累赘。越想越难过、越自责。正巧名丑郭春山先生来这里教戏，见这孩子哭得可怜，不觉动了恻隐之心。心想这孩子这么规矩、老实，将来准错不了，别轰他呀！于是他帮忙说情，马连良才又留了下来。没想到郭先生这一留，日后却成就了一位梨园英才。马连良成名之后，郭先生已日渐衰老难以登台。为报答郭先生当年的知遇之恩，马连良让郭在自己的班社里当顾问，坚持给先生开戏份儿（京剧术语：演出费）。

经过一段时间的资质考察之后，马西园在中保人张子潜的陪同下，与"喜连成"科班正式签订"关书大发"（京剧术语：契约）。主要内容是："立关书人马西园，今将马连良，年九岁，志愿投于叶春善名下为徒，习学梨园生计，言明七年为满。凡于限期内所得银钱，俱叶春善师享受。无故禁止回家，亦不准中途退学，否则有中保人承管。倘有天灾、病疾，各由天命。如遇私逃等情，须两家寻找。年满谢师，但凭良心。空口无凭，立字为证。立关书人马西园（画押），中保人张子潜（画押），年月日吉立。"自此，马连良正式开始了在"喜连成"科班的"七年大狱"，走上了从艺之路。

坐科之苦，世人皆知。每日早上六点上晨课，主要是文吊嗓子武练功，毯子功不分文武，都要练。先压腿，耗腿，踢四门腿。即正腿、旁腿、十字腿、月亮门腿。再耗顶拿倒立，先生看着，从一数到一百，算一把顶，每天三把顶。随后下腰、翻跟斗、虎跳、吊毛、抢背……然后早餐、上戏园子、演戏、回学堂、晚饭、夜课，到晚十点的夜寝，循环往复，天天如此。这对一个八九岁的小孩来说，已是莫大的压力。加之挨打受骂如家常便饭，特别是"打通堂"，即一人有过，全体挨打，所受之苦，如同炼狱。马西园整天提心吊胆，生怕儿子有个闪失，祈求真主保佑连良无病无灾，早脱苦海，一举成名。

马连良在科班里心中总憋着一股劲，恨不得立马成名，一炮而红。于是练功刻苦，心气极高。为了摆脱念白的毛病，整天拿着一个粗瓷坛子，用嘴对着坛子口大段大段地练念白。坛子可以拢音，把他的念白清晰地反射到耳朵里，以辨瑕瑜，同时又不影响别人。

马连良最喜欢登台演戏。老师常派他来个家院、门子等扫边的零碎活儿，他却从无怨言，而且认真对待。他有自己的一套"秘诀"，即多上一次台，就多一次实践的机会，多一次近距离学戏的机会。即使不让自己唱主角，那也学会了。

为了"扮戏"漂亮，即使是演个家院这样的小配角，马连良也总是提前把要穿的行头找出来，自我打理一番。先将髯口用热水泡上，使之又软又飘逸。再用铁梳子反复梳通，显得薄亮通透。再把行头的护领、水袖拆下来，洗得白白净净，然后找地压平了。把靴底用大白刷得又白又干净，穿戴好了这一身"私房行头"，往台上一站，整个人显着格外精神。这就是后人为他总结的所谓马派"三白"。管箱的师傅常常讥笑他："得了，得了，你是多大的一个活儿啊！费这么大劲儿！"他发现自己的眉毛顶上总出岔儿，用墨笔画眉毛时就不美观。其实台下观众根本看不见，马连良却非常重视，请科班里的剃头师傅把眉毛全剃光了，扮相马上好看了，可人没法看了。

马西园挂念儿子，怕他在科中吃不好官中的饭食。但考虑到自己家境清贫，又无力给儿子买什么好吃的点心，马西园只好粗菜细做。买些便宜的咸菜"水疙瘩"切成细丝，有钱时加上点牛肉末，没钱时拌些黄豆，给马连良炒上一大罐子亲自送到科班，给儿子和他的师兄弟们吃。儿子吃在嘴里，香在心头，一直爱吃爸爸亲手做的炒水疙瘩丝。在以后的几十年中，这道菜竟成马家的"看家菜"之一了。

马连良知道父亲赚钱少、负担重，十分孝顺的他恨不得马上挣到钱，帮衬家里，可科班里唱戏是没有收入的。每逢有戏时，学校会发几个大子儿的饽饽钱，以示奖励。他就把这几个大子儿攒起来，等到凑足一块大洋时，就想法送到家里父母手中。父母拿着儿子送来的钱，常常泪流满面。马连良成名后常用此事教育子女，他常说："君子爱财，取之有道。"

整天的苦学勤练，加上当时科班的卫生环境又不太好，营养也跟不上，一个小孩能扛多久啊？一天在晨课练功时，马连良突然一个跟头栽在地上，就不省人事了。叶春善师父赶忙请医救治。大夫一见马连良口吐白沫，浑身颤抖，知道病得不轻，对叶师父说："恐怕过不了今天中午十二点了。"

叶师父顿时慌了，马上派人请来家长马西园。马西园见状没说一句抱怨的话，他知道科班不是救苦救难的慈善机构，把孩子送来是为了让他有口饭吃，为了将来能有一技傍身。叶社长他们已经很不容易，不能再添麻烦了，于是只说了句："这孩子生死都是马家的人，他若有造化挺过来，还是您的徒弟，您还得栽培他。"说完深施一礼，背起孩子就回家了。

马连良患的是所谓"惊风"之症，一连高烧一个礼拜，经过大夫的精心调治和父母的细心照料，整整在家休养了一个月，身体才康复。在这段时间里，马连良的弟弟连贵出生了。父亲马西园虽然做的是灯罩的小买卖，家里却穷得连灯油也买不起，屋内漆黑一团，接生婆都不敢进门。于是邻里的孩子就爬上路边的街灯杆子，从街灯里偷一点油回家。用家里的粗线搓了根灯芯，给接生婆照亮。马连良见此情景无比心酸，他觉得再也不能给家里添累赘了，就毅然决然地回到了科班。

祖师爷赏饭

　　叶春善师父对马西园在孩子生死关头深明大义的言行十分感动。马连良病愈回到科班后，叶师父对马连良的大难不死甚为惊奇。一般的孩子如此高烧早就没救了，他竟然又欢蹦乱跳地回到科班了，嗓子也没落下任何毛病，真是祖师爷赏饭啊！从此对马连良另眼相看，并给他定下目标，专攻老生行当。马连良的天赋条件不足，嗓音不能高亢明亮，叶师父先让萧长华、蔡荣桂先生给他说一些二路、里子、扫边老生等配角的活儿，如《连环套》中的施仕伦、《金燕桥》里的孔明等，从老生行当的基础学起。

　　有一次派他来个《斩黄袍》里的苗顺，苗顺在被罢黜后原本唱四句【摇板】，"龙书案下三叩首，好似鳌鱼脱钓钩，官诰压在龙书案，这是我为官下场头"。马连良觉得这样唱着不过瘾，就把第一句"龙书案下三叩首"改唱【散板】，其余的改唱【流水】，并自作主张修改了唱词，"好似鳌鱼脱钓钩，罢罢罢，休休休，得自由来且自由，早知为官不长久，且去深山把道修"。在"且去深山"后，边唱边后退，并编了个右手一翻水袖，在"巴搭仓"的鼓点中，水袖撩到头上，转身下的身段。之前央告琴师给他拉【流水】，请鼓师给开【望家乡】的鼓点。谁知台下观众还真认可，立马彩声四起，不由得引起了后台蔡荣桂先生的注意，心想这孩子还真能"造魔"，认为他有创意。于是蔡先生与萧、叶商议之后，开始为马连良多说一些老生为主演的正戏了。

　　头一出正戏是与二科的程连喜、王连甫合演的《黄鹤楼》，是蔡荣桂先生所授，马连良在戏中饰刘备。叶春善社长一见这孩子扮相雍容华贵，心中甚是喜欢。叶本人是做工老生出身，他知道这个行当首要条件是有样儿，要求演员扮相上漂亮出众。同时在表演上要求以念白、身段为主，唱功次之，这正适合马连良的自身条件，于是让萧、蔡二位先生给马多排正

《借东风》马连良饰诸葛亮

戏，以做工老生戏为主，小戏如《借赵云》、《状元谱》，大戏如《三国志》、《取南郡》等排了不少。

在科里除了演本工戏外，还要饰演一些其他行当的配戏。马连良曾演过武生、小花脸和老旦等行当。特别是《朱砂痣》、《金水桥》、《法门寺》中的老旦，扮像惟妙惟肖，台下颇有人缘，有人建议让他改学老旦。叶社长生怕人才被埋没，说道："唱老旦的有几个龚云甫呀？"对徒弟的爱护欣赏之情溢于言表，话语中多少流露出偏袒之意。

与性格外向、威风八面的叶春善相比，"喜连成"总教习萧长华则是个沉默寡言、运筹帷幄的人物，是科班里的诸葛亮，有"军师"的美誉。"喜连成"在叶、萧二人的惨淡经营下羽翼日渐丰满，东家牛子厚的投资有了回报。

一日，办事认真的叶春善催促萧先生给牛东家尽快汇钱，萧凭借自己对时局的观察认为不妥，就对叶说："二哥，东家的钱肯定要汇，但不一定要现在就办。一来是东家并没有急于要钱的意思；二来是咱们平时省吃俭用的，科班好不容易刚有点起色，您就把咱们的家底全交了，一旦时局不妙，东家那边再汇不来钱，这上百个孩子吃什么呀？"叶认为有理，就向萧要主意。萧说："咱们不如写封假的求援信，诈称买卖不好，看看牛东家反应。如果东家说，不用怕，他会汇钱来支援，说明他那边安然无恙，咱们就把钱汇出去；如果他汇不了钱，咱们手头这点钱还能抵挡一阵。"牛子厚的回信让叶春善大吃一惊，由于经营中的问题，牛家目前正处在自顾不暇的阶段，望叶等好自为之。叶从此对萧深信不疑。

1912 年，"喜连成"科班的出资人、吉林富商牛子厚由于经商失败，无力负担科班的资金，就将它转手给了北京外馆首富沈昆先生。沈家是做口外蒙古及俄国等地生意的商人，从此将科班更名为"富连成社"，简称"富社"。虽然科班换了老板，但社长和总教习依然是叶春善、萧长华。

马连良发现，萧先生在给他们教戏时，不管剧目有多大、多长，他一个人能够把剧中所有大大小小的角色教得头头是道、一清二楚、出神入化，让马连良佩服得五体投地。一天，马连良夯着胆子问萧先生，您怎么什么都会呀？先生说，我告诉你一个秘诀，我当年学戏的时候好背总讲（京剧术语：剧本及有关表演注释）。这样最大的好处就是不但会了自己的活儿，也会了旁人的那点事。要想成好角儿，台上这些事要全明白，这样才能兜得住，出什么事都不怕。

萧先生的一番谆谆教诲，让马连良刻骨铭心。从此，他也开始了背总讲的学习方法，比别人明显用功很多。每次在开戏之前，无论自己在戏中角色的大小，他总是找时间把这天所要演的剧目从头尾地"默演"一遍，做到心中有数才踏实。后来他曾对人说："别人唱过五十遍的戏，我已经唱过一百遍了。"在他跨越半个世纪的艺术生涯中，一直坚持这样做，并用同样的方法要求马派传人。萧长华先生看在眼里喜在心头，知道这孩子有心胸，对连良格外倾心。他觉得这孩子扮像潇洒，身段边式、好看，道白与唱功特别适合演做工老生戏。于是又给他说了《八大锤》《游龙戏凤》等戏，每演必列大轴，马连良逐渐走红。

马连良在科班渐渐小有名气之时，"伶界大王"谭鑫培尚活跃于舞台。谭的名字在社会上如雷贯耳轰动全国，如能与之见上一面，更是求之不得、三生有幸。这种事对于一个学戏的孩子来说，简直是如见真神一般，命运给了他一次直接顶礼膜拜的机会。

在马连良10岁那年，谭鑫培与陈德霖、贾洪林、谢宝云等名家在文明茶园演出《朱砂痣》，向科班商借一个小孩扮演剧中的"天赐"，马连良有幸得到了这一机会。能够与这些"神仙"们同台演出，无疑给了马连良一次心灵震撼。虽不能完全领悟"仙家"们的艺术妙境，但谭鑫培的唱腔和贾洪林的做表、念白，从此成了马连良模仿的对象。

1915年，谭鑫培在中南海怀仁堂应了一场堂会戏，演出拿手好戏《珠帘寨》，富连成科班是演出的底包（京剧术语：为主演配戏的演出剧团）。说得直白一点，就是给角儿站龙套。这场演出本来没有马连良什么事，当他听说是给谭老站龙套，顿时兴奋得难以入睡，这是多么难得向谭老学习的机会呀？于是他找到一个师哥，要求替师哥来这个龙套，师哥很爽朗地答应了。一出《珠帘寨》，马连良站在台上，从脚步、位置、眼神、表情，

到唱腔、念白、身段、开打，把谭鑫
培的高超艺术由头到尾仔仔细细地学
了个够。回到科班后又是兴奋得一宿
没合眼，自己不断回忆揣摩，消化吸
收着这场艺术盛宴。

贾洪林

　　对贾洪林艺术的追慕，更是如痴
如醉。贾先生是谭老的得意门生，乳
名"狗子"，本身有着良好的谭派根
基。加之性情敏悟，潜心钻研，年轻
时已蜚声剧坛。与师父同在"同庆
班"中，为谭唱配角。有时谭不愿唱
的戏，就由贾来代演，台底下并无异
意，是谭不可或缺的人物之一。后因
中年败嗓，于是向做表方面发展，为
著名的"硬里子"，有"梨园鬼才"
之称。请他配戏时，主演在台上略有
懈怠或功力稍逊一筹，马上即被贾洪
林的风头盖过，主角儿在台上顿觉无
色，这一点连谭鑫培都惧他三分。有
人想请谭露演《四进士》，如谭演这出戏，则"毛朋"是主角，"宋士杰"
次之。谭知道贾洪林的"宋士杰"风头很劲，于是说："这是狗子的戏，我
不唱。"

　　马连良与谭、贾二位老前辈同台演出《朱砂痣》，贾在演到"病鬼"
吴惠泉见到突然返家的妻子姜氏时，一边演唱一边做戏。当唱到"你是人
你是鬼快说端详"时，人往后退，丢拐杖，甩髯口，右手扶桌边，左手向
前"抖指"，浑身哆嗦，把剧中人当时惊悚、惶恐的心情以及体虚多病的
精神状态表现得淋漓尽致，如同活见鬼一般。这种高超的演技，对幼小的
马连良产生了一种心灵上的震撼。从此在科里以摹仿贾洪林著称，有"小

贾狗子"之绰号，马视贾先生为自己艺术上的偶像。

在以后的演出生涯中，马连良一直想把贾洪林这个"病鬼"的身段用在自己的演出中，可惜总是没有合适的地方。在过了半个世纪后的 1960 年，终于得偿所愿地把它用在了《赵氏孤儿》程婴的表演中。当时相片是稀罕之物，贾的剧照也不多，马曾觅得民国初年时贾洪林与陈德霖等人的《桑园寄子》剧照一张，爱如珍宝，摆在家中最显眼的位置，并在照片背后亲笔注释，视贾如同神明一般。

人名与戏名划上了等号

到了 1916 年，马连良已演了不少由他担纲主角的正工老生戏，如《空城计》、《武家坡》、《法门寺》、《雍凉关》等。这年富社的老生主演高百岁离班，萧长华先生希望把马连良推上富社老生领衔的位置，并决定复排经典连台本戏《三国志》，其中至关重要的诸葛亮一角决定由马连良来担任。

这出戏是富社的拿手好戏，每贴必满，其他科班都望尘莫及。因为该剧占人太多，行当全，只有富社有这个优势；另外，只有萧长华才有此秘本，并有能力负责全盘"总讲"，即排戏、导戏。由于戏的内容好，编排得当，是行话所说的"戏保人"的经典剧目。对担任主角儿的演员都有抬举，萧先生让马连良饰孔明，是特意地提拔。

原来此剧在"祭风坛"一场时，孔明只有几句念白，一带而过。此次复排，萧先生认为赤壁之战几近结束，全剧进展到此应该有一个总结性的唱段，在此处需要加大力度。他想到马连良以前在演《雍凉关》时那段二黄导板、回龙转原板的唱腔演绎得不错，可以借鉴。于是重新填词，加工整理，修饰润色，一段新的《借东风》唱腔——"先天书玄妙法犹如反掌"，就这样诞生了。

这时马在台底下已经有了人缘，经此一剧的烘托，把这段《借东风》唱得是落落大方，潇洒飘逸。加之马连良一脸聪慧，扮相出众，儒雅清丽，宛若孔明复生。对孔明这个人物的把握上做到了运筹帷幄、神机妙算、虚怀若谷、超凡脱俗，受到观众热烈欢迎，马连良终于一炮而红。《借东风》从此成了马连良的代表作，跟随他在舞台上红了半个世纪，人名与戏名就此划上等号，提到马连良就令人想起了《借东风》中的孔明。这年马连良刚刚 15 岁。

当时报界剧评甚有权威性，报道公正客观，批评一针见血，少有胡吹乱谤之事。剧评家们对马连良大多爱护有加，如上海《亚细亚报》评论他《八大锤》王佐的表演："当对陆文龙说书一段，深情自然，毫无勉强，且言至关键之处，抑扬顿挫，层节不紊，使观者亲临其境，真见其人，于不知不觉之间，拍案叫绝，该伶做工念白举止台风，在童伶须生中，敢断言无出其右。"

北京《顺天时报》评论马连良在《打侄上坟》的表演："上坟几句原板、摇板老练不俗，其尤难能可贵者，是连良能将训诫败类子弟之剧情委曲描出，俾于社会人心，良有裨益。"

1917 年二月初九日，马连良终于迎来了毕业的一天。叶春善师父把马连良、李连贞、赵连华、宴连功、赵连成、陈连洪、高连峰、李连英等八名弟子叫到自己身边，郑重地对他们说："你们八个今天正式满师出科了，愿意继续留下来为科班效力的，明儿个开始拿戏份儿；愿意出去闯练的，现在就可以走人了。"八人当中只有一人在出科后毅然地离开了培养他成才的"富连成"科班，从此步入了社会的大舞台，此人就是马连良。

出科不久的马连良

第二章

独树一帜

任你搜来任你洗

稳坐绵山永不移

——选自马派名剧《焚绵山》

闯荡帘外

　　在马连良坐科期间，其三伯马崑山已从上海"转战"福州了。他善于经营策划，便组织了班社在福州当地演出，当了"上天仙班"的班主。他的大侄子马春樵是武生、红净两门抱，二侄马春轩擅演小生又拉得一手好京胡，二人都成了三伯的左膀右臂，"马家班"在福州干起了一番事业。听说三侄连良是个"科里红"，马崑山急忙写信给大哥马西园，要求在连良毕业之时不要搭任何班社，直接来福州，他要好好捧捧这个侄子。

　　马崑山同时也为侄子马连良谋划了日后的发展轨迹。他分析，马连良虽然是"科里红"的尖子生，但毕竟还是不能通大路的学生，与京城中真正的角儿相比，艺术上还相差甚远。

　　所谓"不能通大路"，是指在科班所学的艺术，与社会上舞台所表现的形式与内容有所不同。特别是北京的舞台演出，要求高级、规范、严格，一个科班刚刚毕业的学生是远远达不到要求的。马家既无钱财请老师给马连良"下挂"（京剧术语：按舞台上标准的演法重新学戏），又无银两给他置办两身像样的私房行头，更无梨园中过硬的关系。凭这"三无"的条件，想要在北京城里搭上大班唱戏，真应了"搭班如投胎"这句话，太难了。因此，马崑山认为只有让马连良走出北京城，到"帘外"去闯荡几年，才能达到既增加了演出实践，又锻炼了人才的目的。于是，马连良随父亲一道，踏上了南下的征程。

　　爷儿俩乘火车先到上海，再转乘火轮到达福州，马家爷儿几个见面分外高兴。马连良从此成了上天仙班的老生主演，冠以"谭派须生"的头衔。三天打炮戏都是老谭先生的代表作《失街亭》、《琼林宴》、《洪洋洞》。除了陆续上演谭派剧目外，同时也参与南派京剧的演出，丰富自己的艺术实践。如在《妻党同恶报》、《乾隆皇帝下江南》、《云中落绣鞋》等剧目中，

《空城计》马连良饰诸葛亮

均有不俗的表现。当然，自己的代表作《借东风》自然是必不可少的演出剧目，"马家班"在福州就越唱越响了。

马连良在福州虽然很红，无奈这时已经开始"倒仓"了，处于变声期，这对一个老生演员来说，是必过的一道"关卡"。艺人把变声称之为倒仓，这个比喻十分贴切。变声好比把粮食从一个仓库倒到另一个仓库，倒好了功德圆满，继续演艺生涯。倒不好，粮食没了，或者少了，也就没饭了。就是说，如果嗓子保护不好，很可能这辈子也就不能再唱戏了。

马连良从小立志要靠自己唱戏养家糊口，刚刚有点起色就赶上倒仓，他岂能善罢甘休。北京方面全家凑钱为他筹措南下的盘缠，大家都对他的南下之行寄予厚望，马连良肩上扛着巨大的压力。三伯马崑山极力筹划力捧侄子，马连良必须报答。唱上了主角，总要置几身私房行头及演戏必需的物品，着实算一笔不小的开销。马连良迫于生计及情感，不得不苦苦支撑着唱下去。

一日，福州当地的一个银行家刘崇伦先生对马崑山说，我看你这侄子终非池中之物，他是个大角儿的坯子，将来必成大器。目前正"倒仓"，若再这样唱下去，这孩子恐怕就毁了，他现在应该少唱戏，多学戏，保护好嗓子至关重要。我知道你们有难处，倘若不弃，我愿资助他回京学戏，也不枉我们朋友一场。马家叔侄听后不胜感激，于是拜别了刘老先生，北上而归。

上世纪二十年代，京城里的戏班可谓"诸侯"林立，名家辈出，京班大戏开始步入鼎盛时期。当时北京是北洋政府的首都，名门望族自办的堂会成为达官贵人之间重要的交际活动。在前清时期，堂会多在王公贵族的府第里举办。像中堂、尚书这一级别的高级官员，一年当中也就办一、两次堂会，以免招摇。可进入民国后，官吏之间互相攀比，腐败之风甚嚣尘上，有时一个普通的科长也要办堂会。堂会价钱也从清末每场二三百元大洋，上涨到民国初年的一千元；1917年前后，每场堂会开销高达五六千元；到1928年奉系军阀张作霖逃离北京之前，堂会开销一般要七千元大洋左右。

　　堂会的盛行和高额的出场费，给当红艺人带来了可观的收入。上世纪二十年代，当红艺人的收入主要来自堂会，相比之下在北京营业戏的戏份还是比较少的，收入最多的当数"伶界大王"谭鑫培。有一次"老夫子"陈德霖给他送去四百大洋的报酬时，"谭贝勒"还说："别要太多了，以后人家不敢请咱们了。"其时陈德霖已经另外付了三百元给他的家人，谭家人多开销大，实收大洋七百元。谭故去后，杨（小楼）、梅（兰芳）、余（叔岩）谓之剧界"三大贤"，"三大贤"的堂会收入普遍在每场六百至八百元。如果哪家的堂会没有请这三位，这个堂会就不够档次，主人也就没有了面子。可以说，"三大贤"在上世纪二十年代，是京剧步入鼎盛时期经济利益的最大受益者。当时一袋白面（44斤装）的售价为两块大洋，一个女佣的月薪三至五元。绣一件京剧演出的"蟒袍"服装要价却高达几十元。

　　这时的马连良还只是一个初露头角的青年演员，为了给自己多置几身行头，每天还要节衣缩食地过日子，还没有"挣大钱"的机会。一天他出门后回家，只见弟弟连贵正坐在大门的门槛上发愣，手托着下巴喃喃自语："哥哥唉，您快回来吧。哥哥唉，就等您往家拿钱呐。"马连良明白，家里又快难到揭不开锅了。一边拉起弟弟，一边安慰地说："兄弟别担心，有哥哥我呐。"马连良知道自己肩上的份量，他要负担起这个家。

苦练三年，走遍天下

　　经过在福州一年多的演出锻炼，马连良深知，"要想成高人，就得有能耐"。他制定了一套新的学习计划，首先来到"富连成"，看望师父叶春善和萧、蔡几位恩师，和他们商议自己的想法。

　　师徒见面，分外高兴。马连良就对师父说："师父，我想再回来跟您学戏！"叶师父听了一愣，说道："我的徒弟只有不断出科的，从来没有回炉的，你可是头一个，说说你的想法吧。""我想跟您多学点以念做为主的戏，现在倒仓，不能总唱。另外，我不能只会'站当间儿的'（主角），我还想学站两边的戏。我可以不唱，但我得会，将来有用。"叶春善明白，他这是要"抱总讲"，为了将来自己排新戏呀！这孩子一年多的南方历练没白去，太有心胸了，师父一定成全你。萧长华先生拍着马连良的肩膀语重心长地说："苦练三年，走遍天下。"

从此，马连良二次进入"富连成"，就像现在入读研究生班。1918年8月末，以"特约福建新回超等名角"为招徕，开始了他二次入科的艺术生涯。每天白天，在富社久占的广和楼露演以念做为主的剧目，如《审头》、《天雷报》、《九更天》等。同时学习新剧目，通过演出实践，丰富自己。如多年之后被誉为马派名剧的《宝莲灯》、《焚绵山》、《四进士》、《白蟒台》等，都是这一时期学习并首演的。

经过在南方的历练，马连良回京后的演出从容稳健、大方自然，深受观众欢迎。出于对马的爱护和期许，剧评家汪侠公在报上呼吁，《胭脂褶》（即《失印救火》）一剧以念白做工讨好，希望让马连良学演，他的表演应当特别适合身份，可步老谭后尘。叶春善社长从善如流，当即让萧长华、蔡荣桂先生为马说排该剧，三个月后在广和楼上演，后渐成马连良代表作之一。

细心的观众在观看马连良《四进士》"盗书"一折时发现，盗书前书信放在桌子中间，不偏不斜。马连良在盗书之后归还书信时，将书信置于桌子前端，而且斜放，有悖于戏情戏理，应该放回原处。马连良在誊写书信时，灯置于桌子右端，与生活中不符，应置于左端。这些意见均通过剧评家的文章见诸报端，就看马连良是否重视舆论，心里有没有观众。

一个月后，当马连良再演此剧时，观众都凝神静气地观察这一细节。马连良在盗书后，先将书信斜放于桌子前端，然后做出不妥状，再将书信放在桌子中间原来位置，把自己上次表演时的错误，演化成为了戏中的内容。不但修正了以前的错误，而且使戏的层次又递进了一步。观众观之心满意足，频频点头称赞，同时彩声雷动。马连良择善而从，台下人缘越来越好。

《四进士》马连良饰宋士杰

谭鑫培晚年的琴师徐兰沅和鼓师刘长顺，是老谭不可稍离的梁柱人物。谭去世后，为了力捧爱徒，叶社长重金礼聘徐、刘二位前来为马连良操琴、司鼓。当年的观众多崇拜老谭为偶像，能在舞台上再度见到徐、刘二位亦属幸事。看到台上场面与老谭时代一般无二，少年马连良又得徐、刘二位相助，观众从心理上对他就有了些倾向性。况且，马连良在台上唱戏，从不惜力，总是满宫满调，已经成了科中的台柱人物。尽管如此，马连良深知观众对他热情鼓励，一多半是冲着徐、刘二位来的。正应了"新竹还需老竹扶"这句老话。看来红花再好，也要有绿叶相配，不能做"光杆牡丹"。戏班整体阵容的强大，才是制胜的法宝。这一观念后来成为影响他艺术生涯的重要观念之一。

马连良的勤奋好学是业界公认的，除了坚持白天演出外，马连良利用晚上的空闲时间去观摩别人的演出。为了能观摩到名家的艺术，他有时下午就揣上两个馒头提前跑到戏园子一个角落"猫"起来，怕被人家发现说"捋叶子"，偷艺。行话有"宁舍十亩地，不舍一出戏"之说。余叔岩吊嗓子时间多放在半夜，为了向余学习《珠帘寨》，马曾去余宅的墙外，从夜里两点站到五点，听他吊这出戏。

马连良博采众长，兼收并蓄，在重点观摩余派艺术的基础上，同时观看孙菊仙、王凤卿、谭小培、刘景然、王又宸、高庆奎等名家名票的演出。他认为，要想有所成就，必须在前辈大家身上吸取营养，为我所用，形成自己的艺术风格；同时还要避开他们的锋芒，独辟蹊径，有所发展，走出一条自己的路。

除了看戏，马连良最爱去的地方就是位于大马神庙的王瑶卿家。戏班里的人都爱到王家请教，听王发表艺术见解。这前辈王瑶卿有"通天教主"之美誉，青年演员多愿意让他指点迷津，王家俨然成了"京剧沙龙"。王曾傍谭鑫培演剧多年，对其剧目颇有心得。后因嗓音不济，演出渐少，逐步淡出舞台，其间马曾多次登门求教。

论及马连良之艺术，王先生认为应该走贾洪林先生的路子，即念做并重，唱腔次之的戏路。马连良目前嗓子又在变声期，演这种类型的戏既可保护嗓子，又能保障生计。王建议说，当年贾洪林先生演《甘露寺》里的乔玄，就特别有彩，前唱后念做，妙趣横生，不妨找找本子，把老腔老词重新加工整理，正对你工。马连良把此事默默地记在心里。

叶春善师父本身是"末"行出身，主要以念白、做工的表演形式演绎人物，如《四进士》中的宋士杰、《失印救火》中的白槐等，与贾洪林是一个戏路。王瑶卿先生的建议与叶春善师父对马连良的培养计划不谋而合，可谓"英雄所见略同"。

马连良追慕贾洪林在科班里是出了名的，特别是面目表情与念白气口的有机结合，出神入化。不但业内认可，广大观众也十分喜爱，报界均认为他是贾洪林的接班人。《顺天时报》写道："做工老生迩年以来，日见缺乏，贾洪林外，无其杰出者，有之，当以富连成社马连良为继起人物……身体之灵便，神情之出色，均不在洪林下，此子于将来做工老生中当坐第一把交椅矣。"

贾洪林先生也认为，将来继承我衣钵者，非此子莫属。1917年马连良出科之后，在叶春善师父的安排下，马连良终于得偿所愿地拜在了贾洪林先生门下。不料，就在这一年的11月7日，贾先生突然撒手人寰，驾鹤西去。马连良当时正在福建演出，得知这一惊天噩耗，捶胸顿足伤心欲绝，只得望空叩拜遥祭恩师。他那颗继承贾洪林先生艺术的心愿，反而更加坚定了。

到了1921年底，经过三年的回炉打造，马连良剧艺大进，能戏极多。看着爱徒技艺日有所长，渐成火候，叶师父十分欣慰。便把马连良叫到身边，语重心长地说："孩儿啊，你若还留在我身边，就耽误你前程了，该出去闯炼吧！"

马连良的二次入科，在京剧发展的二百年间，可谓史无前例。其虚心进取的治学态度，在青年时期为他日后成为泰斗级人物夯实了基础。即使在今天，这种主动回炉深造的情形也是相当罕见的。由此可以得出结论，马连良之所以能够成为马连良，固然有其成长的客观因素和时代背景，但他自身的主观因素和人格特征是绝不可替代和复制的。

上海滩一炮打响

清末"洋务运动"以后，上海成为中国最发达的经济重镇，有"东方巴黎"之称，华洋杂处，市面繁华。同时上海也是我国南派京剧的发祥地，京剧繁荣的一方沃土。行内素有"北京享名，上海挣钱"之说，故北京的名演员一般都要到上海去"挂号"。在沪唱红了，才算真正红了。1922年春，上海"亦舞台"来京约角儿，想请马连良去大上海唱上一期。

马连良1919年从福建归来之后，三年来一直在京潜心研习京剧艺术，不遗余力。如今有人约他去上海演出，对他来说可是关系个人前途的大事，自己不敢擅自作主，于是前往"富社"，向师父叶先生讨教。叶春善师父听爱徒说完上海约角儿之事后，心里为弟子高兴，知道马连良的"机会"来了，是该出去历练历练了。可这上海的戏并不比北京好唱，行内一直有"京朝派"与"海派"之说。

从审美情趣上说，南方观众与北方观众有许多不同之处。俗话说，"北人重艺、南人重技"，有"南功北戏"之说。因为"京朝派"艺人多数注重传统，讲究规范，极为侧重内心刻画；"海派"艺人比较乐于创新，喜欢花式技巧，追求演出火爆效果。经验表明，在上海演出，要有些入乡随俗的心理准备，有些剧目上海的演法与北京也会有差异。

另外，上海唱戏讲究宣传。同样是打广告，北方人就有些不适应，会认为夸张得离谱，不实在，让人笑掉大牙。比如，上海广告形容旦角多用"全球南北、极等欢迎、貌赛花月、玉树娉婷、悲喜俱长、色艺双绝、文武二簧、青衣花衫"；形容老生多用"全球欢迎、妇孺咸知、调高响逸、韵味浓隽、鑫培再世、唱做优长、文武兼能、须生泰斗"等等。马连良首次赴沪演出同样面临宣传的问题。如果没有个"金字招牌"，名不正则言不顺，约角儿的会小瞧了这边。叶师父与萧先生合计来合计去，认为还是打出"初次新到独出心裁唱做须生"的牌子比较有号召力，而不是像上次福建时的"正宗谭派须生"。

当时生行均以"谭派"马首是瞻。无论是伶界的余叔岩，还是票界的言菊朋皆奉老谭为神明，视"谭派"为须生之正宗圭臬，同时世人对生行的喜好也是无腔不谭。像《南天门》《珠帘寨》及《失空斩》等剧目，这些以唱为主的谭派戏，马连良在科中已多次露演，台下颇有好评。加之近来对余叔岩剧目多有观摩，从中汲取养分，学谭已到惟妙惟肖的境界，称"谭派"并不为过。

但是考虑到马连良自出科以来，并未归派。目前在京城老生伶人当中，还属后起之秀，虽然尚未形成自己的演艺风格，但是在京演出的做工老生戏《四进士》《九更天》《焚绵山》《宫门带》等已独步舞台，而这些剧目均不是谭派戏。如果让自己的徒弟不局限于演出谭派艺术，就可以更加全面地展示马连良的才华，也许对他的前途大有裨益。为了马连良首次赴沪商演，叶春善、萧长华煞费了苦心。

赴沪演出招牌事项定下来后，叶师父才问起上海方面的"公事"是否合理。马连良答道，此次"亦舞台"约我去跟白牡丹（荀慧生艺名）合作，是"三四二"的演出定式，即三十场夜戏，四个周末加演白天戏，临别纪念加两场。一个月一期，一共要唱四十场戏，包银八百大洋，您看如何？叶师父听后，心里不太痛快，脸上并没带出来。心想，这不是有点欺负我徒弟吗？

原来京角赴外埠演出，包银都是在京收入的三倍。一份原本应得的收入，一份自己在外地的开销，一份安家费，外加"四管"，即管接、管送、管吃、管住，这是行规。以马连良目前的实力，并参考市场上的行情，每月的包银应不止八百元。当然不能和已成名的"三大贤"相比，他们一场堂会收入就要这个数目。上海方面分明是认为马连良在沪上没有知名度，怕他唱"黑"了，赔了老本，心里没底，故不肯出高价。站在对方的立场上，也能理解，好在徒弟并未在钱上较真儿。

考虑到马连良尚未在上海"挂号"，叶师父语重心长地对弟子讲，如果唱不好，拿再多的包银也要让人家戳脊梁。唱红了，对方挽留一期，包银就得翻倍。如大红了，对方再挽留，你的包银就会涨到理想水准，你看呢？马连良谨遵师命，并以此做座右铭。在以后的几十年演艺生涯中，常用此事教育弟子及学生，他常说："宁让艺术压着金钱，别让金钱压着艺术。"

其实这回首次赴沪商演，心理压力最大的是马连良。亦舞台与他接洽业务时，还附加了十分苛刻的条件。一，如果三天打炮戏唱砸了，分文不取，立马离沪。二，登台后演出效果尚可，每月才有八百的包银。三，如果受到热烈欢迎，包银调整为一千二百大洋。他怕师父听了整天替自己担心害怕，这些事不敢多说，只得自己默默地承受着。他在心里暗暗地较上了劲，内心深处有一股"明知山有虎，偏向虎山行"冲劲。

马连良的三伯马崑山这时已从福建回到了上海，重新搭班唱戏，并生有一女二男。长女巧云，长子叔良和幼子宏良。马崑山在福建组班唱戏时小有积蓄，在沪家中以课子习艺为己任，登台相对少多了。听说大哥陪三侄连良来上海唱戏，把马崑山高兴坏了。每天陪着初次来到这十里洋场的父子俩到处游览，增长见识；同时还要陪他们前往各大"闻人"公馆拜客。

上海各大戏院皆在"大亨"们的控制之下，拜他就是拜老板，邀请他们前来赏光看戏。拜完"大亨"后，再拜各大票房。票房背后都是有钱有势的人撑腰，如不拜他们，他们就会认为新角儿不给面子，就不去买票看戏。不仅如此，他们还会联合其他票房共同抵制，要求大家都不去看戏，让艺人"黑"在上海，更恶毒的招儿是在报纸上写文章抵毁艺人。所以伶人皆曰"开口饭难吃"，毫无个人尊严可言！

以上所拜的这两种"客"，只要他们肯捧场，都是自己花钱买票看戏。为显示其地位，看戏时还要送礼，多以花篮、绣幛为主，上面写着"某某人敬送"的大字，摆放在剧场里显眼的地方。而拜"报馆"就不同了，不但要送票给他们，而且伶人还需要给他们送礼或请客吃饭等，希望他们在报纸及戏剧刊物上面多说好话，达到宣传的效果。某些报馆在剧评方面相当有公信力，对伶人及剧场的上座率都会有影响。

马连良此次来上海"亦舞台"演出，主要是与白牡丹合作。此时白牡丹在上海已经非常红了，如无生旦合作的对儿戏，一般是白牡丹唱"大轴儿"，马连良则演"压轴儿"。从十七岁"倒仓"开始，马连良的变声期持续长达五年之久，嗓音一直没有恢复到正工老生应有的"正宫调"水准，甚至连次之的"六字调"都没有，只有"扒字调"。所以，马连良此次安排的戏码多以唱、念、做兼而有之的剧目为主，不敢上演太多以大段唱功为主的剧目，以便保护嗓子，不能用"过"了。

三天打炮戏十分重要，戏班人常言："唱得好新角打炮，唱不好炮打新角。"因戴着"独出心裁唱做须生"的头衔，马连良根据自己的嗓音条件，精心安排了三天的打炮戏。

第一天是谭派名剧《琼林宴》。自从谭鑫培于1915年最后一次在沪演出后，就没能再来上海，沪上观众盼"老谭"如大旱而望云霓，平时只有靠老谭留下的几张唱片"解渴"。《琼林宴》是谭鑫培唱做并重的拿手好戏，马连良这位"唱做须生"是否称职，观众心中不免打个问号。马连良从一挑台帘出场开始，无论是唱腔、念白、身段、手势和台步无一不"谭"，而且扮像和做派上还透着一股雅致和帅气。观众顿觉大饱眼福，心中的问号瞬间打消，大呼过瘾，纷纷赞叹"真有老谭的味儿"，头天打炮圆圆满满。

第二天，与白牡丹合作上演《南天门》，年纪轻轻的马连良扮演老家人曹福，颇有沧桑之感，独具谭贾遗风。剧评家苏少卿言道："面上似罩一层愁云惨雾，所谓脸上有戏，先胜人一筹……综观全剧，唱做无一不妙，大有观止之叹，尤妙在表情做派，有层次有分际，行与福化，追谭而继贾，舍斯人莫属矣。"

第三天炮戏是老谭代表作《珠帘寨》，亦舞台出现了少有的景象，楼上楼下座无虚席满坑满谷。来晚了没座位的，只得站坐在舞台上面的两侧观看。由于上台看戏的人太多，本来在侧幕边上的乐队不得不移至舞台后部的正中。台上作为装饰的底幕和布景等，也不得不临时撤下。演出盛况空前火爆，马连良在上海滩一炮打响。

三天的谭派名剧唱下来，观众盛赞，简直就是"老谭加蜜"。但是马连良是否是谭派传人，还必须要看他的《打鱼杀家》。原来，不久前上海剧评界曾就萧恩脚底下穿什么鞋展开了一场激烈的辩论，谓之"鞋靴之争"。冯小隐一派认为该穿"鱼鳞靸鞋"，苏少卿一派认为该穿"薄底快靴"，双方都以当年谭鑫培的某次演出为依据。马连良初到上海，如果处理不慎，就会失去一些很有影响力的剧评家的支持。如何解决这个难题，一时让人束手无策。有些想看热闹的人半开玩笑地说道，马连良只好一只脚穿靸鞋，一只脚穿快靴了，才能谁也不得罪。

3月8日，马连良首贴《打鱼杀家》，客满牌高悬，不少观众是冲着萧恩的鞋来的。马连良却不慌不忙心中有数地开始了演出，行舟打鱼一场穿鞋，清早草堂时穿靴，既出人意料又合情合理，成功地化解了这一纷争。顿时引起了舆论界的极大兴趣，舒舍予在《申报》上发表《评马连良》一文，高度评价了马连良解决纷争的智慧头脑，为马的"两不偏袒，各得胜利"而喝彩，同时明确表示："余意此剧萧恩，打鱼固当用鞋，而以后正不妨用靴耳！"

接着贴演允文允武的名剧《南阳关》。戏中观众一句一个好，给了马连良极大的鼓舞，而他也特别卯上，回报观众。在演到伍云召头场下台前，唱完了"伍保与爷传令号"一句之后，马连良走向下场门，把《雅观楼》里小生"耍令旗"的一个动作，化用到这里。把令旗从下场门向上高高一扔，令旗在半空中划了一道抛物线，飘向上场门，上场门有人稳接令旗，顿时显得舞台上新颖、俏皮、干净、利落。这个"噱头"使得太及时了，非常符合上海观众的欣赏习惯，谁也没想到这个"京朝派"的小老生还能有如此"绝活儿"，台下一下子就炸了窝。马连良这一招因地制宜的即兴发挥，为他争取了上海的观众。若在北京可不敢轻易发挥，观众不但不认，还可能落下"洒狗血"（京剧术语：台上过于卖弄技巧）之嫌。

此次马连良在上海演出，真正让他大红的不是上述谭派剧目，反倒是他继承贾派的拿手好戏《四进士》。这出连台本戏在北京分四天演完，考虑到上海的特殊情况，决定在一个周末，分日夜两场演完，第一场演到"二公堂"打住。"打住"后马连良回到后台，有些同事已经卸了妆，准备

《打鱼杀家》马连良饰萧恩

回家。这时管事的匆匆跑过来说，大伙儿先都别走，前台热闹了！

原来，观众看了马连良的宋士杰后大呼过瘾意犹未尽，一见大幕拉上了，才明白要想接着看下半部，必须晚上再来。他们高喊实在等不及晚上再看，一个个群情振奋，拍手击掌，强烈要求马上加演下半部的戏。尽管管事的再三解释，但是大家就是不走，情绪遏制不住。剧场方面没有办法，只得与马连良商量加演。大幕重新拉开，才使观众高涨的情绪稳定下来，一个个心满意足后，高挑拇指称赞不已。

此后，马连良贴演了不少唱做并重的剧目，如《乌龙院》、《失空斩》、《定军山》、《清官册》等。贴一出，满一出，续演一期之后，又续一期，"亦舞台"方面多次挽留，连续演出四个月。马连良首次上海之行可谓大获成功，满载而归。

在此期间，他对海派艺术中的许多长处铭记于心，看到上海"亦舞台"的老生演员张国斌演《三搜卧龙岗》里的黄承彦非常精彩，知道张是衰派戏专家，就不耻下问，真心求教。张国斌的《火焚绵山》与众不同，在火烧的表演中有难度极高的跌扑绝技，能分别从一、二、三张桌子上翻身而下，马连良遂向张先生学习该剧，期待有朝一日为我所用，并扬己所长，避己所短，在唱腔、身段方面下工夫，力图将自己的《焚绵山》有所突破。在沪期间，马连良观摩了不少"海派京戏"，从而眼界大开，对戏剧的认识和理解更加深入。

豆腐巷七号

上海大红之后，马连良就身价倍增了。各大班社争相邀请，从此步入名角儿行列。先赴汉口与欧阳予倩合作，回京后与程砚秋同台，与尚小云同班。1923年，紫禁城内升平署为清室瑾太妃五十大寿，安排了三天堂会，约请马连良演《借赵云》。当时能入宫演出是件很体面的事，虽然清帝已逊位，但入宫演戏仍好像在维也纳金色大厅开一场音乐会一样，对参演者在梨园中的地位是一个极大的肯定，不亚于当年的"内廷供奉"。

随着包银的激增，马连良首先想到要改善环境，孝敬父母，让他们过上舒心的日子。马家从阜成门外檀家道搬出后，曾住过崇文门外南深沟、草厂下六条、大耳胡同等地。购买一处称心的房产，是他多年一直的心愿。父子二人到处看房，父亲马西园也为儿子高兴，心想要是能够住上一所像样的四合院多好啊，这在以前简直是想都不敢想的事。

经友人介绍，父子二人来到崇文门外木厂胡同附近的翟家口豆腐巷的一所大宅院。院落坐北朝南，正房五间，南房四间，东西厢房各三间。入垂花门后有抄手游廊，梁上彩绘，院内有花草树木、天棚、鱼缸。此为第一进，后接中院及后院，后院通巾帽胡同，共30余间房，是个相当气派的宅第。父子二人都较满意，卖家说可先买前院，如手中宽裕，可再购中、后两院。出门后，马西园突然问了一句："这院门牌是几号？""豆腐巷七号"，马连良答道。"就是它！"马西园一锤定音。原来马西园近日偶得一梦，梦中见到一所房子非常满意，门牌号就是"七号"，他认为梦中有吉兆，便决定买下了这所翟家口豆腐巷七号的宅子的前院。后来人言"豆腐巷里出好戏"，就指这里。

马连良环顾新宅第，看着父母双亲、夫人孩子，心中无限感慨。这些年来，他们为自己付出太多，总算可以有一个安定的生活了。原来，在马连良19岁那年，受父母之命、媒妁之言，与王慧茹结婚。王家也是京城里的一户穷回回，父亲是棚匠出身，为有钱人家的红白喜事搭棚造阁，营造场面，以此为生。女儿嫁人，当爹的拿不出一点儿陪嫁之物，只好向别人借钱。马连良当时也收入不多，两家人是穷帮穷，互不嫌弃。好在王慧茹过门后，孝敬公婆，夫唱妇随，人又极其贤惠，一家人的日子虽然清苦，倒也安乐。

一年之后，夫人产下一女，不想竟夭折了。按当时迷信的说法，必须马上"填窝儿"，于是马母满氏就到养婴堂准备抱养了一个男孩。进门以

马连良与夫人王慧茹

后，在眼前众多孩子当中，有一个活泼可爱大眼睛的女孩不停地向她招手，嘴里还不停地叫着。满氏认为这孩子跟自己有缘，就抱养了这个女孩。这就是马家的长女马萍秋。

马西园为了防止儿子年轻有惰性，每天早上5点天没亮就叫醒儿子，并陪着儿子，爷儿俩一起到城根喊嗓，练功，寒暑不辍，就像在科班里一样。有一次，马连良头天有戏比较辛苦，早上想多睡一会儿。睁眼一看，窗外飘着大雪，父亲打着灯笼站在自己的门前的雪地里，一动不动地等着他，一声也没抱怨。仅此一次，马连良再也不敢有半点懒惰与懈怠。

在练功的过程中，常常遇到已成名角的架子花脸郝寿臣先生，郝比马大15岁，马称其为"大哥"。每天在一起练功，两人渐渐地成了好朋友。郝寿臣几乎每天都比马连良早到，把场地扫干净，这让马连良十分感动。马向其请教早来的原委时，郝向其传授了自己的"四字箴言"。

即每天早上醒来床头上就见到四个字，"睁眼就起"；洗脸的地方贴着"赶快遛弯"（练功）；练功处写着"多念少唱"；回家后吃早点处有"快走吊嗓"四字。每天如此，雷打不动。只有坚持，才能出功夫。马连良向郝寿臣学习此法，一直坚持不懈。为了不辜负父亲的一番苦心，练功也越发自觉了。

1923年在外演出期间，一日接到家中电报，告知"喜得贵子"，马连良大喜，迅速回电，"不日即归，准备满月"。这可是马家的一件大事，马西园老爷子长子早殇，次子春轩在福建演艺期间，不幸患重病，也英年早逝了。这个孙子的出生，就是马家的长门长孙了，哪能不高兴，不大办呀！

得知儿子不日即将演出期满，马西园夫妇忙得不亦乐乎，准备给大孙子办一回体面的满月席。就在亲朋好友们纷纷收到马家的"满月帖子"的时候，不幸发生了。这个孩子突然夭折了。家人想，如果将此不幸的消息告知正在外地演出的马连良，他肯定受不了这意外的打击。如果再影响了演出，前途都成问题了，这时已经距马连良的归期不远了。除了马连良那边，亲友这边也必须考虑如何交待。

有人出了一个"一举三得"的主意。此时，马西园二弟马心如的长女嫁给了一个叫夏玉仓的回民，刚刚生了一个男孩。夏家家境困难，不如把这个男孩过继给马连良，老话说这叫"骨肉还家"，马家这边照样办满月。这样的话，既对亲友有个交代，又对回京的马连良是个安慰，还帮夏家解决了难处，何乐而不为呢？

于是，马家、夏家两家人商量此事，双方一拍即合。但办"满月"之前一直瞒着马连良。直到办完了"满月"，马连良才知道真相，心想真难为了父母和妻子的一片苦心。他抱起儿子看了又看，喜欢得不得了，说了句："他和大姑娘（马萍秋）一样，都是我的亲生孩子！"随后为之取名"崇仁"。马连良在有生之年，一直视长子崇仁如同己出。

再练三年，寸步难行

1924 年，老伶工荣蝶仙先生组班"和胜社"，约请马连良与朱琴心并挂双头牌。马连良时年 23 岁。荣本人曾是程砚秋的师父，在梨园界经营多年，此次组班主要演员除马、朱以外，有老生王凤卿，花脸郝寿臣，武生尚和玉等名家，在京城属于阵容硬整的班社。

立足于新的、较高的平台之上，马连良的剧艺得以再度提升。当时争排新戏之风盛行，马连良本人也以所会的传统老戏为基础，挖掘、加工了《广泰庄》，丰富、完善了《甘露寺》，联缀、合并了《流言计》（即《雍凉关》及《骂王朗》），翻新、创排了《化外奇缘》等新剧目。还将老本四天连台本戏《节义廉明》删繁、减冗改为一天演完的本戏《四进士》，开始了他对京剧改革的"牛刀小试"。

马连良对艺术的大胆尝试，无疑是对自己今后走哪条艺术道路的一种探索。正如萧长华先生在马连良二次出科时说的另一句话一样，"再练三年，寸步难行"。也就是说，真正步入艺术道山的人，要想摸索出一条自己的道路，谈何容易。

贾洪林一直是马连良的偶像，可惜跟贾先生一起学戏的时间不长，先生就不幸去世了。马连良深感惋惜之余，到处寻访贾洪林的艺术遗迹，期望从中获益，并让贾先生的艺术得以传承。在《甘露寺》里的乔玄，本来是个配角，只有很少的几句戏词，是个二路老生的活儿，马连良在科中就饰演过这个角色。一次，他听萧长华和姚增禄两位老先生闲谈，二人都依稀记得贾洪林多年以前有一出与众不同的《甘露寺》。前面仿佛有段唱，好像是"劝千岁"之类的词，之后转流水板的唱法。后面的念白也比较丰富，但却没人能把当年贾先生的表演一五一十地说清楚，更不可能有什么剧本、唱词流传下来了。

根据前辈的讲述，马连良认准了这是一出推陈出新的好戏。以往的《甘露寺》刘备是主角，乔玄是个没有什么唱念的"二路活儿"。如果按照贾先生的戏路，把乔玄进一步加工创造，不但使这个人物更富有戏剧性，而且让乔玄识大体、顾大局的政治远见更加突出，反映了孙刘联盟是人心所向，从而有力地深化了主题。马连良有信心把这个"二路活儿"的乔玄唱成"头路活儿"。

于是他按照自己对贾先生艺术风格的理解，在老前辈的帮助下，设计了一段【西皮原板】转【流水】的唱段，"劝千岁杀字休出口"。开始只有半句【原板】，然后转【流水】。马连良总觉得不够完美，没有时代气息，于是他登门求教于王瑶卿先生。王先生认为这段唱腔的【原板】太短，【流水】太长，有些头轻脚重不协调。马连良很珍惜这一意见，后来就修改为五句【原板】转【流水】，使这段唱腔日趋完美。又参考了南派《甘露寺》"联弹"的内容，将"相亲"里的念白、做表加以丰富。

由于这出别开生面、全新版本《甘露寺》唱词生动，极富思想内涵；唱腔精致自然，华美流畅；唱法传神，平易近人而又富于戏剧性。马连良在表演的过程中，运用夸张的语气，演唱与身段、动作、表情相结合，创造出了浓厚的喜剧效果，与当时舞台上普遍存在的中规中矩、平淡无奇的

《甘露寺》 马连良饰乔玄

老生表演大相径庭。因此，一经推出就获得了内外行人士的一致好评。在1924 年上海首演期间，创下一个月内演出十场的记录，又在谋得利洋行灌制唱片广而告之，给刚刚尝试艺术创作的马连良以极大的安慰，又为他日后的创作奠定了基础，增强了信心。

马连良创造的"这一个"乔玄，从原来的配角变成了主角。由于改编得当，使戏情戏理为之增色。以后再演《甘露寺》时，乔玄就非马连良莫属了。《龙凤呈祥》是名家联袂主演的合作戏、义务戏之一，当年习惯称其为《甘露寺》、《美人计》、《回荆州》，马连良也就自然跻身于名家的行列了。如果说《借东风》让马连良与众不同、一炮而红。那么这出风格独特的《甘露寺》，就如同一块令人飞身跃起的跳板，把马连良送入了名角儿的行列。这是他创造性地继承贾（洪林）派艺术所得到的良好回报，也正应了当年贾先生的话："将来继承我衣钵者，非此子莫属。"

除了继承贾派外，转益多师继续深造是马连良始终不渝的学习之路。他一直对老伶工刘景然先生以师礼侍之，向刘先生学习念白为主的做工戏。刘有三出拿手好戏，即《审头》的陆炳、《玉堂春》的臬台、《四进士》的毛朋，被人誉为"三绝"。剧评家徐凌霄认为："景然演问案之官吏，其意境非谭派、汪派所能企及。"

刘先生也爱惜这个学生，八十多岁时，先带着马连良唱《盗宗卷》，他演主角张苍，马饰陈平。第二次再演这出，刘老让马连良演张苍，自己配演陈平，令马连良十分感动。后来刘先生年近九旬，一次在台上差点站不起来，马连良见了非常心疼，于是他倡导，刘先生今后不能再唱戏了。他对我们老生行许多人都有教诲，我们每人每月多则二三块，少则一块，十来个人一起，帮助刘先生的生活。

为了提高自己的艺术修养，马连良也经常观摩其他的艺术门类，特别是他喜爱的曲艺。他经常到前门外石头胡同的"四海升平"杂耍园子，去看刘宝全的京韵大鼓。刘宝全的演出多数排在大轴的位置，他常穿银灰色的长袍，上罩青缎子马褂，下身穿藏青色长裤，用飘带绑住脚腿。鱼口色的布袜子，配一双青色双脸便鞋。尽管刘宝全当时已五十多岁，但每逢出场总是红光满面，两眼炯炯有神，给人一种精神、洁净的印象。上台之后，几句"垫话"谈笑自若，接着拿起鼓槌子，随着弦师的过门，轻敲几下，顿时把全场观众的注意力都集中到他的身上，使混乱的剧场秩序一下子安静下来。

刘宝全艺术上主张创新，对文人极为尊重，他的鼓曲新曲本多出于文人庄荫棠之手，他说："庄先生有文化，自己又会唱，所以他写的本子，不应轻易乱改动，改错一个字，词句不通顺，意思不对头，就会影响节目的质量。"

刘在演唱艺术上，主张多吸收其他艺术的长处，以丰富京韵大鼓的感染力。既善于唱，又善于演，有极细致的面部表情及身段。他所再现武将会战中的身段、动作，都是融合了杨小楼的表演技巧而后创造出来的。

马连良深深地为刘宝全的艺术所折服，成了"刘迷"。二人相识之后，结为莫逆之交。他俩每天朝夕相处，形影不离。一起遛弯、散步，然后到"一品香"澡堂洗澡。到了下午再一块儿到"两益轩"去吃饭，饭后一起去剧场观摩杨小楼、余叔岩的演出。二人推心置腹，深入交流艺术见解。刘先生的言行举止及艺术理念，对马连良的艺术产生了极大的影响。

马连良是回民，从不在汉民朋友家中吃饭，而在刘家却是例外。刘宝全一生不动烟酒，不吃对嗓子不好、刺激性大、容易上火生痰的东西，最爱吃老米饭青菜。有时吃两块窝头，从来不吃猪肉。他说猪肉生痰，坏嗓子。偶尔买一次牛肉，炖了汤，用汤烩菠菜吃，也不吃肉。睡前还要在口中含一片梨，不咽下去，第二天清早再吐出来，雪白的梨片变成了黑红色，他说这就把嗓子里的痰和火吸出来了。他在上场前总是不说不动、闭目养神，用一块热毛巾盖在脸上。上场时红光满面，光彩照人。

为了帮助马连良这位他非常器重的青年演员不断上进，刘先生总是把自己艺术的经验不厌其烦、毫无保留地介绍给马连良。譬如，他告诉马连良唱戏不要一出戏一个调门，刚开始可以唱得低一些，先把嗓子遛开，然后，中间再涨一点，仍不要满宫满调。到了最后，嗓音也遛开了，气息也顺畅了，再把调门涨到最高的水准。这样，既可使嗓音胜任繁重的唱功，又给观众一种越唱越有劲的感觉，这种追求艺术的执着精神和严谨的致艺态度，无一不对马连良今后的艺术道路产生深远的影响。

在京沪之间不断往来的演出期间，马连良结识了对他演艺生活有毕生影响的第一个文人——邵飘萍。邵本人时任《京报》主笔。曾为晚清秀才，因在杭州办《汉民日报》抨击时政，为袁世凯政府通缉，东渡日本流亡。1918年创办《京报》，在创刊词中写到"必使政府听命于正当民意"。他曾说："这些军阀，设计害民，捣乱世界，我偏要撕破他们的画皮。"所以他走到哪里，侦缉队就跟到哪里。

邵本人十分喜爱马连良的剧艺，并在报上撰文，竭尽鼓励之能事，邵的观点对马连良有很大的启发。邵认为，其一，艺术要有个性，走自己本身条件与艺术相互匹配的路，不怕所谓"正统"势力的批评与指责；其二，伶人演戏不只是为了穿衣吃饭娱乐大众，更兼有高台教化之责任，让普罗大众懂得"抑恶扬善"的道理，演戏是最简单的传播手段；其三，伶人不是矮人一等的贱民，是应受人尊敬的艺术家。中国的伶人若要不被别人看不起，首先要自尊自强，用艺术和德行征服旧势力。时值民国初期，民主思想渐起，文人士大夫走下"神坛"，与伶人交友，对伶人境界与品位的提高起了极大的作用。邵先生对马连良的帮助，无异于齐如山之于梅兰芳、罗瘿公之于程砚秋。

邵飘萍对正在成长和发展中的马连良来说，无疑起到了鼓舞和促进的作用。他时常与马见面，不断地向马介绍各种艺术门类，以提高马连良的艺术修养；解释诗词歌赋，以提高马连良的文化素质。使马连良眼界大开，艺术的视野越发宽广。邵飘萍勉励他要多演能发挥其唱、念、做兼擅的戏，走自己的路，通过舞台传达时代需要的声音。在有人对马连良的京剧艺术改革颇有微辞之时，邵先生在《京报》上发表文章，为马撑腰。并为马连良题写"须生泰斗，独树一帜"，使马大为感动，视邵为良师益友。特别是邵飘萍、徐凌霄等文人对中国戏剧的倡导："期得精美之艺术，以表演适合现代之需要之戏剧。"马连良深以为然，这一思想对他日后的艺术之路有着绝对性的指导作用。

马连良的文人朋友邵飘萍

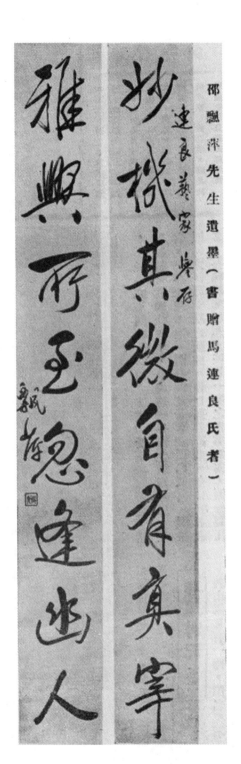

邵飘萍为马连良书写的条幅

　　除了在艺术思想方面的引导，邵飘萍的思想也直接影响了马连良的为人处世之道。1925 年，"五卅运动"爆发。马连良了解了事件的真相以后十分气愤，为了表示对上海罢工工人的支持，响应五卅运动，他于是联合了自己所在的和胜社及华乐园剧场举行义演，将演出《四进士》的全部收入汇交上海总会，并于上海《大报》刊登倡议："沪案发生，国人同愤，一致主张，与暴国经济绝交，刻下唯一要图，在募集款项，救济罢工各同胞。连良虽以艺糊口，亦属国民，念苦工困状，自惭力微，不能补救。今纠合同人，于本月十五日，演义务戏一夜，所有收入票银，尽数寄沪，虽杯水无济于事，而众志亦可成城，区区之意，将欲藉此以为之倡耳。"通过此事可以看出，马连良已经从一个只为养家糊口的普通伶人，转变成为一名关心社会、体恤民众、一身正气的青年艺术家。他用他的行动，为位卑言轻的艺人正名。

　　北京侦缉队队长马玉林是个生活中的"朱光祖"，极具职业洞察力。在马连良与邵飘萍的频繁接触时期，多次与马连良打过招呼，让马连良少与邵往来，言明邵有"革命党"之嫌。马连良却以为邵先生是少有的好人，为人正派，让他懂得了许多演戏和做人的道理，为什么不能和他往来？

　　邵本人日常工作非常忙，日间总在外面交际应酬，有时还造访妓院，因为有许多官场中人在"八大胡同"中饮酒取乐，在谈笑之中可以探得不少政治消息，作为揭露他们的新闻。奉系军阀张作霖对邵飘萍恨之入骨，欲除之而后快。邵警惕性也较高，夜晚多在东交民巷六国饭店或苏联使馆避居，不敢贸然外出。后因思家心切，深夜偷偷回去，终于在家中被捕。1926 年 4 月 24 日，张作霖命其鹰犬王琦操刀，邵飘萍先生被北洋政府以"宣扬赤化"等罪名杀害了。

　　马连良痛失良师益友，大为悲伤。邵夫人汤修慧也潜避他乡，以免株连，因此无人为邵收尸。当马连良返京后闻知"谁来收尸，谁就有革命党嫌疑"时，不顾亲朋好友们的阻拦，毅然前往法场。他说："谁都知道我是唱戏的，与政治无涉！我要让邵先生入土为安。"当他见到邵飘萍右眼下之饮弹创痕时，再也无法控制自己的情绪，面对遗骸失声痛哭，他第一次感到政治是如此的无情与冷酷。他和昆曲名家韩世昌等一起出资，在天桥一带为邵飘萍搭棚开吊，祭奠他的良师益友，并为邵先生拍照留影，至今成为珍贵的历史资料。邵的文人朋友知道马连良为邵收尸的事后，无不对这位青年伶人肃然起敬。

你们谁也干不过他

1927 年由陈椿龄组班"春福社"，约马连良做挑班的头牌老生，真正步入了"一线明星"的行列。从"富连成"毕业到今天，马连良艰辛跋涉了整整十年。所谓"挑班"，就是头牌唱大轴戏的主演。但不一定是班社的老板，马连良与其他搭班的演员一样，照样拿戏份，班社的盈亏与他无关。"春福社"的老板是陈先生，他是马连良业师蔡荣桂的女婿。老板对挑班者的建议多数采纳，以利演出的效果。由于"话语权"的增加，终于使马连良对京剧改革的抱负得以施展。

首先，重金礼聘王长林、钱金福两位老伶工，为其配演。这两位老先生都曾傍过谭鑫培和余叔岩，对"谭派"真谛深谙其道。马连良通过向这两位老先生的请益，对传统剧目《定军山》、《盗宗卷》、《问樵闹府》、《打棍出箱》等剧目的演艺均达到了精益求精、更上层楼的水准。

另外，马连良对当时所流行的剧目做了一番深入的研究。"京派"伶人偏重唱折子戏，都是以前传统本戏的精华部分，文人雅士多喜观看。然而剧情无头无尾，平民百姓不知所云。"海派"伶人多演连台本戏，以新奇冗长，一天一本，无尽无休为招徕，艺术上不免流于低俗。此时，马连良的业师蔡荣桂已离开"富社"，他对马说："连良，我终于看到你挑班的日子了，我要把我这一肚子戏都给你排了！"马连良大喜，约请蔡先生做为班中的抱本子管事，即专门负责剧本及说戏，每月三百大洋。

马连良与王长林（中）、郝寿臣（右）、黄桂秋（后左）、陈椿龄（后右）合影

　　在蔡荣桂的帮助之下，马连良开始独出心裁、有的放矢地打造自己的艺术之路。最具代表性的是编演一些带有"全部"名称的本戏，如《全部武乡侯》、《全部秦琼发配》、《全部火牛阵》、《全部范仲禹》、《全部宝莲灯》和《全部清风亭》等等。这些作品都是在蕴含精华的折子戏基础上，增益首尾，合理联接，并一天一次性演完的"本戏"。使观众既了解到了一个完整故事，又欣赏到了剧中的精华，从而吸引了大量的、各阶层的、不同品位的观众群体。

　　从表演手段上说，由于前人没有留下太多适合自己表演风格的剧目得以继承，只有通过创作，为自己量身定做一个新的戏路，以唱、念、做相结合，从而发挥自己的优长。在新的剧目中，创出优美动听的新唱腔、新念白和新身段。这种把末行的做工表演与生行的唱功表演相结合的全新的表演风格，在京城老生名家当中，可谓别具一格、凤毛麟角。一日，余叔岩与弟子们路过剧场，抬头一见马连良《全部范仲禹》的海报，感叹地说了一句："将来你们谁也干不过他！"

此时大清王朝早已灭亡多年，艺人失去了皇家的赏赐。民国首都的南迁，政要们的大量堂会也随之减少。艺人要想挣钱发达，只有靠互相在营业戏中的竞争。马连良此时上演大量新编"本戏"，既提高了戏院的上座率，增加了收入，又形成了自己的演艺特色，可谓一举两得。"本戏"成了马连良演艺的特色之一，不但顺应了时代的要求，又使京剧艺术在剧目上得了丰富和完善。

把原本末行的做工戏演成头牌正戏很难，把谭派经典中融入新的做工就更加难了。尽管被冠以"离经叛道"、"左道旁门"的骂名，而马连良却从未停止过在这方面的探索。他认为谭鑫培老先生的《四郎探母》与众不同，特别是杨四郎改装上场唱"在头上去下胡地冠"，一般是【长锤】打上，拉山膀，开唱。而谭老演出时，则在【长锤】声中侧身出场，走一个弧形，先右手撩大带伸左臂回身一望，再向右转身拉山膀起唱。只多了个弧形回望的身段，就觉得美不胜收。首先是边式，不是直觉无余；出场、回望、拧身、山膀都很圆，阴阳相称。其次是合理，因杨四郎是私自改装，心中忐忑，唯恐被人识破，所以出场后不觉要回头看看身后有没有人，更觉真切。

马连良把这一套优美的动作化入到《捉放曹》的"宿店"里面。一般演法是陈宫要杀曹操，上步举剑，曹操鼾声稍重，吓得陈宫撤步藏剑，直来直去，没有层次美感。马连良受到谭老的启发，将表演演化为陈宫上前举剑要杀，曹操动，陈一惊。用腕子上懈劲，宝剑松弛向后扬来表现。然后像谭老那样，背对观众向右拧身，转过脸来，甩髯口、倒步子、藏剑，亮住。身段、神情就比原来的演法生动的多了。他的这种演法后来传给了马长礼。

对于自己所会的谭派戏目，根据自身的嗓音条件，选择性地上演唱、念、做结合的剧目。而像《宁武关》、《战太平》、《洗浮山》等谭余经典，则主动规避余叔岩之锋艺，不与其正面对憾。这也正是他有自知之明、聪明过人之处。用上演与之形象、内容类似的《广泰庄》、《夜打登州》等戏，同时也能收到观众满意的效果。说明马连良除了是个艺术家外，还颇有商业运作上的经营、策划之才。

由于马连良在戏中所塑造的人物多为智慧、聪颖的形象，如《借东风》中的诸葛亮、《清官册》中的寇准；或者具有诙谐、机智的性格，如《四进士》中的宋士杰、《失印救火》中的白怀等等。人物的性格决定了在表演时，念、做要自然、潇洒，受其影响唱功也随之飘逸、巧俏，在此基础上形成了他自成一家的表演风格。

此时，著名剧评家徐凌霄在《京报》上发表文章，称马连良、高庆奎和余叔岩为"须生三大贤"。他认为："余叔岩以伶艺之唱做念打论，可居第一。但以演戏能力论，马连良则为第一。"余叔岩的观众群以文人墨客、风雅之士居多；高庆奎则以商贾、平民为主；马连良则上至达官贵人、文人雅士，下至贩夫走卒，兼有大、中学生，以受众面最广而与余、高二家呈三足鼎立之势。当听到马连良与余叔岩相提并论时，有人就立马质疑，马连良能够得上一派吗？他有靠把戏吗？他武的行吗？他能跟余老板平起平坐吗？马连良需要一个证明自己的机会。

为赈济江西水灾，梨园公会在第一舞台组织演出义务戏《定军山·阳平关》。余叔岩接了《阳平关》的黄忠，前面《定军山》的黄忠派给谁则让梨园公会犯了难。当时在北京城里唱老生的都不愿意接这个活儿，并不是大家不愿意为救灾出力，而是谁接了这个活就等于把自己跟余叔岩拴到一块了，两个"黄忠"比上了。

大家都知道这两出是余三爷的拿手好戏，自己的功力与道行均不能与余叔岩相提并论，还没上台就先输了一截儿。一旦在台上稍有差池，不但会被人家比下去，而且永远留下了坏印象，想再翻身都难了，这不是赔等着砸自己的牌子吗？最后，梨园公会决定由马连良和余叔岩饰演前后黄忠。马连良从未与余叔岩同过台，他明白，这是有人要抻练自己。如果不接受演出义务戏，定会遭到千夫所指。如果接受，则必然要与余形成对比，一较高下。

马连良考虑了三天后，终于决定接受这个考验。他觉得即便是被余叔岩给比下去，也是自己才疏学浅、艺术不高，就得认栽。他后来就此事曾对家人说："我不能还没出来就认栽了，要栽也得栽在前台，这是我的命！"

马连良接戏之后，把《定军山》这出戏默了又默。从每一个刀花，每一个亮相入手，把余叔岩的演法与自己的演法做了对比，扬长避短后再精益求精。然后再从扮相上下功夫，不放过每一个细枝末节。把头上"官中"的黄绸条的颜色重新做了调整，使之与扎巾、硬靠的颜色既相匹配又醒目好看。

演出当天，为了使晚上的演出尽善尽美，马连良下午早早地来到了石头胡同李春林的家中。李是梅兰芳的大管，行内人称李八爷。他家离第一舞台较近，马在李家足足地睡了一个午觉。起来之后又抽了三口烟，精气神十足，坚定有力地走向第一舞台。

演出开始后才发现，北京城里唱老生的大小角儿们都来齐了。有的坐台下，有的靠大墙，有的甚至就站在舞台上的两侧（当时允许站台上看戏），就是没有看见余叔岩。大家都聚精会神地观看这场难得的演出，不想放过每一个细节。马连良心想余三爷的戏是大轴，不会早到。他早早地扮好了戏，不敢有丝毫懈怠。在这种业内外一致关注的场合下，如果台上稍有差池，则"一世英名毁于一旦"。马连良面对这场重大考核毫无惧色，在谭派戏路的基础上，融入自己洒脱帅美的演艺风格，给观众交上了一张满意的答卷。

马连良在演出的过程中忽然想到，《定军山》与《阳平关》有一个"刀下场"的身段是一模一样的。如果自己在前面先把这个身段使了，虽然算不上把余叔岩的戏"刨"了，可余叔岩再使这个"相"就没意思了，于是随机应变地在台上使了个"反相"，然后下场。在他亮相的同时无意间侧目向上场门一望，余叔岩正在扒着台帘观察他这个下场，二人会心地对视了一下，各自离去。内外行们都异口同声地称赞："好！这才叫真会呐！""只知道余叔岩漂亮，想不到马连良也这么漂亮！"马连良成功而又满意地完成了这出义务戏的任务，内心感到十分欣慰。

《定军山》马连良饰黄忠

万人空巷听弦歌

1929 年，马连良的嗓音真正地回复到了他的艺术生涯的最佳阶段，他的"倒仓"期大约持续十年左右的时间，这对一名老生演员来说，无疑是超长的"刑期"。然而也正是这超长的"刑期"，迫使他十余年来勤学苦练，不敢稍加懈怠，终成一名唱、念、做、打全面发展的新型老生名角儿。

这期间蔡荣桂先生女婿陈椿龄又组班"扶春社"，马连良任头牌老生，上演了许多蔡先生主排的新剧目，如《许田射鹿》、《要离刺庆忌》和《安居平五路》等。由于马的嗓音已能唱高亢、激越的唢呐二黄《龙虎斗》，引得多家唱片公司争相邀请他灌制唱片。

做为一名有十几年舞台经验的专业艺人，马连良深知这时的嗓音可能就是他一生之中的最佳时期，于是他对唱片公司的人士说："请在唱片开头之时，加报一句民国十八年。"唱片公司的人开始还不解其意，马连良意味深长地说："以后您就该念我的好了。"没过两年，蓓开、开明公司等凡标有"民国十八年"或"十九年"的马连良唱片，果然销路畅旺，张张流行，唱片公司老板对马连良说："足下待我，情深义厚，千言万语，感激不尽，另外，以后您千万别干唱片这行，否则我们就都没饭了，哈哈……"

就在马连良的事业蒸蒸日上、一帆风顺之际，也同时遇到了来自内、外两方面的强大压力。曾经引领他走上艺术道路的三伯马崑山已淡出舞台，带着俩儿子马叔良、马宏良等回京，让叔良在"斌庆社"带艺入科，同时向其三兄马连良学习技艺，表示最好能在三兄身边唱个二路老生等配角直接吸收舞台经验。马连良的六伯马沛霖以前在上海工丑行，现年事已高，回京养老，由于在台上会得多，希望能为马连良做"后台大管事"，戏班里又称坐中，负责安排剧目，监督演出进行和指导演员等工作。马连良的大堂兄马春樵工武生、红净，带着唱武生的儿子马君武，也从上海回京，前来投奔三弟。四弟马四立也想回来。

一时间马家人丁兴旺，又恢复到马连良小时候的热闹场面。父亲马西园已年过六旬，见兄弟及子侄们都回来了，心里既高兴又骄傲，敦促儿子早点给他们都安排上事由儿。没地方住就把租出去的房子收回来，让他们住。一大家子其乐融融，生活上的支出全靠马连良唱戏的收入。家大业大开销大，马连良只好通过中间人找业师蔡荣桂商议，要求涨一些戏份，同时安排自家亲戚入"扶春社"，以便他们都能自食其力。

戏班人常说，"搭班如投胎"，蔡先生的答复自然十分生硬。他说，马连良能有今日，全靠我给他排戏，否则他什么也不是，所以戏份不能涨。我们办的是"蔡家班"不是"马家班"，用什么人由我来选，马家的人太多，照顾不过来。如果他们要办"马家班"，我就去捧"富社"正红的李盛藻、杨盛春、刘盛莲等，将来给他们拴个班，我的收入比"扶春社"还得高。

马连良心想自己这些年一路走来，的确与蔡先生的帮助分不开，如果因为钱银之事与业师不睦，自己于心不忍。可马家这边一大家人等着吃饭，也是个现实的问题。于是马想到了师父，想让师父叶春善给拿个主意，从中协调一下。

叶师父见马连良来了，非常高兴。在他所有的弟子中，马连良最给他争气，师徒情同父子。听了马连良道明原委之后，叶春善说："我只能告诉你两点，第一，天下没有不散的宴席；第二，按他的意思，你办你的'马家班'，他搞他的'蔡家班'，这样他最多是一时不高兴，还不至于永久地伤了和气。"马连良说："我本想您二位是小荣椿科班的师兄弟，想请您从中说和一下，不想和您分家。"叶说："那你可找错人了！你知道蔡先生曾经与'富连成'分手，可不知为什么，这本来是咱们'富社'的家丑，我从不对外讲，你自己心里有数就是了。"

原来，蔡荣桂先生在"富连成"是开班元老之一，与萧长华并称"左右丞相"，其职责是负责教老生戏。科班对外演出、联系堂会等事宜，均

马连良父亲马西园

由"经励科"负责。有些顾客因与蔡相熟，就把"买卖"与蔡谈了。这种超出其职责范围的事，本是戏班的忌讳，但蔡先生一直经手了十几年。因考虑到主要还是为社里拉买卖，叶社长就没加干涉，并派了一名出科弟子金喜棠为之跑腿。

一次，蔡应了一本同兴堂的堂会，这家饭庄就在广和楼附近的取灯胡同，只隔一条前门大街，赶场扮戏非常方便，所以价钱也极便宜，二百五十大洋是公价，行内尽人皆知。演出之后，蔡只收了二百二十块，交社里仅一百八十块。金喜棠知道实情，蔡又拿出十块给金做"掩口费"，金喜棠不为所动，把十块钱交给了叶社长。叶认为事关重大，为了不伤蔡的面子，不激化矛盾，叶借故将蔡辞退，让金接管一切对外交际事宜。这本是蔡自身的错，可他不但不感激叶的做法，从此在外事事与叶做对，近乎反目。

叶师父说："这事说明蔡先生在钱财方面，只重利益，不辨事理。你们今后在一起合作，这种事情怕避免不了。不如趁大家没伤和气，好聚好散，咱们戏班的早晚在一个锅里混饭吃，将来合作也不尴尬，天下没有不散的筵席。另外，相信你马连良没有了蔡先生这个'拐棍'，照样立得住，这才叫真本事呢！"马连良回到家里，把师父的意见和建议对父亲及三伯讲后，一家人便开始酝酿组班之事。马西园叮嘱儿子说："将来真挣了大钱，你可别忘了孝敬蔡先生！"

另外，蔡、马二人在艺术见解上的不同，也是导致他们分手的重要原因之一。一次，某公馆办私家堂会，表示愿出高价请马连良演《辕门斩子》。来人说从未听过马老板的《斩子》，想必不错。说话表面如此，实际是故意看看马敢不敢唱这类有难度的戏。马有骨气，接戏后请蔡先生给说，蔡按当年刘鸿声的路子说了一遍，马认为老腔老调的路子已经跟不上时代的要求，也不合自己的条件。于是自己从王又宸的戏中套出不少小腔，并加以改编，按自身的条件去唱。虽然反响极佳，但蔡听了之后心中不悦，因为唱的不是他说的路子。后来蔡先生渐离，师徒二人友好分手。

来自外部的压力，是指戏剧评论界的所谓"真伪谭派"之争。凡唱老生者，不论余叔岩、高庆奎、言菊朋、马连良等均自称"谭派"，没人敢自诩独创本门流派。余叔岩号称"新谭派领袖"，言菊朋则冠以"旧谭派首领"，每个人都有自己相对固定的观众群。支持余叔岩的自称"余党"，支持马连良的号称"马迷"。"余党"认为，只有余叔岩才是正宗谭派，别人都是"伪谭派"。有人讥讽言菊朋为声腔怪异的"法国老生"、"言五子"，即低网子、短胡子、薄靴子、洗鼻子、装孙子。说言是票友出身，扮相，身上难看，连洗鼻子都死学"老谭"。也有排挤高庆奎的，认为他杂驳不精。除唱老生外，反串太多，如《钓金龟》之老旦，《独木关》之武生，《虹霓关》之小生，《铡美案》之铜锤，称其为"高杂拌"。

对于马连良的指责，主要集中在说他唱功上音不准，倒字，是"大舌头"。念白京音多，喜爱"一顺边"。至于马对行头、剧本及音乐的改良，则谓之"离经叛道"、"去谭日远"、"靡靡之音"等，是绝对的"伪谭派"，因为谭老板从没有过这样的演法。

马连良认为没有任何人可以将谭鑫培再现，艺术是人创造的，每一个人都有自己的个性。学谭再好，也不能再造出一个"老谭"。继承谭派艺术，只有在宗谭的基础上，根据个人的条件去演绎，才能使"派"真正地"流"下去。所以他是本着有则改之，无则加勉的态度对待艺术评论，并不想参与"真伪之争"。

一天，铁杆"余党"张伯驹的朋友从外地到京，指名要看马连良的戏。张伯驹是最捧余叔岩的，认为其他人都是非正宗嫡传的伪谭派，自然也是反对马的代表人物之一。本不想陪同前往，又怕伤了朋友的面子，于是张硬着头皮"舍命陪君子"。他一进戏园子，就双手捂耳，直到散戏。捧余贬马到了极至。

此事给"马迷"们极大的刺激。他们开始在报刊、杂志上连篇累牍开展"反击"。文人墨客中捧马的人，如汪侠公、何卓然、梅花馆主、冯梦云、舒舍予、看云楼主等都认为，马连良目前的剧艺已形成了自己的风格，既有代表剧目，又有拥护的观众，完全可算得上"马派"了，何必要为谁是"正宗谭派"而论战呢？于是马的拥趸开始策划，力推一个新的老

马连良与剧评家沈睦公，沈是 1930 年前后力推"马派"的主要人物之一

生流派——马派。

1929 年 11 月，马连良应上海荣记大舞台的邀请，第八次赴沪商演。马连良的支持者们全方位地精心策划了一次盛大的宣传活动，助推这个新流派的诞生。

首先，这次演出的头一场戏特别安排了马连良的首本名剧《借东风》，用来标榜独树一帜自成一格的意思。其次，上海闻人、报馆纷纷出面，赠送花篮银盾无数，堆满舞台的左右两边，凸显舞台气氛热烈。特别是名流赠送的匾额对联，挂满舞台两侧。书写工整装潢典雅，其中最为显眼的词句有：石破惊天、中正平和、应天上有、阳春白雪、得几回闻等等。最为突出的是舞台左右两柱上高挂一副对联：士别当刮目相看，梦里烟花传仙曲；名高则虚怀若谷，万人空巷聆弦歌。最后，在舞台的装饰上也下了一番功夫。黄金荣让马连良在北平延请最好的画师，绘制马连良喜爱的八骏图。黄在上海请绣工精心绣制了一幅宽三丈余，高两丈多的堂幔，也就是舞台上的底幕。丝绸质地，大红底色，中间绣八骏图，左右出将入相门帘绣三阳开泰，花费一千多元。整个堂幔富丽堂皇，典雅大气，璀璨夺目，熠熠生辉，既给观者以精神振奋的观感，又用这种业内的更换标志性底幕的规矩，告诉人们，一个大角儿、一个全新的流派诞生了。

《大晶报》沈睦公为马连良编制特刊《温如集》，特别请大书法家于右任题写书眉。沪上名家纷纷撰文，其中唐世昌言："自谭鑫培故后，一般后起者，纷纷以其门户为标榜，惟造诣太远，乌不能绍叫天之遗绪。只余叔岩可代执牛耳。叔岩刻苦奋厉，固其独到。惜身虚体弱，嗓音低小，似不胜粉墨登场之劳。惟马连良无日不在进步之中，面相则隽逸优秀，歌喉则炉火纯青，韵味尤佳，近来声誉日隆，群众属望，若能加意研究，他日造诣，宁有量哉。"

看云楼主写道："连良艺事，就目下论，不标旗帜，自有其至。比于诗品，英秀如少陵，叔岩不失为东坡，连良则梅村渔洋之流亚。余子学杜学苏，或得鳞爪，络不足取。国策云，宁为鸡口，毋为牛后。今日之连良，正不必标谭派而为牛后耳。"

舒舍予先生写得更直白："此次连良来申，嗓音居然调高了一个字以上，足见他平时肯用苦工，把嗓子练好，欢喜听他唱几声的，没有不替他喜欢的。再说，他已有了一种势力，仿佛谭派下分有余派，余派后有马派。"

婴宁力捧："马连良的嗓子，宽窄自如，运腔声声，高处如大江东去，抑扬动听；细处如空际游丝，宛转悦耳。于是马连良便成了须生中之程艳秋，所以他可以称马派，不必称贾派。等于程艳秋可以称程派，不必称梅派。马连良还有一个长处，就是唱来潇洒非凡，毫不吃力，马连良简直可以自成马派。"

在名角胡碧兰、姜妙香、林树森、金少山等人的配演下，马连良的演出戏码天天翻新，日日不同，使演出进行得异常火爆。大舞台方面眼看一个月的合约即将到期，却无法满足广大观众看戏的要求，于是与马连良商议，把演出合约延长半个月，直到 1930 年元旦。

此时，梅兰芳赴美之前去上海演出已在日程之内，既要对上海观众做一个临别纪念，又要通过演出筹集一些经费。"梅党"知道马连良在沪大红，立即通过大舞台方面与之联系，要求马连良务必在元旦以后再多停留半个月，与梅兰芳合作一期，希冀创造一个演出史上的奇迹。马连良为了给梅大哥赴美壮行，决定再度延期。

等梅兰芳一行到达上海后马连良才得知，此次赴美演出遇到了意想不到的困难。美国刚刚遭遇了一场空前的经济危机，整个市面差到了谷底。原本准备的十万元的旅费资金已完全不够，梅兰芳的心情可想而知。因此，这次梅、马合作不但是志在必得，而且必须创造票房奇迹。虽然演出收入只是杯水车薪，但也要竭尽全力。大舞台方面标出了有史以来商业演出的最高价，花楼、月楼高达四元，三楼最低价也要七角，比日常的演出票价翻了一倍还多。"黄牛党"们在戏院以外大卖"飞票"，票价翻番地上涨，仍然供不应求。

马连良与梅兰芳演出《法门寺》的广告

为了这十天的演出，梅、马二人使出了浑身解数。除了二人合演《探母回令》、《法门寺》外，马连良演出《武乡侯》、《盗宗卷》、《甘露寺》、《战樊城》等拿手好戏，梅兰芳则连续上演金牌名剧《霸王别姬》。最后一天梅、马合演双出《汾河湾》、反串《溪黄庄》。荣记大舞台内高潮迭起，彩声不绝。精心策划的演出奇迹实现了，梅兰芳高兴地拉着马连良的手说："三弟，等我回来咱们接着唱！"望着梅兰芳的笑脸，马连良内心十分安慰。

观看过梅、马的合作演出后，业内尊称"陈十二爷"的声腔专家陈彦衡认为，马连良的嗓音已经到了"音膛相聚"的境界，前途不可限量。由于沪上演出盛况空前，唱片公司也趁热打铁，邀请马连良灌制唱片。于是在"蓓开"公司灌录了《一捧雪》、《大红袍》、《甘露寺》等11面，在"开明"公司灌录了《三顾茅庐》、《火烧藤甲》、《哭周瑜》等14面，共计25面之多，破历次灌音记录。

剧评家梅花馆主在一次访谈中问马连良："此次来沪，日演整出大戏，连唱带做，需四五小时之久。天天如此，能不疲惫吗？"马连良回答："鄙人做事，向不含糊。人家给我多少好处，我总得卖还人家多少气力。老板花了一万几千块钱请我唱戏，我不卖力气，怎么对得起他。就是听戏的朋友，他们花了一块多钱光临到大舞台来，总算看得起我，我就得认认真真地报答人家。至于辛苦吃力，又是另一回事，不能并为一谈。"由于性格仁厚，做事认真，马与各大戏院结下良好关系，各地争相约请，从此一发而不可收，红遍大江南北，"马派"艺术风格也顺其自然地被广大观众所喜爱并接受。

在1930年前后，"马派"两个字不断见诸于报端，这对艺术上已经取得一定成绩的马连良来说，无疑是莫大的鞭策，在自身实力不断提高及外界舆论的大力推动下，马连良终于决定自组班社，从此脱离"打工"行列，成为真正的"马老板"。1930年9月26日扶风社正式成立，首演于北平中和戏院，剧目为独具本门风格的《四进士》，而没有选用1924年首次挂头牌和1927年首次挑班时所演的谭派名剧《定军山》，此举向世人表明，

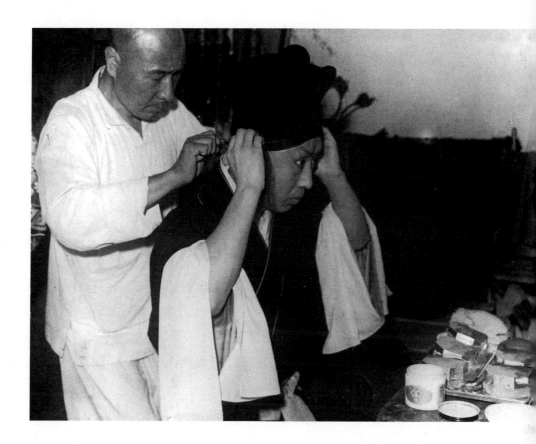

马连良在做开戏前的化妆准备

脱胎于谭派的马派应运而生了。

　　1931 年 6 月初，上海闻人杜月笙的家祠落成举办典礼。为隆重其事，杜氏广邀南北名伶齐聚上海，在祠堂内外连唱三天大堂会。除余叔岩外，所有好角一网打尽，使这次演出成为中国京剧史上的一次盛会。祠堂外，由上海当地演员于 10 日、11 日连演两天。祠堂内，9 日、10 日、11 日南北名伶会演三天，从每天下午起通宵演出。三天的大轴戏为《全部龙凤呈祥》、《全部红鬃烈马》、《四五花洞》。后来有人记述当时演出盛况，"京剧精英荟萃一堂，每一个角色可说都是最佳人选，无一不是珠联璧合聚精会神之作，为沪上空前之大观"。

　　马连良在《龙凤呈祥》中饰乔玄,《红鬃烈马》中饰"大登殿"一折的薛平贵,及在第三天压轴戏《八大锤》中饰王佐。本来的计划是余叔岩饰"大登殿"的薛平贵和《八大锤》的王佐,马连良饰"武家坡"的薛平贵,末天只演《焚纪信》。余叔岩未能来沪参加演出,反而成就了马连良,这两天大轴一天压轴的重任就落到了他的肩上。后来有权威人士评论,"杜祠的演出,真正确立了马连良作为一线老生的位置,从此走上光明的坦途"。

　　马连良之所以能够从群雄并立的老生阵营里破茧而出,与当时的时代背景有着重要的关联。从二次出科走红上海,到上海"杜祠"成为老生领军人物,马连良前后经过了十年的奋斗。这十年间,京剧艺术处于空前繁荣发展的时期,出现了"四大名旦"等众多流派。而生行艺术自谭鑫培先生去世之后,一直在尊谭范秀的轨道上徘徊前行,未能出现如旦行般百花争艳的成绩。早年好不容易出了个贾洪林,未及大红就英年早逝。因此,观众需要新的声音,老生需要新的流派,京剧需要新的力量。马连良则在这时代的大潮中独具慧眼,认准目标义无反顾地大胆进取,在有机继承的同时,发展了自己,开创了一番新天地。

第三章

步入辉煌

向阳门第春光暖

积善之家庆有余

——选自马派名剧《状元谱》

两代马善人

1930 年，北伐战争已经完结，军阀混战的硝烟已渐渐散尽。国家实现了暂时"大一统"的安定局面，老百姓也开始了休养生息的生活。马连良自独立组班后，声誉日隆，收入也相对丰厚。为了实现小时候对父母许下的诺言，马连良决定把豆腐巷七号大院的中、后院及与西墙邻接的另一所宅子也全部买下来，让二老过上衣食无忧的生活。

买下的前院的五间正房由马西园夫妇居住，南房辟为会客厅，东房由弟弟马连贵一家居住，西房则为父亲重新装修成为一个伊斯兰教的礼拜堂，家人称之为"西屋大殿"。这样父母每日的五遍功课在家中即可完成，不必每次往返花市清真寺。逢有重要的宗教节日，则请阿訇前来家中礼拜堂主持宗教活动。家中设礼拜堂，这在当时北京的回民人家并不多见。中院为饭厅及工人房，后院给妹妹马慧敏一家居住。马连良夫妇则居于西跨院，这样便于自己休息及备戏。

家中雇有门房、厨子、花匠及老妈子，负责照顾父母及弟兄三家的生活。门房安装西门子电话，并设有内线直通西跨院，有客人来访可以直接传达。马家夏天在院里搭凉棚、栽花草，从冰窖里买回大块的冰坨，用来消暑驱热；冬天过年时，花洞子用棉被包着竹筐，给马家送来大盆的梅花、茶花，让室内一片春意盎然。马家虽非大富大贵之家，却也初具大宅门格局。

当时许多凤子龙孙，王公贵戚的生活日渐破落，靠出卖祖上留下来的家当维生，马连良凭着自己的鉴赏能力，买了几件"宝贝"回来。其中有一堂从紫禁城出来的紫檀家具，古朴典雅、韵味凝重，独具皇家风范。买回来后，他亲自布置在父母的上房里，供他们使用。他又买回两盆半人多高的玉石寿桃盆景，让父母看着喜兴，寓意延年益寿。

1930 年，马西园（中）与北平清真二小员工合影

　　马连良自己只留下了一件一人多高的大镜子，每天对着它耍水袖，练身段，走台步，等于在家里设了一个练功房。另一份宝贝是马连良自己至爱，即从皇宫大内里放出来的一批皇宫御用绸缎料子，是前清同治年间的货色，已有半多个世纪的历史。无论是质地、工艺，还是花纹、颜色，都是古色古香、世之罕见，堪称"绝品"。马连良认为用它改良"行头"一定会显得古朴典雅、大方美观，既异常考究、又独具特色，是花多少钱再也买不来的东西。后来以这批"同治料子"做的每一件行头，都被观众拍手叫绝、称赞不已。

　　父亲马西园辛苦了大半辈子，终于把儿子培养成为了一名大角儿，高兴之余，越发地热心伊斯兰教的公益事业了。他认为马家能过上这样的日子，都是真主的恩典，要懂得知感（穆斯林语：感恩）不能忘本，与京城里大多数穷苦回民相比，目前的生活已经很满足了，要知恩图报。马连良至情至孝，凡是父亲为了"举义"（穆斯林语：捐助）答应下来的事情，全部照办。马家于是参加了位于花市的北平清真第二小学的扩建、天桥礼拜寺的翻建、三里河礼拜寺的修缮等多项工程。

每逢周五"主麻日"，北京的穷苦回民们常到豆腐巷来乞讨，最后干脆演变成了固定的舍粥日，冬天外加舍寒衣。马连良夫人王慧茹也积极协助公爹，热心参与公益活动，人称她和她的公爹为"马善人"。用于公益、慈善方面的开支，一直是马家日常开支的一个重要部分。常来马家乞讨的人都是回民，汉民乞丐因不会说"清真言"，不能被回族乞丐接受，所以不能入围豆腐巷的乞讨行列。

1935 年夏，为了回族的公益事业操劳了大半生的马西园，终于精疲力竭一病不起。他躺在病榻之上，望着自己的儿子，心满意足；想着操持的事业，问心无愧。窗外，一直不停地下着雨水，他看到报纸上写到中原、湖北一带又是水灾不断，他拉着儿子马连良的手，交代着他的临终遗嘱："不用为我守孝百日，过了四十日（四十日：回族为祭奠亡人举行重要的诵经仪式）就一定要给湖北的灾民唱赈灾义务戏……"马西园 8 月 1 日认主归真，马连良隆重地发送了父亲之后，遵照父亲的嘱托，于 9 月 16 日演出马派名剧《清风亭》，为湖北难民筹款义演。

父亲马西园去世之前，家中的财产全部由他打理，马连良一概不予经手，也不知道自己有多少钱财。父亲走后，马连良自然成了"当家人"，家里的财务状况着实把马连良吓了一跳，出乎了他的预料之外。原来，父亲马西园把家里的钱财基本上全部捐给了回民的公益事业，各种董事长、理事长的委任状有十几张，而为马家自己人生活所留下的钱银却是寥寥无几。

1933 年时，马连良夫妇已育有一女五子，长女萍秋最大，其余五子分别为崇仁、崇义、崇礼、崇智和崇延，其中最受父母宠爱的是崇智。因他出生在马连良大红的 1929 年，家中经济条件比以前改善了许多。马崇智生正逢时，家里人都认为此子带来了吉祥的兆头。加之他生性活泼可爱，好动不喜静，人见人爱，所以父母对他也就有些格外溺爱了。别的孩子出

马连良子女（右起）：萍秋、崇仁、崇义、崇礼

生后都由奶妈照看，唯独崇智自落生之后就一直与父母一起起居。吃母乳一直延续了三年多，到了弟弟崇延出生之后，他还一直要吃母亲的奶。王慧茹没有办法，只得给崇延又请了个奶妈，对崇智的溺爱也没有中断。亲戚们都说，这孩子这么大了，还吃奶呀？真成了"大娇"了！就是这从小娇生惯养的马家少爷，长大成人之后，却第一个走上了革命的道路。

夫人王慧茹除了负责照顾几个孩子的生活起居外，还要照顾两位公婆。自己娘家的兄弟在外地做事，老母无人照看，时常还要回家尽孝，整天忙的不可开交。更主要的是料理好丈夫的生活。马连良是演员，与普通人的作息时间不一样。在京有戏时，他下午把自己一个人关在屋里"默"戏。不敢多吃东西，只敢喝点鸡汤，吃个烧饼夹肉点心一下，然后去戏园子，晚上回来再吃宵夜。如散戏后有朋友前来一起聊聊天，说说戏，马连良经常快到天亮时才能睡觉。

当红艺人在外面风光无限，别人只知道包银大把地往家里挣，其中艰辛只有王慧茹这样的人才能体会。当红艺人中，很多人都患有"滑精症"，马连良也在劫难逃。因为在上海这样的"大码头"，主演每天都有戏，经常一演一个多月。演员在台上高度紧张、疲劳过度、精神压力太大，故患此症。如果夜里得不到充足睡眠，白天就会精神不振，直接影响到晚上的演出。许多演员都出现"塌中"现象，也就是中气不足，无法连续演唱，多与此症有关。为了保证丈夫夜晚睡一个安稳觉，王慧茹有时自己不睡，彻夜盯着丈夫在睡觉时有无做梦、紧张的兆头出现。一经发现，马上把他推醒，驱走梦魇。后来马连良此症痊愈，王夫人功不可没。

马连良在北京期间，王夫人总是嘱咐丈夫少演出，多休息，一周只演两场，注意调养身体。多年的操劳，使王慧茹积劳成疾，身体变得很虚弱。在1933年生下女儿马莉莉后不久，在"月科"期间体质虚弱，由于拔牙后感染破伤风，王夫人不幸去世。马连良望着自己结发妻子，想着十几年同甘共苦一起走过的日子，抚摸着身边的这一群孩子，心中百感交集、泣不成声。

为了纪念亡故的妻子，又考虑到家中长辈百年之后的后事，马连良决定在阜成门外倒影庙买下一片地，辟为私家墓地，称"马家花园"。就在今天的阜外大街旁边的华文学院附近。在"马家花园"安葬了亡妻王慧茹后，马连良亲自参与设计，把这里修缮为一处中国传统风格与伊斯兰风格合璧的私家墓园。大门是传统的垂花门，为方便游坟的人休息，园内设有一间接待室。墓园前后有几片花地和菜地，卖菜的收入归看坟人焦大爷使用。坟前有一大理石柱形塔，完全按照伊斯兰风格建成，上刻经文，以示对亡人的纪念。1935 年父亲马西园去世，1952 年母亲马满氏去世，皆安葬于此。

咱们家来了一外国人

送走夫人之后，马连良周围的亲友在劝他节哀的同时，也希望他能根据目前家中的实际情况择日续弦。一来是老父马西园六十六岁高龄，本想日子宽裕了，到清真寺去做一名阿訇，直接为教胞们服务。因体质欠佳，只好在家中休养。母亲满氏也已六十二岁，身板虽然硬朗，也是年逾花甲的老人，需要照顾。再有就是孩子们，长女萍秋年十二岁，幼女莉莉还不到一岁，中间还有五个儿子，正处在调皮难管的年龄段，要人看管。外加与弟弟连贵和妹妹慧敏两家在一起生活，马连良每年有半年的时间在外埠演出，家中上上下下几十口人，没有个内当家的还真不行。马连良的第一次婚姻是由父母包办的，现在他走南闯北，见多识广，再搞老一套，恐怕自己也不能接受。婚姻大事还须从长计议。

1934 年扶风社到武汉演出，没过几天戏票就被一抢而光了。戏院方面出面挽留，请马老板再续一期，以满足观众们的需要。包银方面没说的，您说个数儿吧！可马连良却一直高兴不起来，心中惦记着家里的亲人恨不得早点回北京，所以他迟迟没有答复院方续期之事。

上海盐商周行三知其心中烦闷，整天陪马连良解闷。周打算为他筹办个"派对"，马说不爱应酬；周便和他玩纸牌，马说我连 J、Q、K、A 还没分清呢！周三爷酝酿了几日，终于推心置腹地与马连良商议："马老板，您这么下去可不行啊？依今日您在菊坛的地位，须生的头把交椅可是您。"马立即紧张地说："不敢，不敢，老先生们都健在，您可别再捧我了，折煞我也！"周说："不是我捧您，现在哪一次菊坛大合影不是您和梅大爷站中间呀？这是你们梨园界对您的敬重。您也得拿出点须生泰斗的范儿来，不能家中遇些难事就戚戚切切，儿女情长，弟兄们还靠着您多赚些包银呢？""那是，那是，三爷您说的有理！一会儿就跟老板说，续期的事我应了。"马说道。

周又说："您先别急，我还没说完呢。您现在地位不同了，接触的人、场面都不同了，交际、应酬是免不了的。恕我直言，您在这方面可没您在台上那么溜，您就是一个字——'戏'，这可不成啊！我们是好朋友，别怪我唐突，我想给您介绍一个女朋友，此人定能助您一臂之力。"周三爷介绍道："这位女士叫陈慧琏，生于江苏扬州，后长于上海，年二十四岁。生得身材高挑，容貌出众，是典型的江南美人。她性格温婉贤淑，宽宏仁厚，对内料理家政，得心应手。见多识广，略通文墨。待人接物，落落大方。对外交际、应对，定能补马三爷不足，此人可是难得的贤内助人选。况且，她又是一个典型的'马迷'，在上海可看了不少马老板的戏，最崇拜的人就是您马三爷，没事就听您的唱片。只是以前没有找对人，她的男人撇下她和一双儿女走了，目前两个孩子与外公一起在上海，生活挺艰难的。另外，她是汉民，信奉佛教。这几点不知马三爷您是否介意？"

周三爷一片热心，快人快语，让马连良十分感动，心想自己身边的确缺个这样一个人。好在此次来武汉，停留时间较长，索性依着周三爷，就和人家见见吧。与陈慧琏见面之前，马连良想起了亡妻王慧茹。王是典型的北方妇女，三从四德，惟命是从，时不时还受点小姑子和婆婆的夹板气，但为了大局，王只得忍气吞声，挺不容易的。周三爷极力赞赏的南方美人到底是个什么路数，有没有那么好啊？马连良心中多少还有点顾虑。

对方是汉民，既信佛教，又有孩子，北京那边的父母和老回回亲戚们能同意吗？心中不免有些忐忑。

在周三爷的精心安排下，先请陈慧琏看一场马连良的戏。陈在这天也刻意地打扮了一下，脸上淡施脂粉，身穿一袭淡粉色的旗袍，右耳后的头发上插了一朵淡粉色的花，端坐在观众席的第一排正中的位置。显得清新雅致、大方脱俗，给舞台上的马连良留下了深刻的印象。散戏后在众人的撮合下，大家一起吃了宵夜并玩了一会儿麻将。马正坐在陈的对家，四圈牌下来，马被陈的言谈举止和容貌风度深深地吸引住了。整个心思完全没有放在牌上，自然也输给对家不少钱。

经过一段时间的互相了解，二人皆有"梦里寻她千百度，蓦然回首"之感。尽管相处时间短暂，但二人都不愿彼此分离了。于是，马连良决定，武汉演出结束之后，二人就回北京结婚。艺术家往往都是性情中人，但马连良做出这个影响他今后一生的重大决定，绝非出于一时的头脑发热，他是相当冷静的，并且是面对现实的。

马连良对陈慧琏也是实话实说："回北京之后，恐怕要委屈你一段时间。第一，我私定婚事，没有与父母商议，恐怕他们不高兴，要慢慢说服；第二，你是汉民进回回家门，这在马家可是头一遭，如果父母、老亲戚们不同意，还要再想办法；第三，父母、孩子们都没有思想准备，突然进门，未免唐突。我想先安排你在外面住些日子，等把他们都说通了，再接你回豆腐巷。"

在北返的列车上，马连良既兴奋又紧张，心始终悬着，不知等待他的会是什么样的场面。与心中忐忑不安的马连良相比，陈慧琏反而显得心里有准谱，有着一种当时妇女难以具备的主见。对她来说，达官贵人见过不少，可她却认准了马连良。她认为生活在这城头变换大王旗的动荡时代，所谓的达官贵人们时常是你方唱罢我登场，没有一个靠不住。只有马连良和他身上的艺术是永远靠得住的，可以给她安全感，她认为到了哪朝哪代都少不了唱戏的。既然认定了这条路，就坚决走下去。

回到北京后，早已有人在东单麻线胡同租了一所小四合院，马连良先在此处把陈慧琏安顿好了，才回到豆腐巷家中请安。他给父母行完跪拜大礼之后，又把从湖北带回来的土特产等礼物奉上，最后才讲了武汉订亲之事。果然不出所料，母亲顿时气不打一处来，加上老姑在一旁敲边鼓，不由得连珠炮似地责问儿子："为什么不找回民？为什么找了一个信佛教的？为什么找一个有孩子的？……总之，一句话，我们不同意，不许带回家！马家丢不起这份儿人！"

马连良跪在地下苦苦哀求也无济于事。满氏老太太本想让丈夫也帮忙训斥一下儿子，可马西园既心痛儿子又有点惧内，颇像电视剧《大宅门》里白景琦的父亲，一句话也没有。这让老太太更生气了，双方僵在那里下不了台。马连良只好一边安慰老人，一边解释自己的做法，同时表明了自己的态度。第一，婚姻之事，这次我要自己做主；第二，人已经来北京了，就不能再让人家回去；第三，保证说服她尊重回民的生活方式。父母和家人什么时候同意，我再让她进咱们家门。

对于至情至孝的马连良来说，此举可算是大逆不道了。为了缓和与父母之间的矛盾，他先把弟弟、妹妹、及堂兄马春樵，堂弟马四立等请到麻线胡同的住所一起吃饭、聊天，给大家一个与陈慧琏相互熟悉的机会。在有了一个初步了解的基础上，再向老太太进言，好让老人对这个南方来的儿媳妇先有一个认识。

马连良自己则还像平时一样，每天过来给老人请安，晚上再回东单去住，弄得老太太一点辙儿也没有，眼看着一大家子人都向着马连良说话，家中的顶梁柱整天不在一起住，长此以往，也不是个事。终于老太太松口了，要求儿媳妇皈依伊斯兰教，才能进门。其间还有人出主意，让陈喝一种碱水，谓之洗肠子，马连良坚决不同意，他说："从来也没听说过这种不人道的做法。"就这样拖了一段时间之后，马家门里首宗与异族之间的婚姻终于被认可了。

这位新三奶奶一进门就立马给人一种焕然一新的感觉。发式、旗袍、言谈举止、思维方式都让人觉得有一种与老北京回民家庭格格不入的海派气息。

1934 年 4 月 20 日，马连良与陈慧琏在崇文门内麻线胡同 38 号寓所举行婚礼。

　　首先，马连良的生活被"管制"了起来。马连良出门应酬时经常西服革履，有时回家太累就把领带松开，西式衬衫的领口、袖口解开，把下摆从裤子里拉出来，躺在沙发上休息一会儿，觉得这样很放松。陈慧琏就劝导丈夫："三爷，您这种习惯不好。穿什么衣服有什么讲究，您这个样子如果被外人撞见，传出去多不好啊。特别是在上海、汉口等大码头，住在公寓里，周围都是有头有脸的人物，更得注意自己的形象。否则，让人家见了就瞧不起咱们唱戏的，那多不好啊！您别嫌麻烦，我马上帮您换一身中式的衣服，舒舒服服的，不就行了嘛！"

　　另外，陈慧琏认为马连良是广大观众心中的偶像明星，明星就应该有与常人不一样的生活。她力劝马连良购买汽车，马连良认为这样太"扎眼"了。北京当时街面上就没有什么私家汽车，梨园界有汽车的人更是凤毛麟角。陈慧琏却说，如果您的衣食住行和一个二、三路角儿的基本一样，先别说那大上海来的邀角儿人看了会怎么想？您走在马路上被"座儿们"见了怎么想？您在人家心中的位置就会大打折扣，人家认为买您的票不值！

　　马连良的儿子们以前都在马西园任校董的西北清真二小读书，为了让孩子们受到良好的教育，在陈慧琏的建议下，马连良的几个儿子都被送入了教会学校——育英。育英是当年的贵族学校，自然科学及英文的教育水准是一流的，同时这里的学生多数是军政界、工商界子弟。要想让孩子们成材，首先要让他们有开阔的眼界、广泛的朋友，不能总守着回民的圈子转。虽然那时北京汽车很少，但育英学堂的门前一早一晚总是车水马龙。没有汽车接送的学生，总会遭到他人的白眼与蔑视。为了让孩子们在学校里有尊严，陈慧琏让司机每天用汽车接送他们上下学，中午在"东来顺"包饭。马连良知道此事后，才明白夫人要求自己买车有更深一层的心机。

　　为了照顾好王慧茹的老母亲，陈慧琏让自己的哥哥、嫂子与王老太太一起住在绒线胡同的一所房子里，也算替马连良尽了半子之劳。人人都说王老太太好福气，有了马连良这么一位好女婿。总之，陈夫人所做的一切都是为了马连良。另外，陈夫人有一种特殊的亲和力，很快就与梨园界的同人及其家属打成一片。同人们有了家长里短的大事小情，或者是有了什么过不去的槛儿，只要请马三奶奶出面就能摆平。在北京梨园界提起这位马三奶奶，没有不佩服的。陈慧琏新派的举止行为令马家老亲刮目相看，虽然他们一时对陈还难以全盘接受，但还是半开玩笑半认真地说："嘿，这倒好，咱们家来了一外国人！"

好角儿全上你扶风社了

新娘子进门之后，第一次出门拜见的人就是马连良的恩师叶春善。叶老爷子因患脑溢血症半身不遂，一直在家休养，据说近期有所好转。于是，马氏夫妇乘着新购置的汽车前往叶宅。

说到汽车，梨园界里最早买车的要属尚小云。当时京城里除了军政要员，就是著名盐商查家、药商乐家和茶商张家有汽车。尚小云曾以洋马车代步，被有钱有势的大爷们讥讽为"臭"摆谱。若是在前清，就是越制，非发配了不可。尚为人侠义豪爽、疾恶如仇，最恨那些看不起梨园子弟的大爷们。他买车的一个很重要的原因是想告诉他们，我们唱戏的是靠真本事挣来的清白钱，照样能过上好日子。另外，他向来对不义之财嗤之以鼻。因他与交通总长吴济舟相交甚厚，曾有一德国工程公司驻京代表想请他向吴总长说项，总揽平汉铁路黄河大桥的维修工程，并许以高额回佣，尚小云以"不愿卷入政治"一口回绝了。

马连良与尚小云一向关系密切，在尚的影响下，经过深思熟虑，决定购置了一辆黑色"雪佛兰"牌方头汽车。除了考虑陈夫人的意见外，购车主要的原因是由于当时市道混乱。梨园大腕虽说名利双收，但无权无势，常被恶势力敲诈欺负。如不屈从，常会遭受恶意报复。梅兰芳就曾被人当头泼镪水，幸被同仁奋力挡住才幸免于难，因此角儿们的自我保护意识也是相当强的。

　　尽管马连良有了新汽车，但平时还是有所顾忌，怕招摇。他明确告诉司机阿三，我不能在我师父面前摆谱儿。去师父家时，你一定把车先停在胡同外师父家看不到的地方，不能停在叶家门前，更不许按喇叭催我。交待好了，马连良这才与夫人一起，提着礼品前往叶家。

　　叶老爷子看到徒弟带着新娘子来看他，心里高兴，病好像也好了大半。爷儿俩三句话不离本行，说的还是戏。叶说："你别看我在家养病，你扶风社的事，盛兰对我说了不少，近来想排什么戏？""我们正排《全部一捧雪》，从《过府搜杯》起，中间《审头刺汤》，到《雪杯圆》止。我来个'一赶三'（京剧术语：一个人连饰三角），前莫成、中陆炳、后莫怀古。"马答到。叶说："这戏唱着可过瘾，前做、中念、后唱，你一个人可够累，不过观众可大饱眼福了。听说去年你和麒麟童在天津'春和'合作了一期，有这出，挺红的，人称'南麒北马'！你可帮了他大忙了，据说他这几次来北方不太顺，差点回不去。""谁没有个走背字的时候，要说红火，还是李华亭安排的戏码好，我跟信芳五哥都觉的唱着过瘾。我还想让李华亭来扶风社当经励科呢？您看怎么样？"马问。"那可太好了！我还听说'洋人'也要去你那里，他的胡琴，乔玉泉的鼓，加上刘连荣的花脸，马富禄的大丑，盛兰的小生，好角儿全上你扶风社了，你可是天字第一号的戏班了。不过有一节，别人唱戏当老板，为了自己多赚包银，你这当老板的包银全让'绿叶'分了，你这'红花'可剩不下多少了。"叶春善感叹道。马连良说："我唱戏就喜欢这种火爆劲儿，有他们几位保着我，我还没上场呢，台下的情绪已经让他们给燎起来了。我再来个'火上浇油'，台底下能不过瘾吗？咱可不能让人家白花钱呀！"叶春善点头称赞："这戏你是越唱越明白了，让盛兰跟着你，我放心。"

　　叶盛兰是马连良老恩师叶春善的四子，在"富连成"中先习旦角，因英气有余，柔媚不足而改习小生。由于叶本人天资聪颖，又是叶春善社长的儿子，因此在科内把他当做重点培养的对象。不仅独擅雉尾生、武小生，而且官生、巾生、穷生俱佳，是不可多得的小生全才。未出科即被马

《楚宫恨史》马连良饰伍奢、叶盛兰饰太子建

连良相中，邀他加入扶风社。出科后又拜程继先为师，艺乃大进。

　　在马叶二人的合作中，可谓红花绿叶相得益彰。特别是《群英会》中的周瑜，《打侄上坟》中的陈大官，《八大锤》中的陆文龙，非叶盛兰莫属。马叶二人在舞台上互相刺激、彼此映衬，他们的合作很快步入了出神入化的境界。在《楚宫恨史》中，两人有一段关于密报消息的默剧表演，内行称之"咬耳朵"，无唱无念全凭两人精湛的面目表情与身段动作。每演至此，观众必报以热烈的彩声，得到了极大的艺术享受。叶盛兰已成为马连良不可稍离的合作伙伴。

　　所谓洋人，是指一代琴圣杨宝忠。因他爱穿洋装，吃洋餐，拉洋琴

杨宝忠

（小提琴），又姓杨，戏班人送绰号"洋人"。他是梨园世家出身，祖父是著名花旦杨朵仙，叔伯三弟为杨派须生创始人杨宝森。杨宝忠11岁登台唱老生，21岁拜余叔岩为师。受余师亲自点拨，《击鼓骂曹》等剧最为拿手。嗓子倒仓后，研究琴艺，不仅京胡拉得韵味浓郁，声情并茂，而且精通西洋乐器，擅长拉小提琴及弹奏钢琴。杨是上世纪三十年代我国少有的艺贯中西的音乐大家，他曾用小提琴演奏传统音乐《梅花三六》，被美国胜利公司灌制成唱片，风行全国。

马连良将杨宝忠请到扶风社后，待如上宾，视其为艺术上的良师益友。马最欣赏他的地方是杨是唱老生出身，对演唱者的发声、吐字、气口、韵味等都有很深的理解，托腔保调，悦耳传情。马十分厚待杨，给他的戏份是行内最高的，而且在广告和戏单上都注明"特请杨宝忠操琴"。还在乐队的位置里突出琴师专座，力捧杨宝忠，二人合作默契。杨宝忠也使马派的唱腔在原来的基础上更加精进、美化，更加动听传神、脍炙人口。

扶风社不仅吸引大量名角加入，就连普通的龙套演员也愿意来这里。当时各大班社自己不雇用长期的龙套班底，有事就找龙套行的"头儿"，由他来安排。"龙套"分街南、街北两派。"街南"即珠市口大街以南天桥一带，在那里跑龙套的演员每场收入很少，但每天的场次多，积少成多。"街北"的龙套不少人经常聚集在西珠市口原第一舞台对面的"恒升杠房"，白天给出殡的人家担棺材，晚上为街北的戏园子跑龙套，生活比较贫困。

对来扶风社跑龙套的，马连良有特别要求。第一，上台前必须洗脸、剃头、刮脸，还要抹油彩、化装，不能像在外面一样，灰头土脸地上台，没有艺术美感；第二，必须把棉衣、棉裤脱去，再穿行头，不能在台上显得臃肿、难看；第三，不能穿自家的便鞋，必须穿为他们特制的薄底靴，只有这样才能在舞台上呈现整齐划一、美观大方的效果。

这三条在别的班社是没有要求的，班主也认为没必要，观众来看的是角儿，龙套就无所谓了。扶风社也不白要求，遵守这三项要求，都是另加钱的。另外扶风社"黑钱"给得也多。戏班中所谓黑钱，指的是龙套中一些有点技术含量的工作，给予的特别补贴。如《九更天》里，有人需要向马义身上"喷血"，就要加黑钱。工钱比别的戏班给得多，龙套都愿意来这里干活。

马家新来了个徒弟

随着马派艺术不断地深入人心，"劝千岁"、"望江北"已成争相传唱的流行歌曲，许多业内年轻学子心向往之。戏剧家焦菊隐洞察先机，马上邀请马连良到他主持的中华戏校授课，给关德咸、王和霖等传授《十道本》、

《借东风》、《苏武牧羊》等马派名剧。富连成科班也邀请马连良给叶世长、沙世鑫等传授《甘露寺》，马派艺术风行一时。到了 1934 年底，焦菊隐干脆让他的两个得意门生王和霖、王金璐拜师马连良，从此成为登堂入室的马派亲传弟子。此时，业内的世家子弟言少朋、迟金声等为了追随马派艺术，已经成了典型的"追星族"。马连良所有的演出，二人几乎场场不落。有时马连良去外地演出，他们在能力范围内，依然紧追不舍。观摩了每场演出之后，二人回到小旅馆马上互相交流，把所有的心得体会全部记录下来，用以提高自己的马派修养。

1937 年初，马连良率扶风社一行人马赴长沙等地演出。到达长沙后，因杨宝忠有事晚到几日，没有人给马连良吊嗓子，当地的朋友就推荐一个叫李孟谔青年人，唱老生的，会拉琴。

调了一段《乌盆记》，又问他会不会《甘露寺》？李说："我正在学这一段。"马连良说："那么，我来一段《甘露寺》吧。"两段唱完后，马连良觉得非常舒服，很是高兴，还说："这大概跟你经常听这段唱片有关系吧？"李说："一方面是听唱片，经常听，一方面是喜欢您的艺术。"马连良说："你喜欢我的艺术，想不想跟我上北京去学呀？"李说："那太好了，我正求之不得呀！……"没过多久，马连良就收了这个弟子，这位李姓青年从此以后改名"李慕良"。

李慕良也是梨园出身，父亲李赶三，在戏班里管事，挣钱少。家中五个孩子加上李慕良的母亲及奶奶，共八口人，生活艰难。李慕良九岁学戏，因没钱请人帮他吊嗓，就自己硬来，自拉自唱，竟无师自通。闲来帮别人吊嗓挣些零钱，帮补家用。马连良知他是孝子，非常喜爱。听他唱过几段后，知其嗓子还没完全变声，就让他去北京深造，好好地"下一下挂"。李家父母即希望儿子能跟着名师有个良好的前途，又对要远离父母的孩子难舍难分。马连良真诚的表示："请老人家放心，孩子的事我全包了。"就这样，李慕良辞别了家人，跟随老师一起进京，那年他才十八岁。

李慕良来到北京之后，马家把豆腐巷前院的西屋给他腾出一间房，从此李就长住在了马家。每天早上李都到东便门城根去练功，喊嗓子，马连

马连良与弟子们（后排左起李慕良、朱耀良、马盛龙）

良还给他专门请了一个琴师帮他吊嗓。下午，李给师父拉琴吊嗓子。晚上，李不是去观摩名家的演出，就是在扶风社里来个配角，马连良说这是最近距离学戏的好机会。

　　由于从南方来京，水土不服，外加自己心气高，练功刻苦，不久得了一种叫"大头瘟"的病症，可把马连良急坏了。马想若这孩子有个三长两短，怎么向人家交代呀？可不能像自己小时候，差点死在科班里，赶快看西医。于是让长子崇仁陪着，天天去东华医院，直到病好才算舒了一口气。病愈之后李慕良常常向杨宝忠等请益，琴艺大进。不久梨园界都知道了，马家新来了个徒弟，琴拉得不错。

　　此事被言菊朋得知，他请李慕良为他吊了一段《上天台》后非常满意，特意前往马家拜访马连良，希望李慕良"客串"一次，为他操琴三场戏。马连良非常痛快地答应了，并特意去看了一场《法场换子》和《骂殿》。

　　按照当年戏班的旧观念，"梳（头）、打（鼓）、拉（琴）、跟（包）"

谓之"傍角儿的"，是伺候人的差事，在行内低人一等，李慕良当时只是抱着玩票的心态。当他问老师观感时，马连良却鼓励地说："我有一句话不知你爱听不爱听，你如果专心一意去操琴的话，你得道会比你唱戏早。"马连良胸襟宽阔，爱才识才，为了学生的发展，他特意选定了梅兰芳的琴师徐兰沅，作为李慕良的师父。在梨园公会认可后，李慕良正式步入"操琴"的行列。

李平日下午给老师吊嗓，马连良经常吊的两出戏是二黄的《洪羊洞》和西皮的《击鼓骂曹》。马总是一边唱，一边走，一边东看看、西摸摸，手里不停地动，一副分心分神的样子，可口中的词句一点不错。李慕良就问先生为何如此，马连良说，这样唱戏是为了台上看上去人物比较松弛、潇洒、不死板，要做到内紧外松。所谓台风潇洒，就是这样日积月累地锻炼出来的。

更是著名的美术家

在这一时期，马派行头已经受到业内外人士的一致好评，外行喜欢，内行效仿。它能够成为马派艺术的标志，也走过了近二十年漫长的道路。马连良通过观摩海派艺术，从二十年代初期就开始对京剧服装的改革进行尝试。从那时起，"离经叛道"、"左道旁门"、"标新立异"等攻讦词语不绝于耳，讽刺、挖苦更是家常便饭。有人为了说明《失印救火》白怀中所戴的传统硬罗帽更好，把它和马连良创新的皂隶帽拍成照片放在一起比较。想不到的是，多少年过去了，这类人物的扮相基本上都宗了马派。

马连良对服装道具的改革有一定的宗旨，不是随心所欲、标新立异。他认为改革应首先照顾到舞台的表演，令表演举止不便的服饰绝不采用，同时还不能背离京剧服饰的艺术规律。在这个基础上，在古典法度之内改革服饰。但其形制在古代是否存在、是否真实并不重要，重要的是达到仿古、近真、尚美的艺术宗旨。如果违反了上述规律，即便是大家都认为好看，他也不会继续使用这些服饰。

在《苏武牧羊》中，他曾为苏武设计了一顶"改良踏镫"，将传统踏镫上面的一大堆珠子全部取消，只保留两个绒球加一块自己设计的面牌，使人显得干净利落，而且非常好看。让苏武戴踏镫，是因为当初编排此剧时参考史书，苏武的官职是"中郎将"，从字面的意思看，认为苏武是个武官，所以戴踏镫比较合适。后来经考证，苏武是文官出身，于是决定放弃"改良踏镫"，使用传统纱帽。

他在《假金牌》中创制的黑丝绒官衣在台上显得非常深沉、凝重、夺目，观众都觉得漂亮，但有一个毛病，就是丝绒容易粘胡子。髯口粘在行头上不利于老生的表演，马连良就不用了。把这个创新面料的行头传给了李万春，觉得武生没有髯口，穿起来会美观，李万春就做了一件黑丝绒侉衣，用在武松的身上了。李万春穿这新行头一亮相，台下彩声雷动。

马连良曾经说过，改革服饰是为了使观众观看之后精神为之振奋，发扬爱美之心。其目的是为了让服饰有利于塑造人物，关注人物。同时，他也借鉴西方戏剧对于舞台的要求，认识到"色彩之协调、光线之匀整"为演戏的"要源"，在设计服饰时都要通盘考虑。美国影星范朋克等看过京剧服饰后都大为赞叹，问马连良中国古代的衣冠是否与舞台上一样，中国古代人的生活实在太美了！马连良认为，从此可以看出，推动京剧服饰的改革，不仅有利于京剧的美化，而且有利于京剧的风行于世。

传统戏里老生的扮相大多都是黑色高方巾、青褶子，太千篇一律了，没有变化，缺乏艺术美感。马连良觉得应该让舞台上更加丰富多彩一些，让人物更加具有个性化一些。因此他在适当保留传统服饰的同时，不断学习，努力挖掘。参考了《舆服志》，创制了《胭脂宝褶》中永乐的箭蟒；参考了古画《衮衣绣裳》，创制了《十道本》中褚遂良的官衣蟒；参考了《十八学子登瀛图》《麟阁功臣图》《睢阳五老图》《锁谏图》等宋、明古画，根据其中的人物造型，创制了《胭脂宝褶》永乐腰中的"方圆毯路

《胭脂宝褶》马连良饰永乐帝

带"、《马跳檀溪》中刘备的仿古赤巾等等。

前辈艺人中亦不乏有识之士，小生名家朱素云就是京中支持马连良改革的少数几人之一。朱先生深通文学，又精翰墨，对于古代图画很有见地，本身就改良过服装，因此对马创制新服饰贡献良多。在马连良编排《要离刺庆忌》的时候，朱先生曾建议马启用襕衫这一失传服饰。

襕衫的形制接近于褶子和官衣的混合体，圆领，无后摆。以天青色绸缎制作，黑色宽边作为缘饰，腰中系丝绦。它是古代有功名而无官职的书生所穿服装，赶考的人士多穿此服，名曰"利市襕衫"。《击鼓骂曹》的唱词中有"脱去了襕衫换紫袍"，这个襕衫就指此物，而不应写成"蓝衫"或者"褴衫"等。

马连良非常喜欢襕衫这一服饰，可以通过面料和缘饰的色彩变化、相互搭配，制出不同款式襕衫。把它用在了《要离刺庆忌》、《范仲禹》、《八大锤》和《御碑亭》等戏中，在许多场合下可以代替黑褶子。上世纪五十年代时编排《将相和》，又把它用在蔺相如的身上。1960年排演《赵氏孤儿》，再次把它作为程婴的服饰。另外，马连良之所以改良襕衫，也与老生穿黑色服饰的戏较多有关。襕衫与褶子、海青形制不同，用来调剂一下，这样可以避免人物造型类似的感觉。

马连良还经常把自己购买的、或者朋友赠予的古玩甚至文物用于戏中，弄得友人们哭笑不得。前清庆亲王之子载抡出于对马派艺术的热爱，把自己家传的一件真蟒袍送给马连良，让他留做纪念。马连良却没有把它当做文物珍藏起来，而是按照自己的身材加以修改，穿上了舞台。好友朱海北的父亲朱启钤曾任北洋政府交通总长、代理国务总理，并在袁世凯筹备称帝时任筹备处处长。为纪念"洪宪皇帝"登基，铸造了为数不多的几把纪念宝剑。剑套、剑柄极为精致考究，特别是剑身上还用珐琅镶嵌了七朵梅花，实为国宝级的文物。朱海北把剑送给马连良后，没过两天就被他用于《借东风》的戏里了。

马连良有许多小道具都是生活中的实物，不是台上用的假玩意儿。他有一块象牙的牙笏，是当年一位王爷上朝时用的真品，十分漂亮讲究。别人都以为他自己收藏起来玩的，没想到他居然给用到《清官册》里了。这块真牙笏的大小与我们的道具牙笏差不多，马连良还觉得抱着的时候不够气势。于是他在这块真牙笏的底部加了一个三寸长的金托，适当地做了一些艺术夸张。这样寇准在左手抱牙笏上台的时候，整个牙笏就不会"埋"在蟒袍的大袖里，有大约三寸长的牙笏露在外边，再加上他设计的带有神兽图案的改良红官衣，一下子就把寇准这个新任西台御史给"抬"起来了。在这些无人留意的小道具上用心都是如此的缜密，更何况戏里的其他东西了，真是做到了"唱戏唱的就是个细"。

还有他创制的缃色太阳蟒和立龙翅子相貌，目前已经被全国各大剧种所接受，成了戏中老丞相、老太尉之类角色的"官中"服装了。马连良个人比较偏爱缃色，即黄绿之间的过度色，可以说他把这个颜色"玩"到了极致。偏黄的缃色做了《甘露寺》的太阳蟒，偏绿的缃色做了《淮河营》的改良蟒，中间的缃色做了《打鱼杀家》的抱衣抱裤、《苏武牧羊》的短斗篷和他那套经典的龙虎靠。

这些极具马派个性化的行头，经过了多年之后，已经成为我国戏曲界普遍使用的服饰。传统舞台形制是门帘台帐式的，他将其改革成两旁侧幕、后面底幕的新型结构，我国的戏曲舞台一直沿用至今。当时许多内行还一致反对，今天看来，还是他的眼光长远。这些看起来不起眼的小事，其作用却非同小可。可以说，马连良走出了一小步，中国戏剧迈出了一大步。国画大师李苦禅先生称赞马连良："您不仅是著名的戏剧家，更是著名的美术家！"

打倒案目

1936 年，马连良的扶风社与上海新光大戏院联合，开展了一场"打倒案目"的运动。所谓案目，就是剧场票务推销员，本来也是苦出身。过去上海开戏院的老板，大多数都是没钱的光棍，靠的就是恶势力。有了黑社会背景，就能开戏院了。他们大都是衙门中人，巡捕、包探和大流氓等。只要先凑一点租场子的本钱，然后发话出去，某某人要在什么地方开戏院了，就会有人来送钱，最先来送钱的就是案目。每一个案目必须先交给院方一笔押柜费，如同现在的风险抵押金。比如一个戏院用二十个案目，每人交四百元，则可收入八千元押柜钱。老板就可以拿这笔钱去做为后台演员们的包银开支，戏院最大的开支也就解决了。另外，"前台三行"即手巾、茶水、糖果、水果等项工作，也要交押柜费，有了这些收入，光棍就可以堂而皇之地做起戏院老板了。

案目的主要工作就是招揽熟客前来看戏，或者引导生客入座。他们可以按九五折从戏院拿票，全额售出后，收入全靠吃差额。按当时戏院平均日入三万元计，院方就亏损一千五百元左右。如果不用案目，虽然不至于没人来看戏，但多数观众可能会被别的戏院吸引去，影响收入。况且，老板们早把案目们交的押柜费花完了，拿什么还？只得依靠他们。如果客人想吃点心、水果等，案目去叫，也按九五扣拿。案目手中掌握着一批大商贾、阔太太之类的客人。案目们多是积了三四场戏后，才去公馆里结账，这样可以多报看戏的人数，多出来的收入尽入自己腰包。每逢新角儿登台前三天的打炮戏，或是新戏上演的前一天，案目们一般会主动跑到客人面前，说这场戏的位子都订满了，我怕拿不到好位子，就留了几张票给你。客人本来有事，不想去，被他们这么一说，只好去应酬一下，碍于情面不想买也要买了。

案目们在每年生意清淡之时，常有"打抽丰"之举。他们与戏院老板谈好，包定若干天，这包戏的价钱只计成本，不算利润。院方只求保本，由案目付款，所演的剧目，由案目指定。案目自己来印戏票，假定有 1000 个座位，他们就印 1300 张票，把票分散给客户，说："某日，请你们府上各位去看戏，我给你们留了 15 张票。"于是客人说："15 张票太多了，这几天没时候，给我 12 张吧！"这样一来，这 12 张票无论有无人去看戏，自然是要付钱的。这样的"打抽丰"，自然十足客满。

案目在戏院里的势力坐大之后，甚至可以左右老板的意志。如果老板约的某某角儿，到场之后如不对案目有所"表示"，他们下次就对老板提出一致反对意见，说某某角儿的票不好卖，必须请某人某人，我们才有把握，一定能卖钱。老板只好依他们。如不答应他们的要求，案目们竟会提出全体告退的要求，老板没办法，只能屈服。

实际上，案目已经成了另一种恶势力、地头蛇，戏院、戏班双方都备受他们的挟制，有苦难言。为了改变这种状况，上海的芮庆荣、孙兰亭等人决定扫除案目的恶势力，开文明戏院的新风。

他们把以前放电影的新光影剧院改成演京戏的新光大戏院，院方有雄厚的资本，无须利用押柜等资金运作、经营，一切决定由老板自己做主。约请哪位演员，定什么票价，都不受别人限制。任何观众看戏，一律直接和戏院票务室联系，可以电话预订座位，由戏院派人送票，不多收任何费用。同时还需约请极具号召力的名角来配合，彻底摆脱案目，才能在上座方面有把握。马连良就是一个上佳的角色人选，只有他和他的扶风社才有这样的实力，也更便于上海观众接受这种新的风气。当孙兰亭与马连良提出此事后，马连良说："扶风社，就是扶正气之风的班社！"这一做法起到了很好的示范作用，此后，上海各大戏院逐渐废除了案目制度，戏院也从此开始了"对号入座"的新规则。

守岁戏

　　新光大戏院联合马连良的扶风社打响了"打倒案目"的第一炮。开张演出定于1936年大年初一，早在一周之前戏票就已全部售罄。扶风社的人马也提前来到上海，准备开锣。班里有人闲聊天时对院方说，为了你们上海这事，我们角儿都没回北京都参加"窝窝头会"的大义务戏，可给足了你们面子！

　　原来每年春节之前，北京的名角都要联合起来唱几场义务戏，自己不拿钱，所得收入用于帮补梨园界的穷苦底包艺人，让他们过个好年。这是有德行的好事，而且是有相当地位的名角才能参加。如果名角未能参加年终会演，则会被认为有失身份。上海的底包演员一个个眉精眼企、冰雪聪明。便顺口搭话地说，那就请马老板给我们唱一回义务戏吧，天下戏班是一家呀！我们这些当底包的不比你们北京的强多少！

　　上海的演员与北京不同，北京的演员是拿"戏份"，每演一场拿一次钱。底包、龙套等每天常常赶包，即一天内在二、三个剧场分别演出；上海的演员以前也和北京一样，四处赶包。曾有一个花旦演员叫"小双凤"的，演一出文明戏，扮一个时装女子，为了赶场没卸妆，乘着黄包车奔下一家，在租界里的四马路被巡捕拿了。罪名是"男扮女装"，中国人在那里没处讲理，以后就都不赶包了。上海的戏院实行"场团一体"制，即演员都固定在某个剧场，按月拿固定工资。名演员也一样，算"坐班班底"，工资比较高，普通的底包、龙套就没多少钱了。

　　演员之间闲聊的话传到了马连良耳朵里，他也同意为上海的同行们尽点心、出些力，可没两天就过年了，没有档期怎么办呢？不久，他想出了一个兵行险招、别开生面的"高棋"。

　　他主动去找老板芮庆荣，对他说："我们想在大年三十半夜唱一场守岁戏，你有什么意见？"芮庆荣听后武断地说："您别开玩笑了，大年三十晚上大家都在家中守岁，吃团圆夜饭，有些店家忙着收账，那有功夫来看戏呀？"马连良却信心十足地对芮说："你不用管，不要你的包银，只要把园子借给我们用用，花些电费，前后台演职员一切由我马连良负责，卖下钱来给大家分红，作为新年红包，希望你赞助我们。"芮老板听马连良这么一说，没有问题，一句闲话。

　　马连良于是与后台管事的商议戏码，不能与大年初一开张的《龙凤呈祥》重复。他不但演戏是主角，派演上也是能手。于是排出刘奎官、刘连荣、马春樵、马四立等人的《英雄会庆贺黄马褂》，大轴是马连良、华慧麟、叶盛兰、马富禄、李洪福的《全本御碑亭》。后台的大小角儿、班底、龙套无不兴高采烈，马老板肯这么出力为大伙谋福利，大家全都卯足了劲儿，准备大干一场。第二天即刻见报，不到下午戏票全部售光，芮庆荣眉开眼笑地说："马老板真有一套，大年三十晚上买了个满堂，真是喜气临门了！"

卓别林要学《法门寺》

　　马连良的创新不仅在首开"守岁戏"上，最能体现他头脑先进的地方是他让京剧与科技同步，让中国的传统艺术演出与国际水准同轨。

　　1933年，他在北京投资"马连良灌音制片社"。引进国外最先进的灌音设备，以每月六百元的高薪，聘请美国技师蓝佑晋、英国技师罗约翰，业务及经营体制仿照上海中国灌音公司。他的创办宗旨是"以科学作用补助社会事业，因灌片之类别，不仅限于歌唱，凡遗嘱，重要文件，演说，皆可灌入。"灌音留声片为一张两面，一面三分钟，两面六分钟。每次灌音需十五分钟左右，便可将唱片取走，非常便利。钢制唱片，还可永久保留。

马连良与灌音技师

公司成立后，许多业内人士及票友纷纷前来灌音，通过灌音便可对自己的艺术水准有了最直接的了解，然后加以改进提高。清华大学教授俞平伯夫人与许莹环一起灌录了昆曲《惊梦》，马连良自己也灌录了《清风亭》、《假金牌》等唱段。在没有录音机的时代里，马连良此举可谓十分超前。

1933 年初，英国文豪萧伯纳到访北京，前往华乐戏院观看马连良主演的京剧《借东风》。演出后双方交流，萧伯纳提出两个问题。第一，那些吵人的锣鼓表示什么意思？第二，舞台上为什么站着许多和剧中人不相干的人？马连良回答道："锣鼓不是每一场戏都有，如同西洋影片中的音乐，表示喜怒哀乐，比如打仗或事情紧急时，便大敲锣鼓，表示紧张。"对于萧伯纳的第二个问题，马连良自认为十分惭愧，没法回答。这种站舞台上观剧的陋习，的确有碍观瞻。受了这个刺激之后，马连良决定尽自己最大的努力来净化舞台，他想筹建一所属于自己的剧场。

1936 年 3 月 9 日，喜剧大师卓别林来上海访问，下午抵达后要出席一系列活动，当天夜里就要乘船离开，但卓别林表示希望能够观看京剧。由于时间紧迫，梅兰芳建议他及夫人宝莲·高黛晚上 11 点前往新光戏院，观看马连良主演的《法门寺》，再前往上海其他地方参加活动。

卓别林入座后，翻译发现他与以往来观剧的老外不同，很快就变成了一个内行的观众。翻译告诉他中国人看戏不太习惯鼓掌，喜欢用叫好表示赞美。卓别林马上表示认同，一会儿便会叫好喝彩了。当演到"行路"一场时，台下寂静无声，观众们都聚精会神地静听马连良的那段"郿坞县在马上心神不定"。卓别林用右手在膝上轻轻试打节拍，津津有味地说："中西音乐歌唱，虽各有风格，但我始终相信，把各种情绪表现出来的那种力量却是一样的。"

本来预备停留十五分钟的观剧计划，被卓别林一再推迟，一直延长了一个多小时，直至把全剧看完为止。散戏之后，卓别林等迫不及待地来到后台与马连良会面。马连良还没有来得及卸妆，双方互表敬佩之意之后，就站在台板上攀谈起来。卓别林对绚丽多彩的京剧服装非常好奇，认为中国古人就是如此穿戴，生活在中国古代简直是美不胜收。别人介绍说，马

马连良与电影喜剧大师卓别林

连良对京剧服装最有研究，于是马向卓别林介绍了许多我国的服饰以及戏剧服装的艺术特点。卓别林听后频频称道，对中华文化赞不绝口，并鼓励马连良将其进一步发扬光大。

马连良当时正酝酿在北京投资一座新型戏院，于是向卓别林请教美国人是如何经营剧院的？美国艺人是怎样一种生存状况？卓别林一一做了介绍，并推荐他看一些美国的纪录片，特别是美国总统参加竞选的片子，因为当时的竞选演讲都在戏院进行。

为了纪念这次有意义的会面，有人建议当场合影留念。马连良还未卸妆，穿着县令的行头，戴纱帽，着蓝色官衣。卓别林表示要立即勾脸穿行头，扮一个"贾桂"，与马连良拍照留念。他认为他与"贾桂"是同一行当，他要学演《法门寺》，将来也要与马连良要合作一回。建议虽好，无奈卓别林当夜就要乘船离开上海远赴菲律宾，临时化妆也来不及了。于是只得马连良身着京剧行头，卓别林则西服革履，拍了一张二人拱手照，一张二人握手照以及马连良与卓别林、宝莲·高黛的三人合影。卓别林虽很健谈，由于时间紧迫，只得依依惜别，约定将来再见。马连良后来在与卓别林的合影上面做了题记，不忘这位海外的知音。

回家之后，马连良非常兴奋，对夫人说："我就爱唱这出《法门寺》，除了能让生、旦、净、丑都出彩外，常常给我带来好运气。记得民国二十一年，老爷子让我唱戏筹款，给东花市小学修教室，请了萧先生和侯爷（侯喜瑞），唱的就是这出。萧先生的贾桂，在收到赵廉的银元宝后，爆了一句冷哏：'把侯巴儿（指侯喜瑞，回民之间的戏称）给我带来的那个油香（回族节日食品）给他烤两张！'这台底下的回回观众能受得了吗？全'喷'了！当天的筹款不但能修教室，还多置办了50多套桌椅。"

有个日侨叫塚本助太郎，研究马派多年。马连良说："他们日本人还有一个支那剧研究会，非常热爱我的艺术。他说，中国的民众有文化，能对历史上的人物刘备、诸葛亮、薛仁贵等等了如指掌，都是咱们艺术家的功劳。他还想请我去日本演出，说日本人不只是喜欢旦角艺术，就是指梅兰芳和绿牡丹，希望我能成为以须生东渡的第一人。今天，卓别林又来看戏，给我讲了不少世界上第一流戏院的情况，这正是我求之不得的东西，希望能在新新大戏院得已实现！"

新新大戏院

　　北京的戏院多集中在正阳门外、前门大街两侧，如广德、广和、中和、庆乐、华乐、华北等。许多都是由前清的茶楼、茶园逐渐演变而来，已经落后于时代。到了1930年代，可称上现代化的西式戏院也就是东华门的真光戏院（今儿艺剧场）、珠市口的开明戏院（后改珠市口影院，已拆除）和西珠市口的第一舞台。但若与上海、天津的新型戏院相比，还是逊色不少。向来与时俱进的马连良早就留意到这个问题，他的剧本、音乐、服装、道具等经过不断的改革创新，已经形成了典型的马派风格。如果再有一所固定的演出场所，这样就可以一展自己才华，使马派艺术更加尽善尽美。他想投资兴建一个新型的戏院。

　　于是，马连良与富商萧振川，华乐戏院经理万子和等人合股，在西长安街南侧，西单与六部口之间，兴建新新大戏院（后来的首都电影院）。由著名建筑师刘世铭设计、陆根记建筑公司施工兴建，于1936年春夏之际动工。从建筑设计、内外装修、辅助设施到经营方针，都以马连良和万子和的意见为主。因为他们二人，一个是走遍大江南北的名伶，一个是经营戏院多年的老板，都是经验丰富的专家，如今自己开戏院，自然是扬长避短，自出机杼，以服务观众和便利演员为目的，来争取营业的繁荣。

　　只要不去外地演出，马连良几乎每天下午都在工地，朋友们找他，都知道打电话80011到"新新"。为了了解美国剧场情况，他看了五遍电影《威尔逊总统传》，里面有许多在剧场内演讲的镜头，可以有些感性认识，做为"新新"的参考。

　　他自己还设计了一个两颗心形的铁艺图案，挂在戏院外墙的两侧，既表示"新新"的谐音，又表示马连良与观众心心相印之意，十分别致。正门上方镶嵌着一个三环型的徽标，三环内写着马连良三个大字，中心位置是"扶风社"三个字，标志着这里将成为马剧团永久性的演出场所。戏院的外墙由里出外进的耐火砖装饰而成，老百姓称之为"疙瘩楼"。戏院门前要求可停放几十部汽车，即使车水马龙，也不致交通阻塞。院内前厅有一大型衣帽间，便利观众冬季存放大衣。戏院内部座位，楼下散座呈扇面形辐射式，地面前低后高，舞台宽广，就是楼下最后一排，最边上的位置，也能看到整个舞台。楼上有两层包厢，包厢内有小灯和电铃，一按电铃就有茶房前来送水，这在当时十分先进。包厢后是散座，整个戏院共有1413个座位。

　　在舞台的下面地下室里，可以存放衣箱、把子、彩匣、梳头桌等，用于一般演员化装、扮戏，场地极为宽敞。几十个人同时扮戏，互不妨碍，十分方便。在舞台后面，有数间大小不等的化装间，为角儿们所使用。如遇大型合作演出及大义务戏，房间也足够。室内设有挂行头的专门衣架，供临时休息的沙发床，特别还增设了可以洗浴的卫生间，让累了一晚上的大角儿可以沐浴之后，舒舒服服地回家。

　　为了让观众极尽视听之娱，戏院安装了最先进的音响设备，马连良曾带着弟子王和霖、王金璐、李慕良和长子马崇仁等前往戏院工地，亲自检验音响效果。让他们几位站在舞台的不同位置，自己跑到台下观众席五六排处坐下，对台上的人说："每人唱一句'劝千岁'。""劝千岁杀字休出口……"台上每人按次序唱了一句《甘露寺》的西皮原板。"好！"马连良大步向剧场中部走去，他又说："每人念一句《群英会》的上场对儿。""运筹扶汉室，参赞保东吴。"台上的人又依次念了鲁肃上场的两句台词。"好！"马连良又大步流星地走到剧场最后一排的角落位子上，大声地说："念《空城计》的引子！""羽扇纶巾，四轮车……""诸葛亮"们依次"出场"。"好！"一声出口，马连良不见了。一会儿，"唱一段流水板"的声音从高处传来，几人抬头一看，马连良已站立在二楼的中央了。

马连良与新新大戏院全体员工合影

　　舞台横宽，纵深较长。像演《安天会》这样的大场面戏绝对施展得开。台前端左右各有一个大的"碧纱罩"，纱罩外面上画有蓝白色相间的云龙图案，外面观众看不见里面，里面的人却能看到外面。靠下场门的"罩"内是乐队。靠上场门的那一个，放舞台桌椅，或演员赶场时换行头之用。

　　为了新新大戏院的开幕，马连良隆重其事地特制了一幅舞台上用的幔幕，戏班人称"守旧"。说起这"守旧"，还有一段古。在上世纪二十年代，上海夏月珊、潘月樵等人在"新舞台"演出时，许多新戏皆使用了大型布景，真实道具。这些新戏通常放在大轴的位置，布景片子吊在舞台的上空，非大轴位置的戏，多为传统剧目，不用布景。就让师傅们从上空放下一幅软片布景，左右各画两个门框，有门帘，分为上、下场门，中间画一个"狮子滚绣球"或者"万象回春"等图案。师傅们习惯地称之为"绣球"。北方来的演员问上海师傅这种软片叫什么，浦东口音回答"绣球"，与"守旧"音相似。北方人听后就说好，他们演新戏有花园、客厅是新玩艺，我们墨守成规，用上、下场门，叫"守旧"正合适。就此传开，成了固定名词。

　　马连良早在1932年时就废除了上下场门形式的演出了，这可以说是个创举。同时他自己设计并使用了两边两层边幕，后衬一幅幔幕的新型"舞台装置"，开创了演员从两侧边幕上、下场的新型演出形式。使京剧舞台有了新的格局，一直沿用至今。

　　这次他专门请金石颖拓专家张海若先生设计了以秋香色为衬幕，上面绣蓝色的车马人，图案来源于"汉武梁祠"中石刻壁画，做为舞台最正中的幔幕。两侧的两层边幕及台上桌围、椅帔等均为同样图案，前面加有一层沿幕，沿幕有杏黄色穗子，下悬五个小型宫灯。

　　这堂"守旧"布置以后，舞台氛围顿时古色古香，充满中国文化韵味。开幕当天大幕拉开之后，观众立马被如此新型的"守旧"所吸引，人没上台，大家先给"守旧"叫了一个"碰头好"，这也是中国京剧史上的一个"第一次"。

按照马连良的意见，开幕仪式中废除了"破台"等梨园老例，免去了跳五鬼、杀鸡滴血等陈规旧习，办得隆重新颖、多彩多姿。于1937年3月7日晚7点整，举行揭幕剪彩仪式。一时衣香鬓影、冠盖云集。首先，请北平名票吕宝棻小姐主持剪彩仪式。马连良、李万春两人郑重其事地身穿特别定制的西式黑色礼服，主持揭幕。当时梨园界中人，除了梅兰芳出国时曾置办过礼服外，没有人置礼服。这两位擅于改革、创新的人物，又开了一次风气先河。主持揭幕的还有万子和与吉世安，均身穿长袍马褂中式礼服。吉世安是当时北平市政府交际科科长，人脉广阔，与梨园界熟稔。剪彩揭幕之后，五位嘉宾退下，由乔玉泉、杨宝忠引领乐队演奏曲牌，悦耳动听，别开生面。

曲牌演奏之后，是《童子扫台》，由两位小生演员扮仙童，持云帚上台，象征性地把舞台扫了一遍。接着就是《跳加官》了，由马连良担任，他的台步本来就美观，跳起加官更刻意求工，似醉非醉，步伐潇洒。比一般的加官，加工细"跳"的多了。临下场时，摘下加官面具，露出本来面目向台下一拱手，台下观众齐声叫好。跟着是《跳武财神》，由李万春担任，穿黑蟒、戴金色脸子、步伐火炽、明快，手里拿着一个大纸糊的金元宝，对着前台经理萧振川欲扔还留，逗了他几次，最后才扔给他。萧振川马上抱住元宝跑到经理室，毕恭毕敬地把它供起来，希冀从此日进斗金。

下面正戏开始，第一出《天官赐福》，马连良饰赐福天官，姜妙香饰送子张仙，林秋雯饰天孙织女，马富禄扮南极仙翁，叶盛兰扮布谷牛郎。第二出是《连升三级》，叶盛兰、马富禄分饰王明芳和店家，台下彩声不绝于耳。第三出是大轴戏《龙凤呈祥》，马连良前乔玄后鲁肃，林秋雯饰孙尚香，叶盛兰的周瑜，马富禄扮乔福，李洪福饰刘备，马连昆饰孙权，马春樵饰张飞，李慕良饰前赵云，特约刘宗杨饰后赵云。

据剧评家丁秉燧的记述："马连良每周在新新大戏院逢三、六演出两天，其余日子档期排给孟小冬、程砚秋、金少山等各班。像谭富英、李万春、尚小云、荀慧生等常在'长安'上演，进'新新'都轮不到，新新大戏院在北平戏院的位置可想而知。论戏院对观众的座位舒适、视听角度、音响得宜、演唱人的本领得以发挥，以及交通的便利、服务周到的条件，北平新新戏院可称首屈一指，谓为全国标准戏院，也非过誉。事实上，津、沪各地的戏院，的确都比不上也！"

富于革命性之革新巨擘也

马连良的创新，不仅表现在用新人、办新事、置新戏装、建新戏院上，最重要的表现还是在他的新型戏剧上。从出科到创立马派，差不多用了十年的时间来摸索自己的艺术道路，终成正果。这一时期的剧目，可以说是为马派形成而服务的。自扶风社成立以后，马连良的戏剧又有了质的飞跃。从这时起创作剧目，除了表现马派风格的技术以外，无一不反映出马连良推陈出新、同步时代的艺术思想。

他几乎每年必有一出新戏，如《苏武牧羊》、《假金牌》、《羊角哀》、《楚宫恨史》、《胭脂宝褶》等，每出戏都集中体现了他自己的戏剧理念——剧艺要复古，含义要取新。正如他 1936 年底在《实报半月刊》上发表的文章《演剧近感》所言："我现在自忖天赋和工力，去古甚远，所以我抱定了主意，是剧艺要复古。因为古人研究的奥妙，我们还没有完全领会和表现。反过来戏曲含义要取新，不要让它失去戏曲的原义，能辅社教，使它有存在的价值。"虽然他的戏剧理念只有短短的十个字，但却反映出了一个真正艺术家的主动、担当和他超前的戏剧思想。

《汉口中西报》曾这样评论马连良的戏剧："平剧词旨情节，不适合时代需要与艺术原则，而有待于修正者颇多，实一般评剧家所公认，马连良即毅然以革新自任者也。故其所演佳剧，为其自编独创之杰作，不下数十出，无不别开生面，优美高尚，发挥艺术精神，增进戏剧价值，若马连良者，在戏剧界，可谓富于革命性之革新巨擘也。"

马连良拍摄的"四十八我"剧照

　　此时的马派艺术不仅在唱、念、做、打方面，而且在服装、道具、舞台、剧场等诸方面都有了全方位的飞速发展。痴迷马派艺术的观众越来越多，"马迷"之间可谓"山南海北"，各路英雄齐聚。有高人、有隐士、有行家、有听主儿，因此时常有许多奇闻逸事，被人引有佳话。

　　在北城有一位十足的"马迷"，痴迷马派已到了"魔怔"的程度。他崇拜马连良，钦佩马连良，由爱他的艺术，而爱他这个人，因而爱护他所崇拜的人的名誉。此人常常徘徊于东安市场的书摊上，时常"倾其所有"去买报纸、杂志，搜索所有书报上对马连良的批评。如果当他发现有"不好"的话的时候，他马上会全部买了下来，然后将其付之一炬。日子长了，这位奇人就被书摊的老板所熟悉，有人才把消息传到马连良的耳朵里。马连良知道此事后，曾托人四下寻访，欲与奇人一会。不料这位爷就像小说中的高人、隐士一般，飘然而去，踪迹皆无了。

　　另有一位"马迷"，也十分"神秘"。一日新新大戏院来了一位衣冠楚楚的先生，他跑来毛遂自荐，要求当一名茶房，甚至不挣钱都愿意干。看他的样子、举止，不像"找职业"的样子，因而问其来意。他说，他是一个"马迷"，平常最喜欢听马连良的戏。他的家境不能说是富有，仅可称小康而已。但是他想，每一出马连良的戏，他都愿意听一回，以每次二三元的代价来说，日子长了，未免有些划不来。但他家里，又不缺吃喝，所以他想出这个计策，愿意当一名"茶房"。在家居时，可以温饱；工作之时，可以过瘾。这个请求被剧场方面认为可行，实现了。这位衣冠楚楚的人物，居然在第三四天后就当起茶房来了。每到马连良唱戏的时候，但见他聚气敛神、洗耳恭听。过了一年之后，这位"茶房先生"的戏瘾过足了，于是他才满意地辞去了他的茶房职务。

第四章

风起云涌

悯而受死苦无厌

生不逢辰谁可怜

——选自马派名剧《串龙珠》

马派四大抗战名剧

二十世纪 30 年代中期，当时大量政府人员以及相关的政治、经济机构都搬迁到了南京，这时的北京成了一座典型文化古都。房屋也出现了大量的空置现象，因此地价、租金都不高，消费水平与沪、津两地相比大相径庭，老百姓们都过着相对轻松、安逸的生活。同时大量的文化名人居住在北京，他们有些在各大学、中学中任教，有些从事着文学艺术的创作，京城里的文化氛围相当浓厚。这时的马连良正处在生活上春风得意，艺术上突飞猛进之时，马派艺术上步入了上升期的轨道。1937 年抗战爆发之前，津、京、沪连开三家大戏院，即"中国"、"新新"和"黄金"，马连良在其中都有些股份，以为可以从此大展鸿图。

怎奈何好景不长，"七七事变"爆发，鬼子来了。北京城里的百姓号称见过大场面，开始就没把"小日本"当回事。以为像庚子年间闹八国联军洋鬼子一样，过一阵也就走了，北京城是风水宝地，日本人，长不了。可没想到这日本鬼子能呆上八年。市面一天天萧条，店铺一间间关张。普通的北京人以前一直吃的是大米、白面，没多久就改吃小米、玉米面了，再后来只能吃混合面了。日子苦成这样，人们还哪有心思听戏呀！

像马连良、李万春、尚小云、程砚秋、金少山等人的大型班社，演出收入相对减少，尚可维持。而一些中、小型的戏班的生存就难上加难了，许多戏班为了生活，不得不上演以猎奇、新颖为招徕的彩头戏，如《火烧红莲寺》、《七剑八侠》、《八仙得道》等剧目。广告中甚至出现了"牺牲色相、肉体公开"等字眼，吸引观众。"富连成"则不得不在哈尔飞、吉祥、华乐园三家戏院同时上演，以便增加收入，维持科班的生存。

马连良始终没有忘记已经去世的前《京报》主编、文化名人邵飘萍先生的教诲，唱戏的责任是"高台教化，寓教于乐"。在剧目的建设方面，坚持以经典传统戏和马派名剧为主，并用他最新创作的"抗战四大名剧"做武器，与玩笑、神怪、彩头戏相抗衡。宣传绝不投降、一致对外的抗战思想，表达了一个艺术家的良知和责任。

在那个灰暗的时代，马连良没有停止创新的脚步。在一篇题为《今后新编本戏之趋势》的文章中，马连良这样写道："我知道旧剧都是千锤百炼，渐渐修改而成。留精汰粕，所以能够光华相映，耐人寻味。编新戏就不然了，必须于千梳百剔之后表演才好，才有存在价值。所以我特别郑重，认为比唱旧剧更难。更鉴于过去编新剧之失败，和旁人给我的镜子，令我害怕，不敢轻易，半点也不敢轻易。从前听戏是听角，看见某角便好了，不必管什么剧情。现在不然了，编新戏总要向整个剧情上去发展，向整个戏剧途径去发挥。戏中结构、戏情、技术、艺术全好；唱、念、做、配角、行头、灯光、舞台、场面全考究，才能说是完备，不是某角简单的事。说到这里，只有增加我的害怕、审慎、顾虑和努力求知……"

他不但是这样写的，也是这样做的。为了编新戏，不惜重金，采购与戏剧有关的资料，除了全套《资治通鉴》等书籍外，为了了解剧中人的背景，甚至要买到该人物所在县的县志，深入地把握人物的发展命脉，才能刻画出一个个生动、鲜活的艺术形象。马派名剧才能达到演一出，红一出，立住一出的效果。

在这一时期，山西梆子女须生丁果仙来京演出，其中一出《反徐州》深深地吸引了马连良。他立即约请剧作家吴幻荪观看此剧，希望能够把它移植成京戏。吴幻荪是抗战时期的爱国剧作家、进步文人。他是"华北文化教育协会"的会员，该协会是在著名学者英千里（著名话剧表演艺术家英若诚的父亲）和文学家沈兼士发起的"炎社"基础上扩大而成的，是当时的一个秘密文化团体。其主要地下工作是抗日宣传和向后方国统区运送沦陷区学子。在抗战期间，与马连良合作最密切的文人就是吴幻荪。吴先生认为，戏剧对国家、社会的作用很重要，于主义的宣扬，教导民众，辅助社会教育，均可收到极大的效力。在这种思想支配下，他很快将《反徐州》改编成了京剧《串龙珠》。

《串龙珠》马连良饰徐达

《串龙珠》描写的是元朝末年徐州王完颜龙对百姓施行血腥统治，花云之妻被剁去左臂；哺乳民妇被剜去双眼；侯伯清被掠去财宝；康茂才被无辜监禁。徐州知府徐达欲替百姓伸冤，完颜龙便要将其罢官。在百姓的愤怒推动下，徐达终于揭竿而起，消灭了完颜龙。

在改编过程中，吴幻荪借古喻今，借题发挥。剧中描写了侵略者的残暴行径，表达了人民反抗异族统治的决心，是一出鼓舞民族斗志，共同抗击侵略者的好戏。鉴于当时的历史环境，吴没有把他的内心深处的想法暴露给马连良及其扶风社的成员；角儿们即使明白吴先生的意思，也不会捅破这层窗户纸。大家在一种心照不宣、彼此默契的前提下，于1938年4月23日，在北京新新大戏院把这出新戏奉献给了广大观众。

演出之前在报纸上做了连篇累牍的宣传，特别是在马连良自己所写的《我为什么要演串龙珠》一文中，直抒胸臆地表白了他的爱恨情仇。他写道："……我觉得这出戏无论在情节方面，技术方面，都出超过了以往各戏。这出戏写人类的善恶、残忍、忌妒和受冤受苦的呼吁，与夫慈善者的博爱，拯溺济危，两面心理的矛盾。若表演出来，一定予观者极大的冲动，而博得极大的同情。"果然，正如马连良所预料的那样，首演当日即造成了极大的影响。

扶风社中的主要花脸演员是马连良的师兄刘连荣，此人性情老实、敦厚，表演比较本色，饰演凶狠残暴的徐州王完颜龙不太合适。马连良想起了曾与自己合作多年的架子花脸大家郝寿臣。此时郝先生已谢绝舞台，为了帮助马连良把这出新戏做一个完美的首演，郝先生毅然出山。他在台上念道："想这中原乃是孤征服之地，容留尔等在此生存就是宽大为怀。慢说踏坏了几亩田园，就是将尔等驱逐境外，也算不得什么大事……"把个侵略者的狰狞面目刻画得淋漓尽致，台下观众想到自己身为亡国奴的处境及日寇的残暴统治，与台上情形一般无二，顿时引起共鸣，通过四起彩声，表达着自己对日寇侵占的愤恨。

马连良为剧中揭竿而起的徐达安排一段经典的【西皮三眼】转【流水】唱腔：

叹英雄枉挂那三尺利剑，

怎能够灭胡儿扫荡狼烟！

为五斗折腰在徐州为宦，

为亲老与家贫无奈为官。

甘受那胡儿加白眼，

忍见百姓遭凌残！

悯而受死苦无厌，

生不逢辰谁可怜。

陈胜吴广今不见，

世无英雄揭义竿。

苍天未遂男儿愿，

要凭只手挽狂澜！

　　一曲歌罢，情真意切。观众闻之，备受鼓舞。马连良代表观众把胸中的满腔郁闷，宣泄得淋漓尽致，于是掌声喝彩，轰然雷动。戏中其他指桑骂槐的词句暂且不提，就凭这一念一唱，已经触怒了日伪当局。当晚在新新大戏院内观剧的特务连夜做出决定，第二天早上就对扶风社发出了对《串龙珠》的禁演令。本来计划于 24 日再演的《串龙珠》，被迫停演，吴幻荪被日本宪兵队带走审问，《串》剧从此在北京被禁。

　　"七七事变"之前，全国上下群情激昂，抗战之声此伏彼起。京剧界人士更是如此，大演鼓舞民族斗志、抨击软弱不抵抗的"有含义剧目"。如梅兰芳之《抗金兵》、程砚秋之《亡蜀鉴》、麒麟童之《明末遗恨》、马连良之《苏武牧羊》等。

　　据当时之著名剧评家哈杀黄在《有含义之戏本刊行》一文中记述："中华书局发行《守蒲关》《昭君出塞》二种，另《文天祥》为抗日团体三升书店主办，所刊行各本须含有意义者，希于低级社会时尚娱乐中，灌输古代名臣壮烈事迹，勿忘侵我之敌人；勿将'抗'的心理，消灭于'参禅'、'跳舞'、'捧伶'诸麻木意境中。"

　　沦陷之后，许多有宣扬爱国主义的剧目均遭到了与《串龙珠》同样的"禁演"下场。为了让更多的观众看到这出《串龙珠》，马连良历尽周折，费尽心机，与上海租界地的巡捕房、戏院以及票房等多方协调，终于在1938年9月，将此戏再次于上海租界内公演。出版了《〈串龙珠〉演出特刊》，特刊中的某些评论文章，同样是借题发挥，道出了生活在沦陷区人民的痛苦心情。如戏剧评论家苏少卿的文章中写道："若不是马温如新排《串龙珠》，引不起我对《反徐州》的回忆。三十年前在庙会中听此戏（指曾看过的梆子演出版本）时，太平景象，熙熙攘攘，比之今日，一切一切都是天堂地狱之感，叫我好不惨然。"怨怼、愤怒之情，跃然纸上。五千份演出特刊被一抢而空。

《串龙珠》的被禁并未使马连良创作新戏的欲望就此打消，出于真诚质朴的爱国情怀，不久他又与吴幻荪、翁偶虹等编剧家一起，以山西梆子为基础，再接再厉地联手打造了另一出舍生取义、共御外侮的马派名剧《春秋笔》。该剧描写了南北朝时北魏拓拔安撷率兵入侵南宋疆土，南宋奸相徐羡之主和，大将军檀道济主战。史官王彦丞支持檀出兵，被徐陷害，欲将王杀害于发配途中。王之家人张恩为保主人投奔檀将军共抗外敌，舍生取义替王赴死。王至檀营后，在粮草短缺的形势下，献"唱筹量沙"之计。拓拔氏不敢进犯收兵，檀军凯旋。

在马连良的极力推广和广大观众的热切支持下，《春秋笔》再次唱响日伪统治的沦陷区。仅在1938年上海的四十天演出中，在观众的强烈要求下，《春秋笔》上演了四场，《串龙珠》上演了五场。《春秋笔》特刊印制了一万份，如同宣传抗战的传单一样，瞬间一抢而空。

当时著名剧评家梅花馆主满怀爱国激情，在特刊中激动地写道："《春秋笔》在中国历史上更具有很大的意义，檀王之能以唱筹量沙得胜回朝，当时在我南人是无上的光荣，而北夷不敢南侵者多年。际此国家饱受侵袭的时候，我们观此，自然期望国人效法檀王的离乡别妻，为国家效力，俾保全当年檀王征伐的功劳。同时对于一般徐羡之、傅亮辈，以历史上的事实和榜样，燃犀照耀。那么连良爨演此剧，不是更有深刻的意义吗？"

陈禅翁在《评春秋笔剧本》文中，剖析了马连良编演此剧的真实用意：

《春秋笔》马连良饰张恩

"《春秋笔》是南北朝史实,其表演名将主战贪佞主和,可代今日国难之南针。其表演困战绝域、粮尽援绝,可作今日苦战之借镜。其表演量沙唱筹,可知将士同忾之攻无不克。其表演劝民献粮,可知军民一心之事必有济。"

蒋剑侯在《春秋笔上演》中直接写道:"《春秋笔》的上演,将能激起比《串龙珠》更荣誉的艺术高潮,而给予观众更有力的感动。"

京剧研究家刘乃崇观《春》剧后感慨万千,他曾说道:"传统戏中有许多替死的剧目,如《一捧雪》、《八义图》、《九更天》等,而马先生创演的《春秋笔》与这些老戏相比,无疑是格调最高的。"

继上演《串龙珠》、《春秋笔》之后的1940年,马连良又一次用他的戏剧做武器,整理改编了十二本连台本戏《大红袍》。他一向演出该剧的前半部,是歌颂清官海瑞的故事。这次他特地延请老恩师郭春山先生出山,帮助恢复并加演该剧的后半部,即戚继光抗倭的故事。戏剧内容再也不用闪转腾挪、借古喻今,直接讴歌明代抗日英雄戚继光。马连良还为这个新的造型拍了剧照,把自己设计的那身有名的龙虎靠特意穿在戚继光身上,腰横宝剑,怀抱令旗,一派抗日大英雄本色,将剧照分赠亲朋好友,并准备出版演出特刊。当日伪当局了解这部连台本戏的内容后,未及上演就直接封杀了。

在这种谈禁戏色变的严酷局面下,马连良仍坚持将这些强烈反映民族意识,正面歌颂反抗异族侵略的剧目带到各地巡演,足迹遍及日伪统治的各大城市,包括上海、天津、青岛、武汉、哈尔滨、沈阳、长春、北平等地,拳拳爱国之心,天地日月可鉴。后部《大红袍》与《苏武牧羊》、《串龙珠》、《春秋笔》一起,被誉为马派"四大抗战名剧"。

《大红袍》马连良饰戚继光

他可以没要求，可我有要求

自从 1937 年张君秋加入扶风社以后，马连良、张君秋、刘连荣（后为袁世海）、叶盛兰、马富禄这五位大角儿，被誉为扶风社"五虎上将"。加上"胡琴圣手"杨宝忠，"鼓界三杰"之一的乔玉泉坐镇乐队，这份演出阵容，称得上空前绝后。演出质量，当然是首屈一指。戏班所到之处，深受广大观众热烈欢迎。

马连良在选择合作伙伴方面可谓海纳百川、人尽其才。侯喜瑞是架子花脸大家，他所扮演的张飞、李逵、窦尔墩等角色已成难以逾越的高峰。扶风社每次演出《龙凤呈祥》时，"回荆州"一折里的张飞都尽可能地请侯先生。马最欣赏侯的"走边"，每演至此必站在侧幕边观看。经励科多次反映侯的"脑门儿"太大，请不起。所谓"脑门儿"，就是指为侯先生服务的琴师、化妆、跟包等演职人员的费用。他们的戏份占的比重越多，其他演员相对得到的就越少，所以大伙都有意见。但马连良却力排众议，宁可自己少拿钱，也要请侯师哥。

马连良对叶盛兰十分倚重，一次扶风社在上海演出马连良主演的《清官册·审潘洪》。前台经理为了刺激上座率，提出让叶盛兰来演里子老生应工的八贤王，上海人管这叫"噱头"。叶盛兰当时正红，有点年轻气盛，不愿意接这个活儿，就提出了两个条件：第一，与马连良并挂双头牌；第二，由旅馆到剧场后台，要求有汽车接送。借此回绝前台经理。

老板跟马连良一说这个要求，马连良说："全照盛兰的意思办。"挂双头牌不说，还把剧场为自己安排的汽车让给叶盛兰乘坐，结果那天的演出卖了站票。当叶盛兰扮演的八贤王唱道，"内侍带马不中用，本御带过了马能行"两句二黄散板时，声音高亢激昂，获得了满堂的彩声。好角儿就喜欢在台上相互刺激，马连良的精神一下子就来了，紧接着唱一句"自盘古

《打侄上坟》马连良饰陈伯愚，叶盛兰饰陈大官（右）

哪有这君与臣带马"，更是一波三折，韵味十足。叫好声、掌声此起彼伏
不绝于耳，观众过足了戏瘾。老板挣了钱，自然十分满意，连忙到后台恭
维马连良说："还是您高明！"马连良只回答说："都是为了戏，只要观众满
意就成了。"有人曾向马老板进言，认为叶盛兰要求太多，干嘛非用他呀？
我可以给您找一个没任何要求的小生。马对来人说："他可以没要求，可我
有要求！"

马连良要求全体演员都要有一台无二戏的"一棵菜"精神。角色无论
大小，牌位不分前后，亲戚不管远近，上得台来都必须遵循这一宗旨，这
是他用人的另一原则。马连昆是他的"连襟"，在净行中的地位，仅在金
（少山）、郝（寿臣）、侯（喜瑞）之后。有三出绝活戏，即《法门寺》中
的刘彪、《四进士》中的姚廷春、《辕门斩子》里的焦赞，别看都是配角，
由他演来则能人所不能，十分出彩。

他最大的毛病就是喜欢在台上口无遮拦，当场开搅。一次在东北演出期间，因为包银不满意，对老板谭小培有意见。在台上演出《法门寺》时，他的刘瑾，对宋巧姣说："妞啊，官司算你赢了，赏你一锭银子，回家去吧。不过你得省着点花，老板还不知道有没有钱给你买回去的车票呢！"台下观众大哗。

大家都以为马连昆在搭外人的班时肆无忌惮，在姐夫的扶风社里他一定不敢。可没想到这位爷性情乖张、积习难返，一次在演出《范仲禹》时又信口开河了。剧中马连良饰范仲禹，马连昆饰葛登云。在"闹府"一折里，按照剧情葛有四句原板，其中最后一句是"明日里待老夫差人找寻"。然后范仲禹接唱那段脍炙人口、经典名贵的"我本是一穷儒太烈性"。可马连昆没这样唱，他在台上即兴发挥，把最后一句唱成"明日里待老夫庄前、庄后、庄左、庄右、庄南、庄北、庄西、庄东差人找寻"。没完没了地一通踩板，把台下的观众笑得前仰后合，欲罢不能。等笑声完全停止后，马连良的那段二黄原板已经唱过了，根本没人听得见。马连昆既是亲戚又有本事，是个不可多得的人才，可他台上不严肃的毛病直接破坏了舞台气氛，马连良对此忍无可忍，从此把他"下"了。

马连良与杨宝忠合作初期，一直相敬如宾，互捧、互让。时间一长，矛盾逐渐暴露出来。矛盾之一，马连良最恨看不起唱戏的人。他本人自尊心很强，同时要求扶风社的成员做人要有尊严，走到哪里都要被人看得起，别给咱们戏班丢人。杨宝忠有时在小节上不太注意，住旅馆时常常让茶房送盆洗脸水，或者叫碗吃食，说一句"呆会儿给你单独拉一段儿"，小费就不提了。马连良看着就别扭，认为这是自轻自贱。与杨大爷说过几次，见杨不在意，也就不再提了，心里可不舒服。

矛盾之二，马连良主张在演出时，全体成员要有"一棵菜"的精神，不能为了要"好"而搅戏。杨宝忠台下有人缘，喜欢在全体乐队坐定之后，自己先不上台，在后台"闷"会儿。等戏开场之后，起唱之前再单上。这样台下就会出现一阵碰头好，他听着受用。在演奏之时，杨往往情绪所致，不顾剧情地常常拉上一些出彩的花过门，游离于戏外。马连良则认为这种即兴发挥、突出个人的做法完全是在破坏剧情，直接搅戏不能容忍。要求杨宝忠与乐队在开幕前一齐上场，杨心中不悦。马连良为了净化舞台，给观众以统一、和谐之感，为乐队全体成员订做了统一的中式制服，挽着雪白的袖口，让人看着整齐干净，而杨宝忠喜欢穿西装演出。马连良特意请杨宝忠吃饭，劝他接受统一着装。新新大戏院落成之后，乐队位置被移到碧纱罩内，杨宝忠认为这是针对他的，心里一直不痛快。

矛盾之三，杨宝忠自视很高，要求涨钱。经励科李华亭不同意，认为他拿了全行最高的戏份，已增至每场十六元之多，无法再加。如果再加，则"牵一发而动全身"，必然影响到整体的收入平衡。马连良应国乐唱片公司之约，灌制《春秋笔》、《串龙珠》两片，代价为五千元。杨得知后，在灌片订立合约时，杨即要求"加份"至相当数目。按名伶灌片向有的定例，杨之所得应为平日所挣戏份之四倍，杨则不顾。并说，现在约我的人多了，奚啸伯也约我，我兄弟宝森也要挑班了，都约我。如不加份，当如何如何云云。

戏班的同仁都认为杨有些"撇邪"，显得有点轻狂浮躁。马连良为了使自己班社的阵容长期稳定，在京梨园界首开老板与演员签订长期合同之先河。多为期一年，到期可续可停，但合约期间必须信守诺言。杨宝忠此举颇有用离班相要挟之意，无视合同内容，更谈不上尊重合约的精神。如果人人都如此，则"社"将不"社"，扶风社也就成了一盘散沙，对此马连良坚决不容。

另外，马之爱徒李慕良近来琴艺突飞猛进，行内有"李小将"之称，不亚于杨宝忠。自他来京后，时常为师父吊嗓，对马派艺术也十分熟悉，马连良自然是心中有数，"家中有粮心不慌"。后来杨宝忠干脆"拿搪"不来了，马与杨之间就有些"僵"了。马连良想起了师父的话，"天下没有不散的筵席"，随他去吧。一天《清风亭》都要开戏了，杨还未到，为了不影响演出的正常进行，只好让李慕良替代了杨宝忠的位置。从此马、杨分道，各走各路了。杨宝忠一度对此耿耿于怀，常常半开玩笑地对人说："我炖好的一锅肉归他（李慕良）了！"

后来，杨宝忠去辅佐其三弟杨宝森演出，有一半观众是冲他去看戏的，有人记述当时的场面："杨宝忠单独出场、亮相，好声不绝。只见他一手举琴，一手掀着川绸大褂的后大襟，点头哈腰地从下场门上来，在全场'噢，噢'的喝彩声中，以极边式的身段跨过场面围子，落座、定弦，手上钻戒光芒四射，台下好声又起，杨对台下点头致意。"这也是一段梨园轶事。

我叫你花，你就得花

常言道"树大招风"，像马连良这样的艺人在社会上的名气很大，但地位却很低，常遭奸佞之人的算计。在日伪时期，当权的汉奸、特务们对他们的主子奴颜婢膝，对平民百姓则狐假虎威，仗势欺人，梨园界人士一向是他们欺诈的主要对象。艺人无权无势，手里又有些血汗钱，家境比普遍人家宽裕，不敲诈他们敲诈谁呀？

有个汉奸叫汲亚鹏，"荣升"内二区区长，大排筵宴。贺喜者都备一份重礼向他献媚，他也借此横征暴敛，发了一笔邪财。唯独马连良没有前来拜见、祝贺，少了一次发财的机会。姬亚鹏顿起敲诈勒索之心。于是命令特务科科长带着警察闯入马宅进行搜查，搜查只是借口，实际上漫无目标，目的是找寻敲诈的把柄。实在找不到任何"犯忌"的证据，就把马连良从外地买回来给孩子们做皮鞋用的一捆皮子抱走了，并把马连良的三子马崇礼一起带到了特务科，罪名是"家中窝藏军用战略物资"。借此名目终于"得手"，之后才把人放回来。

把这些皮子称为"军用战略物资"，真是"欲加之罪，何患无辞"。由于马连良子女较多，为给孩子做皮鞋省钱，他就在去山东演出途中，买些皮革回来。不料钱虽省下了，却赔上了赎金。后来马连良在清华园洗澡时还碰见过这帮特务，一个个歪带着帽子，明明穿的西装吊带裤，却还系着皮带，就为了挎枪。洗澡钱都不给，还得意洋洋地在马连良面前摇头晃脑，猖狂之极。口中念着《法门寺》里贾桂敲榨成功后的台词："不怕你不出血，我叫你花，你就得花！"

马连良爱吃西餐，常去回族朋友安先生开的"福生"西餐厅用餐。时间一长，认识了聪明、伶俐的青年侍者马治中。见其言谈举止彬彬有礼，做事有条不紊，又能说会道，是个可塑之材，就把他带了出来，在扶风社中管事，培养他做经励科。

一次在天津演出期间，马治中在圣安娜舞厅跳舞时，见一女子生得貌美，花枝招展，不由得多看了几眼。不料此人是伪警察局局长徐树强的相好，当下就有人将马治中拖到了警察局一顿暴打，灌屎灌尿，还剃了个阴阳头，把个英俊、潇洒的马治中折腾得死去活来。最后问他有没有可托的门路，若没有就是打死了也没人知道。

马治中让他们到中国大戏院找马老板，警察一听机会来了，便问："你是回回？你是他弟弟？"马治中随机应变地点了点头，警察局立刻派人到马连良处送信。马连良见自己的兄弟们都在身边，没有什么弟弟出事，心中纳闷，最后才明白是马治中。为了营救他，多方托人说项都没有用。人人都说徐树强是个魔头，谁的账也不买，实际上徐是在等着好"买卖"。最后马连良只得送厚礼给津门霸主袁文会，只有他才镇得住徐树强。马治中终于生还。

自从 1937 年位于西珠市口的"第一舞台"被大火焚毁后，"新新大戏院"成了北京，乃至全国真正意义上的第一流的舞台。马派名剧《春秋笔》、程派名剧《费宫人》以及孟小冬拜余叔岩后的第一出戏《洪羊洞》等剧目，皆首演于此。它见证了上世纪三四十年代京剧艺术所取得的成就，让生活在日寇铁蹄下的北京人，有了一个能够暂且逃避现实生活苦闷，聊以慰藉烦躁心灵的场所。北京的观众把去"新新"看戏，视为心灵上的享受，精神上的解脱。

"七七事变"后，虽然日寇占领了北平，但日本人明白，尽管他们占领了中国人的土地，却不能征服中国人的心灵。因此，他们要在文化领域内大力宣传"日中亲善"、"大东亚共荣"，对中国人民实行奴化教育，好让他们心甘情愿地效忠日伪当局。最简单、直接的办法就是放映日本电影、伪满电影以及日伪当局摄制的宣传片，于是他们的魔掌伸向了新新大戏院。

日伪当局多次与马连良、萧振川、万子和交涉，希望在高额报酬的诱惑下，三人能够同意出让新新大戏院。马连良对此断然拒绝，认为此议根本没有任何商量的余地，就是搬来一座金山，也不能出让。"新新"的一砖一瓦，一桌一椅都凝聚着马连良等人多年的心血与汗水，根本就不是金钱所能买动的。

在被多次拒绝以后，日伪方面使出了他们惯用的强盗手段。他们趁马连良在外地演出期间，把萧、万两人找来"谈判"，用手枪顶着两人的脑袋，逼迫他们签下了"枪下之约"。就这样，一所马连良和京剧界同仁以及广大观众所钟爱的大戏院，被日寇强行霸占去了。从此，成为他们宣传"亲善"与"共荣"的电影院。马连良回京知道此事后，郁郁寡欢欲哭无泪。每次路过"新新"的时候，都不忍对它多看一眼，它仿佛就像自己的一个亲骨肉，被强盗掠去做了奴隶。马连良的心中在流血。

解放以后，这座电影院改名为首都电影院，在北京的所有影院中一直占据着"王者"之位，它又见证了新中国电影事业半个多世纪的辉煌。直到 2003 年随着长安街周围环境的改建，这座"里程碑"式的建筑，终于完成了它近七十年的使命，在消失在人们的视线中……

好好念书，改换门庭

　　戏班人常说：唱得好是戏饭，唱不好是气饭。赶上这种世道，唱得好的人也吃的是气饭。马连良五子崇智自幼生性活泼，家中外号"欢蹦乱跳五爷"。深受父亲遗传基因的影响，喜爱唱戏。在读小学一年级后，被马连良送入了"富连成"科班学花脸，排"元"字辈，改名马元智。不久就能唱《除三害》《荐诸葛》等戏，马连良还特意给他做了几身小行头。

　　这世道让马连良心灰意冷，为了不让孩子再吃气饭，他与夫人商议后，又把马元智从科班里唤回来，重新送入育英小学。他对自己的几个孩子说，以后你们就一门心思好好读书，别想唱戏的事了，我将来负责供你们上大学，做个文化人，别再吃这碗气饭了。

　　为了让子女起点高，进步快，他把孩子们都送到教会学校"育英"去念书。为了加强他们的古文基础，家中请了一位武先生，专门讲古文，从《论语》讲起。后来为了强化孩子们的英文学习，又请了一个洋教堂里的外国神甫主教英文。为了扩大孩子们的视野，增长见识，他从上海买回一部电影放映机和许多卓别林的电影，与子女们一起欣赏，提高他们的艺术鉴赏水准。一门心思地教导子女"好好念书，改换门庭"。

　　孩子们犯了错儿，马连良也从不打骂他们，以说服教育为主。有一次六子崇延从上海回京，带回一包新发明的"安全火柴"，很是新鲜。点燃之后，火焰五光十色，非常好看，像放花一样。于是他就在豆腐巷家中的后院与堂弟马崇年一起"放火"玩。后院除了住着几个工人外，主要用于堆放扶风社的行头和道具，各种戏箱放了满满几间房，是马连良多年的心血，每一件服装上都凝结着他的汗水。

　　放行头的库房门前有一个木影壁，周围堆放了一些破旧家具、废毯子，都是易燃之物。两个玩火的小家伙玩得兴起，全然没注意到火苗在风

马连良与儿子们（前排左起：六子崇延、马连良、五子马崇智，后排左
起：四子崇政、次子崇义、长子崇仁、三子崇礼）

的吹动下越来越大。风助火势，火借风威，直奔行头房而去。火焰在后
院的几间房子之间来回转悠，把两个小孩吓坏了。大喊着"着火了，着火
了"，边喊边跑出后院，躲到自己的床下不敢出来。在大家奋力扑救之下，
最后只烧毁了木头影壁，行头房安然无恙。这个娄子可捅的不小，崇延以
为父亲非打他不可。可马连良没有，只是让他从床下出来，要他承认错
误，认识到自己错在哪里，告诉他要敢于承担责任，不能逃避。

　　长子崇仁在初小阶段就喜欢戏，马连良认为自己将来身边也的确需要
有个亲人帮手，就因材施教地培养他。首先，根据崇仁的自身条件，包括
扮像、嗓音、身高、性格及气质等多方面考虑，认为他继承马派须生的艺
术不合适，不能揠苗助长。就请大哥马春樵为其开蒙，按武生、花脸的
"路子"打基础，每天在茶食胡同的广兴园练功。

　　本想将崇仁送入"富连成"科班，后因结识了时任中华戏曲专科学校

校长焦菊隐，就改变了想法。焦比马小五岁，是燕京大学毕业的高材生，属于戏剧界学贯中西的新派人物，解放以后成了我国话剧界的一代宗师。他的办学方法与旧式科班不同，不但男女同校，而且注重文化学习，开设了国文、算术、英语、历史和艺术概论等课程，让学生们在一种崭新的艺术氛围中学习传统戏曲。焦还大胆地废除了科班、戏班里参拜祖师爷的旧传统，为此得罪了戏班里的保守势力。他们见人就说，"中华戏校"出来的甭想搭班，他们只认孙中山，不认祖师爷。马连良却认为焦菊隐的做法合乎时代潮流，他说，我们这代人从科班里出来就没什么文化，不能让我们的下一代再走老路。于是，坚决把崇仁送入了"中华戏校"。

能"保"多少"保"多少

　　马崇仁十七岁那年，马连良认为应该为儿子请一位好的武戏老师。本想请杨派名家丁永利，后又考虑到丁比较适合给像李万春、高盛麟这样已成名的演员说戏，不适合教戏。马连良于是想到了自己在"富连成"的师兄，著名武生武净演员何连涛。

　　何在科班时就是"科里红"，擅演《艳阳楼》、《金钱豹》、《收关胜》、《铁笼山》等勾脸武生戏。当年戏园子不打广告，一般在门口戳一块水牌子，上写"今日准演吉祥新戏"就完了。若在门口插一支钢叉，观众就知道今晚是何的《金钱豹》，台上火炽、勇猛，是难得的武生演员。

　　在科班时，大武戏一般放在大轴的位置，何连涛的演出永远"墩底"。马连良多唱压轴戏，常常和师兄一起在两个戏园子里赶包，哥儿们一直情深义厚、感情甚笃。出科后，何曾拜尚和玉为师，在京搭班演出。为给崇仁教戏，马上派人去请何先生，可找了几次都找不到，何连涛不知去向了。

　　由于世道艰难，在城里搭班唱戏难以维持生计，何连涛与妻子董氏一家自组了"董家班"，跑到通县西大街的庆乐茶园去唱戏。董氏大姐菊芬唱青衣，二姐菊花唱花旦，为班里台柱。何连涛的外甥董德斌、董德义等给他当"下把"，久占通县。

这个茶园实际就是个较大的芦席棚子，前有三尺高土台一座，台上"守旧"是印花土布制成，药厂"长春堂"所赠。上、下场门帘上均写"长春堂"字样，中间是一个八卦图，为"长春堂"避瘟散的广告。收入靠零打钱，与侯宝林所说的相声《三棒鼓》如出一辙。唱《回荆州》时，刘备、孙尚香、赵云三人在台上"编辫子"（京剧术语：一种舞蹈程式），跑到一半不跑了，台下开始收钱。尽管生活如此惨淡，可仍难以为继，迫不得以，何连涛只好带着"董家班"去天桥"撂地"。

天桥是老北京民俗文化的发祥地，其中有不少身怀绝技的艺人和令人叹为观止的演出。但也有不少伧俗、低级的节目和坑蒙拐骗的勾当，鱼龙混杂，真伪莫测。前门大街两侧，珠市口大街以北的戏院，均被"京班大戏"的班社久占，谓之"街北"。在"街北"的戏院唱戏，是有"身份"的象征。戏院方面也不请"街南"的班社来演出。评戏、曲艺等主要在"街南"的天桥一带演出，像白玉霜、芙蓉花等名角也只能在珠市口街口两侧的华北、开明唱戏。所以，何连涛落在"街南"，京剧界根本没人知道。另外，他也不愿意让人知道他落在"街南"了，让同行知道自己处境，觉得丢人、寒碜。

当马连良知道何连涛的处境后，立刻让弟弟马连贵亲自去请。就是为了师兄弟之间这份情义，也要找到他。老哥儿俩一见面，只见何连涛身量还是那么高大，头上剃了个"月亮门"，面色青黄。虽然显得有点落迫，但风度、气质还是大武生的"范儿"，有点英雄末路的感觉。何连涛面带尴尬，无地自容地说："师弟，我给咱们科班丢脸了，我不配来你府上教崇仁。"马连良观其面色，知他有口烟瘾，若靠在天桥撂地挣钱，家非抽败了不可。马情真意切地对何说："到哪里您都是我师哥！从今儿起，我把孩子就交您了。崇仁，快给你师大爷磕头。"当下许诺每月四十大洋的"月规"，请何师兄来家教戏。

　　戏班里比何连涛更倒霉的人和事就更多了。一天，一位抗日义士在皇城根一带杀死了两个日本鬼子，日伪当局立即全城戒严追捕"凶犯"。据说杀人者脸上长了麻子，小鬼子下令凡是有麻子的男人全部逮捕，全城抓"麻子"。戏班的人大多居住在宣武门外棉花地一带，每天下午进宣武门到长安、哈尔飞等戏院，准备晚上开戏。戏班里的人有麻子的还挺多，这天在宣武门口上全让鬼子抓起来了，包括马连良的鼓师乔玉泉在内。

　　乔三爷赶快求人给马宅送信，马连良一听就急了，他视乔三爷如左膀右臂一般，马上拿钱去日本宪兵队"保"人。进了监房一看，包括乔玉泉、李盛荫（名老生李盛藻哥哥）等在内的一帮梨园兄弟都在那"囚"着呢。大伙一看马连良到了，知道乔三爷有救了，有人就说："马先生，您也帮帮我们吧，家里还不知道怎么回事呢？非急死不可。"还有人说："三爷，求您也把我们'保'了吧！那边还等着我们开戏呢！救场如救火呀！"见此情景马连良没说二话，能"保"多少就"保"多少，梨园界的"麻子嫌疑犯"们终于走出了宪兵队的大门。

　　自从1937年张君秋加入扶风社后，虚心向前辈学习，像《审头》的眼神、做派等马连良亲自给说；《刺汤》里的身段、表情由马富禄严加指教。由于张本身基础好，起点高，很快步入了名角的行列。艺术上突飞猛进，有了不少拥戴他的观众，期盼他多露几出正工戏。

　　马连良用张君秋在戏中多为配角，张没机会露演太多的正工戏，马又很少唱《四郎探母》、《红鬃烈马》等以唱功为主的戏，没有张发挥的机会。马一向以"全部"的马派本戏做号召，戏大时间长，正戏前面的时间就短。如让张君秋在前面唱一出《女起解》、《祭塔》等戏，必须七点半开演后就唱。可当时的演出习惯是没有让角儿唱开场戏的，观众也还没上来，顶多就上一半儿的座儿，唱戏的人也不舒服。

　　张君秋向其师爷王瑶卿学了头二本《虹霓关》，一直想露没机会。一次马连良贴双出《战樊城》、《洪羊洞》，捧张的戏迷们希望他在中间演出头二本《虹霓关》。当天新新大戏院卖了个满堂，许多"张迷"们涌在前三排等着看张的这出新戏。"头本"演到一半，张君秋的大哥张君杰从后

《审头》马连良饰陆炳，马富禄饰汤勤（右），张君秋饰雪艳（前）

台跑过来对"张迷"们说："李华亭说了，头二本加起来太大了，不唱二本了，怎么办？""张迷"们也急了，如此我们等马老板上《洪羊洞》时，就起堂了。李华亭怕出事，终于应允接演"二本"。

马、张二人由于艺术发展方向不同，只得分别谋求自己的出路。1942年初，张君秋自组"谦和社"。马连良的扶风社只好再约请李玉茹担任二牌旦角，继续营业。内行人都说，也就是马老板才撑得住这个班社。若是换了别的老生，走了这么一个大青衣，非散班不可。这句话说明马连良有相当的实力，也表示张君秋的影响力不可等闲视之。

成了大角儿，自然免不了被人欺负、敲诈。这时的日伪当局也越来越疯狂，搜查、逮捕成了家常便饭。在一次全城查抄电台的搜捕中，马、张两家都祸不单行。

马家本来有一台大型的电子管收音机，顶上有一部电唱机，体积像一口普通的箱子，是当时少有的家用电器。听到"全城查抄电台"的消息后，不知是什么高人指点，说此物象电台，赶紧埋了吧，省得麻烦。不久就走漏了"秘密"，突然来了一队日本鬼子，说马家有电台，有"通敌"嫌疑，把收音机联同马连良次子崇义一起抓到宪兵队。经查证确实不是电台，加上有"好处"到手，便把人放了。

临近岁末，广播电台主办了一场大合作戏，是谭富英、金少山、张君秋合演的《二进宫》。三位铁嗓钢喉连袂，早早卖了个满堂，观众翘首以待。前一天晚上，张君秋到朋友顾子言家中吃饭，顾是银行家，家中有一部电台做商业用途。日本鬼子在搜寻到电台信号之后，把顾家围了个水泄不通，把顾子言、张君秋及其他人等全部抓到了宪兵队，张君秋也落了个"通敌"的罪名。

第二天上午，张母张秀琴知道以后，急得心慌意乱，六神无主，找谁都帮不上忙。有人建议去找马老板，马的面子可能管用。以前马与君秋合作多年，加上君秋又是马的义子这层关系，马不会不管。张君秋母亲是梨园行出身，她知道业内的竞争是多么残酷。戏班人常说，在班如手足，出班出五服。张君秋离开扶风社，多少给马家造成了经济损失，马先生肯定不高兴，于是她抱着试试看的心态来到马家。

马连良这边刚把儿子崇义接回来没多久，心还没定下来，又出了张君秋被囚日本宪兵队这桩"公案"。马连良一听就急了，头上顿时冒了汗，脱口就问："哪个宪兵队？是不是铁狮子胡同？"他知道，铁狮子胡同宪兵队是魔窟，进去的就出不来。赶快托人打听消息。回信说，不是铁狮子胡同，但这次与崇义的案子不同，真抄着电台了。人要一个一个地过堂，慢慢审。马连良心想，若真被宪兵队过了堂，君秋非"散了架"不可。为了君秋和晚上的戏，马连良只好硬着头皮去求"金司令"。

"金司令"就是臭名昭著的金璧辉，也叫川岛芳子，时任日伪安国军司令。为了复辟满清王朝，她心甘情愿地投靠日寇，在北京城里无恶不作。一次金过生日，把所有在京的名伶都找去为她唱堂会，马连良因晚上有戏必须早走，金认为马不给她面子，于是连威胁带敲诈地说："今儿个你不是挣钱要紧吗，明儿你来给我唱个通宵！"像马连良、李万春等名伶，早已被她敲诈过多少次，大家都像逃避瘟疫一样躲着她。

夫人陈慧琏知道丈夫不愿与金往来，可为了营救张君秋和保障晚上这台大戏的顺利演出，不得不硬着头皮前往。于是她对丈夫说："你若一个人去，弄不好把你也搭进去，还是咱们一块去吧。"然后夫妻一道前往金府。陈慧琏不愧为大智大勇之人，她想起金曾对自己手上的那颗钻戒流露过垂涎目光，这回算是派上用场了，连忙把它包在礼盒里送到了"金司令"的手上。金厚颜无耻地收了，说了句："看你的面子，不会让他受苦，晚上的戏可以先唱，唱完了还得回来再接着审。马老板，你这件团龙马褂的料子不错，哪弄的？"马连良知道她还要再敲一笔，连忙说："我家还有一匹，明天给送过来。"隔了一宿，张君秋终于被"释放"。

不是任何事情都可以通过破财解决的。最令马连良烦心的是一些汉奸官僚仗势欺人，让马连良陪他们唱戏，借马的名望抬高自己的"艺术地位"。徐州税务局有一个高官，本人是个青衣票友，也是当地的一霸。一次在扶风社演出期间，他要求马连良和他一起唱《全部一捧雪》。这是马连良既叫好又叫座的一部重头戏，一人连饰三角色，观众趋之若鹜。如果其中有这么一个汉奸"丸子"（京剧行话：内行给票友起的外号），不但会把这锅好汤搅了，马连良还要落下个趋炎附势的坏名声。愤懑之余，还必须想计策与之周旋，否则在徐州的演出就没法进行下去。马连良只好表面上答应，好在整出戏中只有中间《审头》一折与他在台上见面。

前面从"过府搜杯"到"莫成替死"，马连良在台上唱、念、做、舞激情饱满，挥洒自如，赢得台下彩声不断。快上《审头》时，马连良在后台突然说自己肚子痛得不行了，后面的戏没法演了，快让李洪福李二爷扮上替我。李洪福不敢上，怕让人轰下来，只好让长子崇仁顶上，好歹把这出《审头》给糊弄过去了。后面《刺汤》结束后，马连良又"好"了，接着唱《雪杯圆》，总算把这出《全部一捧雪》完成了。汉奸后来明白了，也没辙。

小汉奸好糊弄，大汉奸就难了。当时有一名叫石天觉的汉奸，擅使双枪，百发百中，有百步穿杨之功，绰号"双枪将"。甘心投靠日寇，充当鹰犬，为日本人所器重，委以重任。他为了捧一个与之相好的交际花，让经励科佟瑞三出面，约请京城头牌名角陪这个交际花唱戏。

约角儿的方法很简单，在佟瑞三身后跟着俩特务，同意唱戏还则罢了，不同意就在桌子上拍"盒子炮"。马连良本身就烦佟瑞三，佟常常找些二、三流的演员陪"窑姐"唱戏，坏了唱戏的名声。马一直提倡戏班的同仁要自尊、自爱、自强，这次若是同意唱戏，不等于自己打自己耳光吗？若是不唱，恐怕以后在家门口就不好唱戏了。思之再三，做了最坏的打算，最后决定，拒绝演出。特务们威胁他说，"金霸王、谭老板他们都应了，您是不是要我们石爷亲自'请'才行啊？"马连良搪塞道："个人有个人的难处，我近来嗓子不在家，怕是要'塌中'，需要休养一段日子。"特务们没办法，只好作罢。

东北之行

为了应付这类演出，马连良是能躲便躲，能扛就扛，可有一桩演出则实在扛不过去了，也给他的心灵上留下了永远的痛，这就是 1942 年的"东北之行"。

北京的戏班一般是半年在京演出，半年出外演出。自从 1917 年马连良第一次离开北京去福州搭班唱戏起，二十几年来他去过的"码头"不计其数，就是没有去过东北。东北的戏院方面约过几次，都没有成行，主要原因有二。第一，据去过的同人反映，东北的戏院老板作风普遍比较粗野，不规矩。生意不好，包银不兑现；生意好了，强行"挽留"，不留不行。一句话，说话不算数，毫无信义可言。第二，唱戏的都不愿意过山海关这道"鬼门关"。在那过关后，等于出"国"了，到达了伪满洲国的地面。日本鬼子在勒索的同时，还会把戏班的衣箱、盔头箱、切末、道具等用刺刀捅了又捅，翎子折了再折，折腾得唱戏的如同被扒了一层皮，还不敢申辩。他们用毁坏中国人财物的方法为自己找乐，变态到了极点。曾有位小生演员叫陈少华，他的行头箱子被鬼子注入了镪水，到家后才发现整箱的行头——他毕生的心血，全部化成了灰，为此陈少华吐血而亡。

1942年的一天，豆腐巷马宅来了六位客人，带路的是马家的世交，润宝成古玩李家的李秋农。后面五位衣着比较体面，头戴礼拜帽，有人颌下留有长髯，一看就是阿訇的打扮。门房赶快将他们让进南客厅，并通知马连良。大家寒暄落座之后，才知道这五位是从奉天（沈阳）专程来北京的大阿訇，受奉天回教协会和私立奉天回教文化学院张子文阿訇之托前来，想请马连良的扶风社去奉天为教胞唱一期义务戏。

张子文阿訇曾是晚清秀才，会阿拉伯、波斯、德、俄等四国语言，有"德国张"的雅号，是宗教界的知名人士。他一向主张回民的孩子不但要会诵经，还要学习中外文。在北京西单清真寺任教长时，与马西园是好朋友，于上世纪二十年代初到奉天创办"文化清真寺"。

为了提高回胞的文化素质，发展民族教育事业，张又于1936年开办了私立奉天回教文化学院并亲任院长。数年以后，由于学生人数的不断增加，学校必须另觅新址。为了筹措经费，张阿訇以奉天为中心，展开了为"回教学院"的募捐活动。回族同胞纷纷响应，但倾沈城回胞之力也只能凑集5万元，与所需之款相去甚远。张子文知道马家父子一向热心教胞的公益事业，于是派人来到北京，约请马连良和他的扶风社。

马连良得知，在当时奉天的南湖风景区附近，有一所日本人办的日本学校——锅山女子学园。专门招收日本学生，中国人不但不能就学，而且根本不能靠近。这时日本人已经在"满洲国"开始实施奴化教育，让所有中国学生都学日语，妄图把它当成"满洲国"的国语。阿訇们担心地说，将来咱们中国人都不会说中国话了！

"回教学院"欲用购置这所学校的办法，把日本人赶走，变成中国人办的中国学校，专门招收中国学生，继续实施中文教育。马连良听后表示

1933 年，马西园与回教难民收容所员工合影

大力支持，并决定参与这一义举。马连良的父亲马西园向来热心教门里的公益事业，虽已去世多年，为教胞公益不遗余力的传统一直在马家保持着，加之五位大阿訇远道前来邀请，盛情难却，马连良对去奉天演出之事基本应允，具体行程、演出安排等细节待定。

另外，考虑前往奉天演出的另一原因就是关内经济每况愈下，生活动荡，民不聊生，所有戏班的演出收入一直不好。关外以"大剧场、大票价、大包银"为招徕，吸引名伶前去演出。在这一时期，以生行挑班的名伶如言菊朋、谭富英、李盛藻、李万春、李少春、奚啸伯、周信芳、贯大元等都去过了东北，回来后收入颇丰。马连良考虑到在扶风社里唱戏的有几十口人，由他们分别供养自己的家庭，也就是要养活上百口人，为了大家的生计起见，也要走一趟。

马连良决定赴奉天为"回教学院"筹款演出之事，被在北京主办《三六九》画报的朱复昌知道了。《三六九》画报是当时一本比较流行的刊物，其中部分篇幅报道的都是梨园动态、名伶轶事、戏剧评论，也刊登演员照片。朱复昌以报人的身份与梨园界的人士整天厮混在一起，相互熟稔，大家都把他当朋友对待，没有戒心。实际上此人已效忠日伪当局，是个十足的文化汉奸，其主要任务就是配合日寇在意识形态方面的政策做宣传，监视文化艺术界的动态并为其主子出谋划策。当他把这一消息汇报给他的顶头上司、日本人山家少佐时，山家心中不禁大喜。

日军占领华北之后，在北平设立了一个主管演艺界的机构，名为"华北演艺协会"，它的背后就是日军报道部，其主脑就是山家，朱复昌身兼该协会的驻北平办事员。因"满洲国"的"三·一国庆节"即将临近，此次正逢"建国十周年"，"满洲国"方面要求"华北演艺协会"找一个高水平的剧团前往新京（长春）做祝贺演出。马连良的扶风社要去沈阳为"回教学院"义演这件事，给山家找到了一个可乘之机。正好可以借此机会移花接木，帮助自己完成任务。

朱复昌做为山家的说客，再一次造访豆腐巷马宅。表示赴沈阳义演的一切有关事宜，他愿"无私"地大力协助，并为扶风社联系了长春和哈尔滨方面的接待戏院及当地有影响力的报刊、杂志。保证人未到，大洋先到，重金礼聘，高接远迎，料扶风社此行必然满载而归。唯一的条件就是扶风社马上筹备动身，务必于 1942 年 3 月 1 日之前到达长春，以"华北演艺使节团"的身份，做"纪念建国十周年"的祝贺演出。

马连良演了半生"忠孝节义"的戏，他深知此行意义。本来是次简单的筹款义演，现在已演变成"祝贺演出"，收入可能比以前想象的要多，可"汉奸"的骂名也就从此背上了，这是他当初答应奉天阿訇时所始料未及的。近期马连良终日与文人吴幻荪、翁偶虹、徐凌霄等人一起研究剧本，废寝忘食。当他把朱复昌的原话与友人讲过之后，大家的意见就是用一个"拖"字，能拖多久拖多久，拖过了 3 月 1 日再说。

朱复昌为了完成"使命"，整天像长在马家一样，催促马连良早日动身。马连良以日期临近，一时无法凑齐配角、底包为名，婉言拒绝。因东北戏院里的班底演员，多数没见过马派剧目，在有些剧目中，龙套甚至都不知在台上怎么走，没人敢"傍"扶风社的戏。所以扶风社若做东北之行，底包都要带上。朱复昌对这一点也非常清楚，拖了不久，终于过了"三·一节"。马连良悬着的心才放下，以为从此可以相安无事了。

事情的发展并没有想象的那样简单，一方面伪满当局急需一个像扶风社这样的高水平的演出团体在东北巡演，为其渲染"歌舞升平"的王道乐土。另一方面，北平的山家少佐已对"满洲国"方面夸下海口，派遣马连良的扶风社做为使节团前去祝贺。由于马连良用缓兵之计拖延行期，"三·一国庆节"未能成行，他正无法下台，山家为此极为光火，对马连良的态度也急转直下。直言警告地说，如果不尽快做长春、哈尔滨之行，奉天的义演筹款将被取消，让马连良失信于教胞，失信于奉天的父老。想利用马对教门（回族人语：宗教）虔诚的心态，速做东北之行。此次马连良的借口是已与天津等地之戏院有演出合约在先，必须前往，不能无故撕毁合同，万难从命，又闪躲了一次。

夏季到来之后，戏班的行规叫"歇伏"，俗称"晒车板"。大家都停演一段时期，休息调养，没人出外演出。山家和朱复昌等在上峰的压力之下，终于忍无可忍，恼羞成怒了，再拖下去自己的纱帽也要搬家。他们了解到马连良平日敬老爱幼，谨小慎微，于是使出了既野蛮又阴毒的招数。

就在夏天的一个下午，豆腐巷马宅里象往常一样平静，马连良正在西跨院里吊嗓子，朋友们静静地坐在周围，欣赏着平日演出基本不露的《乌盆记》。突然，朱复昌带领着几名全副武装的日本军人闯进马家的院门，各有两名荷枪实弹的日本兵把住了前后门，其余人等不容分说径直走进了马家的南客厅。

其中一名年轻的军人把自己的上衣脱得精光，在地下放了一张白布盘腿坐在上面，又在自己的腰间缠绕了几圈白布，用一把日本战刀对准了自己的腹部准备剖腹自杀。另一个鬼子站在他旁边，面目狰狞地举起另一把战刀，准备在剖腹者无法对自己下狠手时，帮助他完成使命。这一对凶神恶煞的突然到来，对生活在文明古都的马家人来说，如同"活见鬼"一般，一个个都被惊得目瞪口呆，浑身颤抖。

这时朱复昌正式传达"皇军"的"旨意"："今天如再不答应赴东北演出之事，皇军在此地实行'死谏'，当场剖腹自杀，血溅马宅。"悲天悯人的马连良被这群教化不开的野兽行为镇住了，他知道这些没有人性的家伙什么事都干得出来，如若不同意赴东北演出，日本兵一定会切腹自杀，借此生事。自己院中上有七旬老母，下有不懂事的孩子，以及与此不相干的友人同事等。日本人为了报复，全院这几十口人的性命将危在旦夕。为了保护他们的生命安全，考虑到扶风社全体成员的生存，马连良只得牺牲自己的名节，以身饲虎。在日本鬼子的胁迫之下，被逼无奈地同意了东北之行。人的自由被钳制，人的思想被禁锢，人的尊严被玷污，这就是亡国之人屈辱的命运吧。

1942年9月，扶风社一行四十多人乘火车前往东北巡演。1942年11月初，马连良的扶风社在沈阳连演十天大戏，场场爆满，为"回教学院"筹得资金25万元。回京以后马又捐助了10万元，共计捐献35万元。最后以40万元的代价，购得锅山女子学园的地皮及校舍。即现在的沈阳市光荣街53号，沈阳市回民中学现址。

马连良捐助的奉天回教文化学院校舍及操场

校舍为曲尺形的拐把搂，两层砖木结构的日式建筑，面积 2000 多平方米，有 20 余间教室。校园占地 6 万多平方米，可算得上宽敞漂亮的校园，一直延用到 1986 年。"回教学院"后来更名多次，现用名沈阳市回民中学，至今仍然是东北地区唯一的一所回民中学、省级重点示范高中，七十年来为国家培养了大量优秀人才。2006 年校庆时专门为马连良塑立了半身像，以示饮水思源、不忘旧恩。校方表示，不能让做好事、做善事的人背黑锅，要为马先生正本清源。96 岁的老校长李学盈激动地说："马先生是'回中'的第一功臣，没有他的捐助，就没有'回中'的今天。"这些都是后话。

在奉天、长春、哈尔滨演出了二个多月，上演了《串龙珠》《苏武牧羊》《春秋笔》等马派名剧，受到东北父老乡亲的热烈欢迎，除了为奉天回教文化学院举行筹款义演以外，没有为任何人或机构做过义演，全部都是营业性演出。然而无耻的伪满当局及其所控制的宣传机构，为了达到给"满洲国"粉饰太平的目的，在"三·一国庆节"过了七个月后，厚颜无耻地说马连良的扶风社是为庆祝"建国十周年"而来。把"华北演艺使节团"的名义强加在马的头上，使他成了伪满反动宣传的牺牲品，也为日后奸小之辈设计陷害他留下了伏笔。

莎士比亚式的宫闱大戏

自 1941 年下半年以来，马连良在京的时候，主要忙于两件大事。一件是他正在编排一出大型本戏《十老安刘》，为了编排此戏，马连良可谓苦心孤诣、殚精竭虑。马派的《盗宗卷》已成经典，是马连良早年得了贾洪林先生的真传，经常上演的代表剧目。但吕后为何要焚卷，田子春为何要盗卷，刘长为何要发兵等等关目在《盗宗卷》中均没有表示清楚，让多数观众不知其所以然。

他早年听说贾洪林先生有一个《淮河营》的本子，是《盗》剧的前部，也是贾先生的独门戏。因此，马连良希望把故事的前部续上，使之成为一出完整的大戏。贾先生去世后，其家人将其所有剧本用火焚化，十分可惜。此后的二十几年里，马连良一直苦苦寻觅有关《淮河营》的剧本，誓将《盗宗卷》增益首尾，完成自己的心愿，同时也是用它来纪念老恩师贾洪林。

功夫不负有心人。在翁偶虹先生的帮助下，首先找到了《淮河营》的汉剧失传老本，然后又找来失传川剧《封十王》、失传徽调《焚汉宫》，再加入改编的皮黄本《监酒令》、现行的皮黄本《盗宗卷》。在这些剧本的基础上，又参阅了《前汉书》等古籍史料，经过了多年的整理酝酿，去粗取精，提升格调，由吴幻荪先生执笔编写《十老安刘》。

在剧本的创作过程中，马连良等人已经估计到《淮河营》一折下来会很"热"，即观众的情绪已经被调动起来，观剧的心情难以平复。这样下面接演的《监酒令》就会有难度。如果太"温"了，观众的情绪下来了，就会不满意，甚至"抽签"、"起堂"。不但对主演刘章的叶盛兰会有打击，而且也直接影响了后面马连良接演的《盗宗卷》，会使全剧的演出效果大打折扣。

马连良知道叶盛兰艺高人胆大，于是与叶商议，《监酒令》不照搬姜妙香先生的路子，不唱胡琴二黄。根据叶盛兰的嗓音条件，为他设计了一段高亢激越的【唢呐二黄】"微风起露沾衣铜壶漏响"。在【急急风】的伴奏下，四个手提气死风灯的"御林军"斜一字引叶盛兰在【四击头】中亮相，加上优美的身段表演，使"这一个"刘章顿时与众不同。为了烘托气氛，又让叶盛兰在后面加了一段舞单剑，让李慕良用【哪吒令】为其伴奏，使观众的情绪能够始终保持在兴奋状态，并使之延续到第二波的高潮——《盗宗卷》。

为了造成首演时的轰动效应，马连良在唱片公司里事先灌制了《淮河营》里的【西皮流水】唱腔，"此时间不可闹笑话"，并在首演之前公开发售。由于这段唱腔编排得动听悦耳、朗朗上口，一经传唱，顿时脍炙人口，马上成为了当时的"流行曲"。于是，观众们对这出尚未公演的新戏就更加瞩目期待了。

马派名剧《十老安刘》于1942年5月25日在天津中国大戏院首演，马连良饰前蒯彻后张苍，李玉茹饰吕后，叶盛兰饰刘章，刘连荣饰刘长，马富禄饰前栾布后寿而康，李洪福饰前李左车后陈平。公演之后，果然反响热烈一炮而红。

《十老安刘》的成功绝非偶然，它凝聚了马连良十几年的心血。公演时间虽在1942年，但在1939年已经开始编撰剧本，而在1932年甚至更长时间之前即开始着手搜集资料，为该剧的成功早就埋下了草蛇灰线千里脉的伏笔。《十老安刘》可称为马派艺术中期作品的最高峰，古文学家韩

《十老安刘》中马连良饰蒯彻，马富禄饰栾布（左），李洪福饰李左车（右）

补庵先生曾撰文说："《十老安刘》是莎士比亚式的宫闱大戏，得马君连良惨淡经营；堪慰私衷，吾志不成，望之吾友。"

一大三大，压得住吗

　　1941 年下半年以来的另一件大事是他在南宽街购置了一所新的宅院，是一所以前的老状元府，由于年代久远，该院落已有许多地方需要重新翻建，工程浩繁，牵扯精力，夫人陈慧琏一直在京操办此事。扶风社从东北回京以后，全家都已搬入了南宽街的新居。经过了近一年的翻建、装修，使这所老状元府焕然一新。院落南北长十八间半房屋，前后两进，东西方向横宽。起居、住宅集中于院落的东部，雕梁画栋、富丽堂皇。院子的西部开辟了一个大花园，亭台楼阁、鸟语花香。为了这所房子，马连良几乎花费了他全部的积蓄。

　　家中一切安排停当以后，马连良把自己的老师萧长华先生亲自接到南宽街新宅，想让先生盘桓几日，高兴一下。当萧先生参观过整个宅院后语重心长地对马连良说："温如啊，这房子太大了，你要安多少电灯泡？你要装多少洋炉子？你得雇多少人看家呀？一大三大，压得住吗？"意思是说，房子一大，必然引起开销大，名声大，是非也大。靠你自己目前的声望，压得住这些是是非非吗？听到这些，马连良心里一阵难过，他明白萧先生是有所指，自己买这所房子可能有些太招摇了，会给自己招来麻烦。在这样的世道里生存，还是夹着尾巴做人好。

　　果然不出萧先生所料，好日子没过多久，就开始家宅不宁了。马家的亲戚当中有两块"魔"（北京话：指故意纠缠、捣乱之人），一个是马连良的五伯，另一个是他的舅舅。这二位爷是典型的游手好闲、好吃懒做之辈，一直以来就是靠亲戚之间的接济生活。每次去豆腐巷马宅必有所"斩获"，但不太过分。用比较收敛的姿态来博取他人的同情，看在亲属的份上，也没人与之计较。

　　自从马连良搬入南宽街后，这二位"大爷"开始了新的攻略。肆无忌

马连良与幼子马崇恩在"南宽街"家中花园

惮地伸手要钱，不给钱就耍"滚刀肉"，撒泼、打滚、骂大街是第一板斧；第二板斧是在马路上拦马连良的汽车，并大声谩骂马连良不孝，恨不得让全世界都知道；第三板斧是直接跑到戏院后台，坐地念央儿，哭穷，说自己年迈体弱没人照顾等等。弄得马连良一点办法都没有，心想萧先生说的"一大三大"果然应验，是非上门了。

在马连良的同辈兄弟当中，从事京剧事业的有堂兄弟马春樵、马庆云、马小龙、马最良、马宏良、马四立、马全增，表弟哈宝山、连襟马连昆及胞弟马连贵，这些人大部分在扶风社里供过职。马连良对他们一视同仁，他的唯一原则就是"台上不论亲戚"。是什么材料就来什么活儿，绝不因为亲属关系而刻意提携。这样才能保证完美的艺术效果。

长子崇仁第一次随扶风社出外演出到了天津和青岛，在青岛演出结束之后，马连良对儿子说："下一站上海你就不要去了。你的武生（艺术水准）不够去上海的水平。那边张云溪的《四杰村》是全场观众好送下，你还达不到，先回家吧！"崇仁在家中外号"颠了颠顶大爷"，对父亲言听计从，唯命是听。

后来，黄元庆加入"扶风社"，唱武生，马连良让崇仁由武生改老生。平时在演出当中，可以跟自己及李洪福先生学艺，让他多学多看，就是不演以后也可以给人说戏。做到眼勤、手勤、嘴勤、心勤。又让他拜雷喜福先生为师，学老生戏。行内人士都以为雷先生的戏有点"过"，特别夸张，崇仁就问父亲这个问题，父亲说："就是因为'过'，而你的条件却学不到他那个'份儿'上，所以就正合适了。"让崇仁先从家院、门子学起，先松弛下来，别像武生、花脸一样总爱"架着"。崇仁对父亲的教诲总是深信不疑，到了八十多岁时还说"至今获益匪浅"。

表弟哈宝山就不可能做到像马崇仁一样了。他本身是唱里子老生的，想傍着表哥马连良长期合作，戏班里管这叫"揪住龙尾巴了"。但其艺术水准，尚不能与李洪福、张春彦以及后来的马盛龙等相比，所以马连良用他的时候不多。因此哈宝山心里一直有些别扭，认为表哥人情淡薄，不照顾本家亲戚，心里憋着一口恶气。

此时黄元庆即将从"富连成"出科。他原是焦菊隐先生与人合办的小科班"志兴成"的学生，叫黄志庆，与任志秋、李志良等是师兄弟，在科中非常红，绰号"小老虎"，是难得的武生人材。后来"志兴成"解散，学生转入了"富连成"，改名黄元庆。有谭小培、马富禄、杨盛春、哈宝山出面为黄元庆保媒，希望迎娶马家的大小姐马萍秋。马连良非常高兴，有这四大媒人保亲，加上自己也非常器重黄元庆，就应允了这门亲事，并且亲自上谭、马、杨三家谢媒。同时认为哈宝山是自己亲姑姑的儿子，就免了俗礼，没有登门谢媒，没想到把自己老姑一家得罪了。

就在马萍秋出嫁的当天，哈家一家人终于找到了出气的机会。他们怂恿萍秋向继母陈慧琏要东要西，不给就不上轿，哭哭闹闹很不体面。哈宝山在一旁敲边鼓说："不要白不要，这是最后一次伸手的机会了，嫁出的姑娘泼出的水！"又让其母出面，代表萍秋索要亲娘王慧茹夫人留下的一堂菲律宾木家具。然后又要钻戒，陈慧琏认为太过分。这位老姑奶奶就依仗自己在族中的辈份高，对陈慧琏横挑鼻子竖挑眼，从当年入马家门没按回教的风俗办事，到今天的保亲不谢媒，都归罪到了陈的身上。实际上是指桑骂槐，矛头指向三侄马连良，而且越说越生气，气极而泣，把一场喜庆的出嫁婚礼变成了闹剧。

哈宝山见母亲哭哭闹闹，认为"老家儿"受了委屈，于是不顾脸面大打出手，拿起一个茶壶，直接扔向了客厅的窗户。前来道喜的梨园界朋友实在看不下去了，都认为哈宝山太过分。于是由万子和出面喝斥哈宝山，让他顾及马家的体面，别没完没了。谁知此时的哈宝山已进入歇斯底里般的疯狂状态，给万子和来了个"不论秧子"，不管不顾地飞起一脚，把万子和踢了一个大跟斗。这万子和是何许人也？北京梨园界经励科的头儿，当时就挂不住了，立马发出了一道封杀令："从今儿起，谁也不许用哈宝山！"犹如当头一盆冷水，把哈宝山激醒，一场闹剧才算告一段落。

一向顾及脸面的马连良，怎么也想不到家中会发生这样的闹剧，真想找个地缝扎进去，实在不屑与哈宝山共处一室。事后深思原委，马又一次想起了萧先生"一大三大"的那句话。心想这所房子的风水可能有问题，为何是非不断哪？这种令家宅不宁的是是非非与后来发生的事情相比，简直就是小巫见大巫。在一年多以后，由这所房子诱发的另一场更大的"是非"，几乎成了他的灭顶之灾，让他更想不到了。

长女萍秋出嫁之后，又有许多人给长子崇仁提亲。此时的崇仁已年过二十，是该娶亲的时候了。选来选去，还是世交李秋农介绍的这门亲事马家比较满意。女方出身京城著名中医世家，她的两个长辈满伯良、满达元是臌症（肝浮水）专家，又是京城里的老回回，两家人都比较知根知底。于是决定让长子崇仁与满家小姐羡懿互相"相看"一下。

在一次扶风社演出《借东风》时，马崇仁扮了一个"阚泽"，在台上让满家小姐看了个够。同时他也从台上向台下观众席里"偷觑"了几眼，知道李四爷（李秋农）身边的小姐就是满羡懿。大家都比较满意后，双方家长才决定在西来顺饭庄见面。

两家的家长，介绍人李秋农和两位阿訇互相见面，回民的礼仪叫"拿手”，也就是“订婚”之意。两家人商议后，大家都认为喜宴是不可小办的。一是马家的长子结婚，是马家的一件大事；二是以马、满两家在京城里的名望，必须给亲朋好友们一个交待。可目前的这种世道，谁家有心情大摆筵宴呀？这不是赌等着让别人戳脊梁骨吗？先等等吧，什么时候能把小日本赶跑就好了，两家人就可以痛痛快快地办这桩喜事了。

第五章

忍辱负重

见公文把我的三魂吓掉

从天上降下了杀人的刀

——选自马派名剧《春秋笔》

马连良积德积大了

1945 年 8 月，抗战胜利，日本鬼子投降了。全北京城的百姓终于可以扬眉吐气地做人了。戏院里天天满堂，人人兴高采烈。在这举国欢庆的日子里，马连良决定来个喜上加喜，于十月初六为长子崇仁在六国饭店宴会厅举行婚礼。不但马家要高兴地庆祝一番，而且也要让亲朋好友和梨园界的同人一起热闹热闹，让大家把心头沉积了八年的郁闷一吐为快。

婚礼当天社会各界名流、亲朋好友云集六国饭店，观看梨园界中少有的洋式婚礼。证婚人是国画大师齐白石，他身着中式团花长袍，胸前飘洒银髯，一派仙风道骨。主婚人马连良，一身宝蓝色西装系银灰色领带，风度翩翩，洒脱倜傥。介绍人李秋农，穿黑色獐绒马褂，深灰色长袍，儒雅大方，庄重俊逸。三位分别致辞之后，在《结婚进行曲》的伴奏声中，一对新人，款款而行，走向主席台。新郎马崇仁身着黑色燕尾大礼服，白衬衫系黑色领结，颇有绅士风度；新娘满羡懿手捧鲜花，身着一款法式白色婚纱，一派大家闺秀风范，让观礼的人们羡慕不已。多少年没有过这么高兴的事了，大家不约而同地把手中的鲜花撒向这对幸福的新人。

回到家后，又举办一场中式婚礼。有人唱喜歌，有人向新人扔"枣栗子"，把崇仁夫妇忙得不亦乐乎。前来贺喜的长辈太多，见了面就得磕头致谢，一对新人都快变成"磕头虫"了。贺喜的宾客们都送上他们红包，其中一位西服革履，派头十足的客人出手阔绰，送了二百美金，当时是笔很大的数目。但崇仁夫妇并不认识他，后来才知道，此人是妹妹马静敏未婚夫陈粟乡的老板，中国航空公司总经理王云荪。他是抗战胜利之后北京城里的风云人物，交游广阔，手眼通天。因与陈的关系，成了马家的座上客，多年以后才知此人有军方背景。

梨园界的人士一向不愿与官方有太多的往来，原因是本身不谙政治，

1945 年马崇仁与满羡懿在结婚典礼上留影

只懂唱戏，不愿与政治产生瓜葛。自清朝、北洋、民国到日伪时期，历朝历代的官员都"柿子只拣软的捏"，戏班的人被他们欺负怕了，还嫌闪躲不及呢，谁爱和他们亲近呀！以前造访马家高官不多，抗战胜利之后，常常有慕名前来拜访的国民党官员，皆因王云荪这层关系。王与达官贵人们往来颇多，这些从大后方来的人听说王云荪与马家有来往，都要一睹当代须生王座的尊容。于是，每天南宽街的院墙外面排着长长汽车车龙。来访的官员中，多数都是来办"劫收"的大员，附庸风雅，不懂艺术。马连良虽不情愿应酬，但也不敢得罪，只好佯装笑脸，虚以委蛇。

　　当然也不乏有一些既懂艺术又尊重艺术家的官员，人家愿意真心与梨园界的人士接触，马连良自然是礼貌应对。他们当中也确有个别为官清正、真心为老百姓办事的人，在与马连良的交往中，的确办成了一件实事。有一位青年军官奉上峰的指示与马连良谈话，问及目前梨园界最大问题是什么？需要政府如何协助？马连良见其真心诚意，不似虚意客套，就一针见血地道出了积蓄多年的心中苦水，告知戏班最难办的事就是"戒烟"。"别的行当不说，生行从杨小楼老板到我的世侄辈，包括我在内，大多数人都被'大烟'困扰，政府能帮忙吗？"马连良直抒胸臆。

名伶有烟霞之癖是人所共知的事实，皆因生计所累。每晚舞台上动辄三四个小时，高度紧张，特别是在上海这样的大码头，一期至少要连演三四十场，优秀红伶还要续期。配角演员可以"歇官中"（戏班行话：休息不扣包银），主角可天天都要上，观众就是奔"他"来的。因此，只有用"大烟"才能达到每天上场之前精神饱满的作用。明知是饮鸩止渴，也没有更好的办法。另外，唱老生的多有这种嗜好，与行内相传的抽烟可以去"燥气"有关。老先生们认为，青年演员身上毛火之气太盛，抽烟可以使之变得老成持重，与所演老生角色的身份相接近。另外，抽大烟又是社会上流行的交际活动之一，世人难以免俗。

戏班行话说，"梨园行是养小不养老"，演员的一生全靠自己谋划。人们常说："生意（卖艺）钱，当天完；买卖钱，管十年；庄稼钱，万万年。"大多数艺人都是性情中人，年轻时挣了钱，不知积蓄防老，把包银花费一空。到老来连生计都有问题，更谈不上有闲钱"过瘾"了。许多老艺人已经积习难返烟瘾极大，顾得了抽烟就顾不了吃饭，因此时常有人贫病饥饿而死。

马连良每想到此，就记起了几年前他去看望言菊朋的情景。言派艺术虽已形成，但是曲高和寡，是行内人所说的"打内不打外"的艺术，不被多数观众接受。言先生后来体弱多病，淡出舞台，郁郁寡欢，颇不得志。马连良到言宅之后，见言菊朋躺在床上，面色难堪，眉头紧蹙，问明原委才知他正在戒烟，没有什么特别的办法，只有硬扛。马连良一听就急了，对言说道："三哥，戒烟要进医院，一步一步慢慢来，不能马上就断。自己硬来，会出事的！"言菊朋面有难色地不停点头，表示明白，没有说一句话。马连良忧心忡忡地离开了言家，回家后封了一百大洋交给他的弟子言少朋。心想一代名伶言菊朋都落得如此下场，何况别人呀！

没过多久，政府方面有了回音，决定帮助梨园界集体戒烟。可政府拿不出钱来办这件事。马连良当即表示："我拿出一部分钱来，我再找我的朋友帮忙，请有能力的捐出一些款子，相信能够解决大部分人的难题。"于是，由政府出面，男艺人由马连良组织，女艺人由孟小冬组织，在宽街的"大公主府"集体戒烟，也就是位于现在宽街的北京中医医院。马连良、谭富英、杨宝森、宋德珠、王和霖等等都参加了，杨小楼的二路武生、老前辈迟月亭逢人就说："马连良积德积大了，救了多少人呢！"马连良自掏腰包为梨园界的同仁戒烟，自己也觉得是积德行善的大好事，他希望能够如戏文中所说的那样，"向阳门第春光暖，积善之家庆有余"，可"胜利"之后的日子，却与马连良的预料正好相反。

希望国法有一个公断

　　新的生活开始不久，要求严惩汉奸的呼声日益高涨。由中央派往各地的"钦差大臣"——接收大员们，打着"惩治汉奸、接收逆产"的旗号，实际上兴高采烈地干着损人利己、中饱私囊的勾当。而许多真正的大特务、大汉奸却都逍遥法外。有的通过拉拢行贿等手段，把自己从黑名单里剔除。有的不知怎么就能摇身一变，成了潜伏在敌伪内部的"卧底"，真是八仙过海各显其能。

　　伪满"立法院长"赵欣伯在监狱里遛了个弯后，大摇大摆地回了家。川岛芳子的好友马汉三，竟成了北平肃奸委员会主任。更为可笑的是，审理大汉奸王揖唐的庭长何承焯，被王当庭指证为汉奸。而像一些战前就经营有方的民族企业，沦陷后被日寇强行"入股"，反而成了"敌产"和"逆产"，成了劫收大员们多管齐下、大捞特捞的对象。抗战胜利后的喜悦心情，很快被这阵阴霾所笼罩。马连良此时的心情如同《打鱼杀家》里的萧恩一样，"清早起开柴扉乌鸦叫过，飞过来叫过去却是为何"，真让人有一种不祥的预感。

国民党的接收大员们在料理"公务"的同时，开始大把大把地为自己捞取好处。其中一些慕名前来马宅拜访的官员，见到这所深宅大院，见到摆放明清家具的客厅，见到拥有法式雕花桌椅的餐厅，见到倒映人影的地板，见到墙上的名人字画，不由得露出了垂涎的口水和贪婪的目光，这不正是他们时时刻刻都在挖空心思所要寻找得对象吗？

敲诈名伶是历朝历代的官员最简单、最省事的敛财方法，可算得上是"弹无虚发，一击中的"。敲诈的方式与方法则因地制宜、因人而异。这段时期里，最流行、最有效的招数就是把敲诈的对象打成"汉奸"，这样就可以顺理成章地清算"汉奸"的财产，把它做为"敌产"和"逆产"，明目张胆地"充公"到他们的腰包里。于是"大员"们开始搜寻马连良的把柄，然后再治他于死地。马连良南宽街的大宅第，又一次给他招来了影响他后半生命运的"是是非非"。

一出"马连良汉奸案"的大戏逐渐拉开了帷幕。国民党高官做后台老板，负责全盘策划。由位于东华门东兴楼饭庄附近的"稽查处"为班底，特务李国章唱主角，出面搜集1942年冬马连良扶风社去东北演出的"材料"。在伪满宣传的基础上再添油加醋，把这次以捐资助学为目的的巡演，说成是由伪"华北政务委员会"官方派出的使节团，专程为庆祝伪满建国十周年而去演出的。把日伪强加在马连良扶风社头上的"华北演艺使节团"的帽子，巧妙地偷换成"华北政务委员会演艺使节团"，这样马连良就顺理成章地变成了"官方"的代表，也就自然而然地成了"汉奸"。

1946年5月，马连良在北京参加了多次纪念抗战胜利义演之后，被上海方面约请前去义演。7月11日这天，他与梅兰芳等人合作《四郎探母》，为苏北难民救济协会及湘灾急赈委员会募捐义演。突然后台来了一帮荷枪实弹的国民党军、警、宪、特，把天蟾舞台围得水泄不通，为首的人向马连良递交了一份由"河北省高等法院"发出的传票，让他速回北京接受"讯问"。

特务、宪兵站满了后台，一个个虎视眈眈，横眉立目，要把马连良立

《探母回令》马连良饰杨延辉、梅兰芳饰铁镜公主

马"拿下"。这种阵势不但把马连良个人,而且把所有戏班的同人都惊呆了。马连良的《探母回令》向来是大义务戏的"墩底",大家把目光都集中到他身上,他沉默片刻后说道:"戏还没完,唱完以后,我自己走,我要对得起今天来的观众!"马连良出场了,台下不知实情观众依然兴奋地向马连良不断喝彩,马只好强颜欢笑,心中却愤懑以极,直到把戏圆满地完成。

马连良决定从速回京。当他走出天蟾大舞台之后,只见马路边的电线杆上贴满了布告,上写"通缉马连良"等字,他心中明白,这回的动静看来不小,京、沪两边都"勾"上了。萧先生当年对"南宽街"房子的评价一而再、再而三地应验了,如此之巨的塌天大祸,自己能扛得住吗?

为了证明自己的清白,马连良对媒体发表公开讲话以正视听,他说:"在汪精卫高呼和平的时候,我唱了劈头就骂主和汉奸的《春秋笔》,在小鬼子抓劳工最紧张的时候,我唱了鼓舞农民反抗敌人的《串龙珠》,一次两次受到警告,特务汉奸的手枪、辱骂,时时出现在我的面前耳畔。除了回教中学的义演外,实为营业性质,从未有为敌伪宣传,亦未在何处参加敌伪庆祝,希望国法能有一个公断。"

马连良回家以后,与出外之前恍若隔世。以往门前车水马龙,冠盖相望的场景一去不复返了。如今只见门庭冷落,世态炎凉。令马连良心灰意冷,意志消沉。如同他在《春秋笔》中所唱的那样,"狂风日落乌鸦噪,孤灯明灭人寂寥。吹来愁绪知多少,一齐攒聚在心梢"。

只有梨园界的同人们敢于仗义执言,弟子马盛龙向上海伶界联合会提请公议,要求设法援助老师,为老师聘请律师进行辩护;陈大濩等人代表北京国剧总会来马家探望,并具名联保;马连良的老师萧长华和老搭档郝寿臣联名呼吁,对外界宣传讲述当年演出《串龙珠》的情况,证明马连良是一个纯粹的爱国分子,并表示愿意出庭作证,绝不推诿。梅兰芳曾对马连良说:"只要问心无愧,倒不必因此灰心。一个你一个我还得有十年的挣扎,逆来顺受,我们应该打起精神来才是。"梨园界的全体同仁也上书政府,联保马连良,证明他是无辜遭人陷害。这些鼓励同情的言行,给了马连良不少面对压力的勇气。

这时上门来的国民党官员，多数怀有乘机敲诈或落井下石之心。有人说能在北平手眼通天，有人说可去南京打通关节，其目的就是索要"活动经费"，然后一去不归。有些更加寡廉鲜耻的人，直接指明要某一套家具或某件首饰，贪婪的嘴脸暴露无遗。马家这边开始倾家荡产般地变卖家财并换成金条，由夫人陈慧琏出面，施展她的"外交"才华，北京、南京、上海等地穿梭不停，直接找到了蒋夫人宋美龄和全国回教协会会长白崇禧等官员，要求还马连良一个清白。"妆敬、文仪、门包、润笔"等自然也花费不菲。

马连良以"保外就医"的身份整天软禁在家中，不能自由活动，等候案件的审理结果。闲来无事时，给侄子马荣祥说说戏，聊以排遣心中的郁闷。正逢荣祥从尚小云的"荣春社"出科，其唱、念、做、打等方面都颇有"马派"之风，血缘关系对继承流派艺术又有帮助，于是马连良苦中作乐，培养荣祥也成了他相对欣慰的事情。爷儿俩非常投契，马连良也非常喜欢这个侄子，给他说了不少"真东西"，并对荣祥说："赶明儿咱们家闯过了这一关，你就到我身边来，咱们爷儿俩好好唱戏。"

自打"官司"以来，马连良停止了一切演出活动，家中几十口人等着吃饭，没有进项。长子崇仁每天在外搭班唱戏，所得不多的收入都要交给家里过日子，甚至儿媳满羡懿的首饰都要拿出来变卖，帮补家用，景象十分凄惨。崇仁在"中华戏校"时的许多同学，为了生计都加入了"新一军"的演剧队，据说收入、待遇比搭班唱戏强，他们就劝说马崇仁加入"新一军"。为了使父亲减少负担，帮补家用，崇仁决定与同学们一起干。

烈火现真金，患难见真情。马连良的老朋友伍啸安远道从济南赶来北京，特意前来慰问。他是英美烟草公司在山东的代理商，当地有名望的士绅，极其热爱马派艺术，家中的大门口就悬挂着一幅他本人的大幅剧照，是马派名剧《四进士》中的宋士杰，痴迷程度可见一斑。

老哥儿俩彻夜畅谈不知倦怠。伍啸安交游广阔，洞察世事，帮助马连良分析时局，给马连良上了一堂生动的时事政治课。当得知天亮之后崇仁就要离家参加"新一军"时，伍啸安当即反对。他说"新一军"马上要开赴东北，与共产党打内战，此去凶多吉少，咱们不能让崇仁替他们卖命，去当"炮灰"。马连良闻之顿觉恍然大悟，连忙起身亲自跑到崇仁的房间外面敲玻璃窗。告诉睡梦中的崇仁，明天早上"新一军"那边不去了，崇仁也算逃过一劫。后来伍啸安家道中落，儿子又是国民党军队的飞行员，解放之后处境非常艰难。马连良把他们老两口接到北京住在报子街马家，让他帮助自己做秘书工作，后又把他介绍到"梨园公会"任职，以尽朋友之谊。

没过两天，保甲长们也来乘机滋事，非要把马崇仁抓去当壮丁，实际上又是变相敲诈。马崇仁只好躲到李宗义家里住了几天，花钱了事。家里事情没消停，外面又有事发生，马家的世交花市"大生记"牛家被抄了。牛家老太爷与马西园都是花市清真寺的"乡佬"（穆斯林语：伊斯兰教信众），他家开了一间"大生记"清真糕点铺，在花市一带很有名气。特务队说他们家是共产党的地下活动站，把牛家的人能抓的全都抓走了，东西抄得片瓦无存，穷凶极恶到了极点。

马连良知道，当年军阀说邵飘萍先生就是共产党，他怎么也没想到自己身边就有这样的人。他对牛家非常了解，都是忠肝义胆的正派人。根本不是国民党政府宣传的"赤面獠牙，共产共妻"之辈，这种言行的政府还有谁敢相信呀？日本人来了，你们把百姓一扔，不管不顾，哪里尽过一点儿"父母官"的责任？鬼子走了，你们回来劫财劫色，横征暴敛，哪有一点儿"衙门口"的气度？这样的政府除了欺负百姓以外还能干点儿别的吗？在打官司的过程中，马连良对国民党政府的认识和了解越来越深刻，忧心和顾虑也越来越增加。

官司打了近一年左右，马家除了剩下一所空空如也的南宽街大宅院外，财产荡然无存，还欠了一屁股的债。最后河北省高等法院的结案陈词是：经查明，伪华北政务委员会委员长王揖唐执政时期并没有官方派出过"使节团"的底案，未发现有汉奸确证，查无实据，不予起诉。这一天是1947年6月26日，在家中软禁了一年多的马连良终于得到了解脱，恢复自由。

马连良南宽街宅院示意图

此时此刻，马连良的心中五味杂陈，百感交集。有兴奋，又有悲伤；有畅快，又有委屈；有愤怒，又有无奈。他不知用什么样的方法才能宣泄积压在自己心头的重负。望着家徒四壁的宅院，马连良仰天长叹，在院子当中重重地叩了三个响头。

他扪心自问，难道这一切都是老天爷注定的安排吗？难道真像老家儿说的，"一命二运三风水四积阴功五读书"吗？难道自己的余生将在如此残酷的环境下延续下去吗？为了沈阳的回民教育事业，为了让我们中国人说中国话，自己竭尽所能、倾尽所有地办了一桩有生以来最大的好事，却换来了国民党政府"汉奸罪"的回报，使自己蒙受了莫大的屈辱。这种颠倒黑白、以怨报德的把戏,以前只在戏里见过,现在却活生生地发生在眼前,发生在自己身上。自己唱了半辈子的戏,好像今天才参透其中的玄机。"戏如人生,人生如戏",这句挂在嘴边的口头禅,只有亲身体验过了,才能对戏和人生有更深刻地认识。

一年来不知去向的许多国民党官员又都"冒"出来了,一个个以道喜为名,把功劳往自己身上揽,强迫马连良为他们唱"道谢戏"。以打官司为由的敲诈暂告一个段落之后,以唱"义务戏"名义的明抢又开始兴风作浪。劫收大员们觉得马连良虽然家徒四壁了,但他身上的艺术则是一座取之不尽的宝藏。于是,他们以各种名目强迫马连良唱"义务戏",而所得的善款则都成了他们的囊中之物。

开始还巧立名目,称为"北平难民筹款"、"国民党北平党部特别捐"等义务戏。没有了名目后,竟恬不知耻地称为了什么"净生生物调查所"、"私立女子西画学校"、"装甲兵半月刊"等筹款,真是司马昭之心路人皆知。搞得马连良躲无可躲,藏无可藏。正如晚唐诗人杜荀鹤在《时世行》中描述的那样:"任是深山更深处,也应无计避征徭!"

三哥,您别走啊

另一桩比败家更让人痛心的事,也发生在这一时期。这就是马连良艺术上的合作伙伴、行内尊称乔三爷的著名鼓师乔玉泉的去世。乔三爷与杭子和、魏希云并称"鼓界三杰",名副其实。剧评家曾认为:"乔与杭并美,且能比杭宽,而年纪比杭小,故眼力腕力为杭所不及。"

乔玉泉与马连良合作了近二十年,堪称马派艺术的缔造者之一,两人亲密无间,心有灵犀。马连良在台上的一个眼神、一个亮相、一个手势、一个台步都与乔三爷的鼓点配合得丝丝入扣,天衣无缝。一对鼓楗子即打

马连良赠送鼓师乔玉泉的《临潼山》剧照，马连良饰李渊

出了人物的情绪，又渲染了舞台气氛。他常说："打鼓的首先要会唱，不但会还得熟，如果等着角儿在台上'叫起'（戏班行话：对乐队示意），打鼓的才开始打，那就算误了。"

马连良本身最喜欢掌板击鼓，有时常在自己的戏前面为别人打一两出，过过鼓瘾，台底下都非常认可。他只要一见乔三爷到了，立马让位，对乔三爷肃然起敬。马连良的琴师更换过多人，但鼓师一直是乔玉泉。马连良曾经对乔玉泉许下诺言："三哥您将来与世长辞之日，就是我马连良决绝舞台之时。"

乔家以前的生活非常贫困，乔三爷养成了知勤识俭、省吃少用的习惯，可以说是不懂得花钱。加入扶风社后，日子越来越好，在琉璃街置了一所不错的四合院，平时依然不舍得花钱。在上海天蟾舞台散戏后，他就在路边吃一碗阳春面，马连良见后心痛地劝说："三哥，打完一出《一捧雪》多累呀，您吃点儿、喝点儿，别吃阳春面了！"他也不往心里去。戏班的人在开戏之前都有吃鸡蛋的习惯，认为补身体而且不上痰。马连良知道乔三爷省惯了，不舍得吃鸡蛋的，就让人买了一筐鸡蛋给他送去，乔三爷不舍得吃，让人卖了。他的病逝与他清贫的生活不无关系。

自从马连良打官司以来，乔玉泉心情一直压抑郁闷，整天为他的好朋友马连良提心吊胆，到了1947年春天终于一病不起。当得知马连良洗脱罪名官司了结后，大病顿时好转。马连良再次登台后，乔玉泉立马要求上场司鼓。马连良心疼老搭档的身体，坚辞不允。想不到，8月7日乔玉泉旧病复发，突然去世。为了表示对乔三爷的尊重，马连良在家产倾尽的日子里，决定亲自出资为亡友办理丧事。

在广安门内长春寺开吊的那天，马连良悲痛欲绝，嚎啕大哭，从山门以外一路跌跌撞撞，踉跄而行，亲自为他的玉泉三兄盖上了最后一床被子，抚棺痛哭，捶胸顿足。他不断哽咽地说："三哥、三哥，您别走啊，以后谁帮我呀？三哥，我对不起您，不能履行咱们哥儿俩的诺言……"如此接二连三的沉重打击，令马连良心灰意冷、意兴阑珊，无心于氍毹之上。他深知道，艺术是人创造的，乔三爷走了，没有任何人能替代他，舞台上没了默契，这戏还唱什么劲儿啊？他心中明白，一个马连良艺术的鼎盛时代结束了，我还会东山再起吗？

南下参加"杜寿"演出

1947年8月30日是上海闻人杜月笙的六十大寿，他约请南北名伶前来上海，要办一次与1931年杜家祠堂同等规模的大汇演。杜多次派人来京约马。袁世海见马连良心情郁闷就前来相劝，他说："三叔，咱们还是赶快去上海吧，您还没看出来这阵势，咱们一天不走，这义务戏就永远的没完！谁受得了啊？"

马连良心想世海说得有理，只有唱戏才是自己目前唯一的精神寄托，只有寄情于舞台上的每一场演出，才能暂时忘记那场混账官司带给自己的屈辱，以及失去艺术伙伴给自己的精神上打击。加上自己身上还欠着一身的债务，必须强打精神挣钱还账。就像《打鱼杀家》里萧恩唱的那样，"我本当不打鱼关门闲坐，怎奈我的家贫穷无计奈何！"马连良决定南下参加"杜寿"演出。李华亭是扶风社的经励科，问道："三爷，咱们请谁打鼓呀？"马连良无可奈何地说："乔三爷在，谁都不行；乔三爷不在，谁都行。"

在杜月笙的安排下，北京梨园界的头牌大腕，乘坐一架包机奔赴上海，其中有马连良、谭富英、叶盛兰、李少春、筱翠花、张君秋、刘连荣、袁世海、马富禄、叶盛章等。这一时期，发生过几次著名的空难，像戴笠、李世芳等名人皆因飞机失事而死。大家上飞机后，心里多少有些惴惴不安。

真是怕什么来什么，忽然，飞机从半空中像一个自由落体一样，垂直般地向地面坠落，大家的脸顿时全吓白了。李少春一下从座椅上摔了出去，在空中走了一个"抢背"（京剧武功：身体向前侧扑，就势翻滚，以左肩背着地），落在另一个椅子上。马连良心想，难道真要死无葬身之地吗？飞机下落了两千多英尺后，终于被控制住了。大难不死，梨园幸甚。真是一波未平，一波又起。马连良在飞机上黯然神伤，心中既忐忑不安又无可奈何，这出师不利的兆头让他对茫茫的前路有了几分不祥的预感。果然不出他的所料，这次离开故土京城以后，马连良就像一只有家难回的离群孤雁，在南天一隅无枝可依，徘徊游荡了四个年头。

提起杜月笙，人人都知道他是上海帮会的三巨头之一，而且后来者居上，多年稳坐上海"一哥"的交椅。他在"洗底"以后，行为做派处处表现得很有绅士风度。夏天天气炎热之时，也不愿除去长衫，因以年轻时身上的文身为耻，不愿示人。他本人又是一名痴迷京戏的票友，戏院的生意只是他的九牛一毛，在他的戏院中演戏，院方多不与名伶夺利。因此北方的演员都愿意去上海，包银高而且守信誉。

他非常喜欢老生行当，最喜欢唱的是《四郎探母》里的"洋烟灰"（杨延辉）。一次他以悦声居士之名与章遏云合演"坐宫"，害怕"叫小番"时的嘎调（京剧术语：用拔高的音唱某一字）上不去，有手下献计："老板自管唱，我自有办法。"等他在台上，水袖一翻，"叫小"两个刚出口，台下马仔登高一呼，彩声四起，把个"番"字全湮了。

除了票戏外，杜月笙对须生演员一直比较关照。周信芳因办戏院亏了本，向他借钱，他对周说："你什么时候还，怎么还，由你自己定。利息不必谈，数目如数给你。但我奉劝你，当你的'角儿'好了，办戏院是另一门学问。"周信芳后来对杜的这番言论非常信服。

1931年他在"杜家祠堂"落成之际，约请余叔岩南下，余未能成行，杜表示深深的遗憾。而外界盛传，余叔岩高风亮节、铮铮铁骨，宁可不要上海"码头"，也不趋炎附势，把余的形象人为拔高。在舆论方面余叔岩大占上风，而杜则处于劣势。实际情况是余叔岩最后一次在沪演出时，在共舞台上座非常不理想，不俟期满，余叔岩"认栽"，打道回府了，可包银却提前收了。黄金荣对余说，照理应退还部分包银，但我不愿意这样办，下次来沪不管谁约你，唱完之后到我这儿来，补足欠下的日子。余自

1946 年"杜寿"期间，杜月笙与马连良等名伶合影

然同意。后来余叔岩得了肾病，身体虚弱，不能远行做营业性演出，只能
应付个别堂会。若南来上海唱了"杜祠"堂会，不补足共舞台的演出，就
会失信于人。所以余不能南来，是身体条件不允许的原因。对此杜从不对
外解释。

马连良在与陈慧琏结婚后，一直想把陈慧琏以前的两个孩子带回北
京。他们和外公一起在上海生活，由于战乱，多次迁居，马连良夫妇寻找
了多时都没有下落。后将此事拜托了上海戏院界的"大能人"孙兰亭，孙

将此事又告诉了杜月笙，杜说："一句闲话。"没过多久人就找到了。这两个孩子就是马连良的四子马崇政和女儿马静敏。抗战爆发后，杜又帮忙马连良把儿子转移到大后方重庆去读书。

说起杜月笙对京剧的偏爱，不能不提 1931 年的"杜祠"和 1947 年的"杜寿"这两次南北名伶大汇演。特别是此次六十大寿的堂会演出，有"谋士"建议改为赈济两广、四川、苏北等地水灾的义演，将全部收入作为救灾之用。另外把寿礼收入办一个月笙图书馆和编印上海市通志，在编印通志时，把他过去的一些活动都写进去。杜对这件事极感兴趣。虽然有为其个人歌功颂德，树碑立传之意，但客观上还是搞了几场全国超一流水平的京剧汇演，促进了"京朝派"和"海派"艺术的互相交流与融合，对京剧艺术的发展是有推动作用的。值得一提的是全部《四郎探母》这出戏由李少春、周信芳、谭富英、马连良四演杨延辉，梅兰芳的铁镜公主、芙蓉草的萧太后、姜妙香的杨宗保等，如此阵容，在中国京剧史上也是极其少有的。

一连唱了四个月

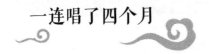

唱完"杜寿"之后，马连良在上海正式展开了"还债演出"。此次演出由孙兰亭统一调度、安排，是马连良在上海连续演出最长的一次，为期四个月，在中国大戏院登台。以往前三天打炮戏都是《借东风》、《四进士》、《苏武牧羊》，此次别出心裁，每出剧目均连演三天，再改其他剧目。上海观众都知道马连良为打官司倾家荡产，一个个踊跃购票，给马连良以大力的支持。戏报每贴必满，观众热情始终不减。

为了报答观众的知遇之恩，马连良在台上使尽浑身解术，尽情挥洒，使观众大饱眼福。但是此刻的马连良已与一年多前的他大不相同，打了一年的官司，让他身心疲惫苦不堪言。虽然终于洗脱罪名，但马连良心中始终郁郁寡欢，他对这场官司背后的玄机越来越明白。某些人的目的是敲诈勒索，而某些权贵的目的却是通过打压马连良，来实现自己的政治目的，其阴险狡诈程度比敲诈勒索有过之而无不及。为了实现这一目的，一个艺人的名节对于他们来说完全是置若罔闻，视如草芥。马连良为提高艺人的社会地位，用自己的奋斗和努力，拼搏了大半生。到头来被这帮贪官污吏用一场旷日持久的官司打回原形，他的胸中气结郁闷，心病始终不去，身体状况可想而知。演出没过多久，就开始便血，身体日渐消瘦。

　　一天，马连良收到了母亲从北平的来信，老太太说，她每天晚上通过电台的直播，可以听到儿子的演唱。由于此次儿子离开北平太长时间，老太太思子心切。加上儿子每天不断地连唱大戏，她始终担心儿子的身体状况，希望儿子要爱惜自己，适可而止。要求儿子寄一张近期的照片回去，以解母亲的相思之苦。马连良望着镜中自己瘦骨嶙峋的身体，怎么再敢拍照给母亲寄去呐？他觉得自己十分不孝，让远在千里之外的老人家为自己担惊受怕，不能让母亲安享晚年，心中无限内疚。

　　马连良毕竟是年近五旬之人，老不以筋骨为能。在一场《群英会》中表演鲁肃作揖时，他忽然听到"嘎噔"一声，腰"闪"了。整个腰部不能动弹，感觉四肢的行动也不那么自如了。马连良强忍着巨痛，还不能让观众看出来，一直坚持着把戏演完。后台的全体人员都为他捏着一把汗，散戏之后马上就把他送往医院。医生看过后担心地说："您再不来看，以后恐怕就动不了了。"从此，马连良落下了习惯性"闪"腰的毛病。为了还债，马连良不得不咬牙坚持演下去，可以说是玩了命了。

　　一连唱了四个月，这对他个人来说是从未有过的挑战，体力、精力严重透支。尽管院方一再加价，企图阻止观众踊跃购票的热情。但是观众不明就里，对马连良的追捧达到了疯狂的程度。四个月连天满堂，欲罢不能，这也创下了中国京剧史上的个人演出记录，无人能出其右。由于高度紧张、身心疲惫，各种疾病便接踵而来。加之剧团内部有人闹矛盾，使他心力交瘁，不堪一击。身体越来越虚弱，但他仍然要坚持每天晚上演出。

《群英会》马连良饰鲁肃

白天把前晚挣下的钱立刻换成黄金，马上还债，迟了货币就要贬值。当时市面已开始动荡，钞票越来越不值钱了。

四个月的演出终于快结束了，欠债也还完了，马连良的身体状况也濒于崩溃。一天他在演出《打鱼杀家》更换"彩裤"时，发现裤子里面全是线虫，他知道自己的"灯油"基本上耗尽了，不得不停止了演出。

马连良没有马上离开上海，他需要休养，在上海虹口租了一套公寓居住养病。这时已经是1948年的上半年。等到病体康复，正值"淮海战役"前夕，京沪之间交通已经中断，有家难回了。孙兰亭见马连良整天愁眉不展、心事重重的样子，就劝他"既来之、则安之"，不如趁此机会去香港游玩几日，也好散心解闷。

马连良与孙兰亭既是八拜之交的金兰兄弟，又是业务上合作多年的生意伙伴。马连良以前去上海演出，大多在黄金大戏院，老板是有绰号金老开的金廷荪，手下有"五虎上将"，最能干的就是孙兰亭。此人性情豪爽大度，待人诚挚热情，交游广阔，路路通达。特别是北来的伶人多数自带违禁品，以应不时之需。虽说是公开的秘密，但表面文章还是要做。如果没有孙与铁路和巡捕房等方面的关系，这些"犯忌"的东西，随时可以成为被人抓住的把柄。北京戏班的演员和经励科都与之相交甚厚，很买孙兰亭的账。

后来，孙兰亭等人收购了位于牛庄路"更新舞台"，改名"中国大戏院"，孙是最大的股东。因马连良对他非常信任，基本上不与他谈"公事"，知道孙兰亭是重信义、讲交情之人，不会让自己吃亏。就一直在"中国"演出了，两人合作了多年。

马在孙的心目中具有至高无上的地位，孙对马的形象也极尽竭力维护之能事，不允许有丝毫的破坏，有时甚至到了苛求的地步。1948年李万春出狱后到上海"中国"演出，李要唱《张文祥刺马》，孙兰亭说："不行，马先生刚走，你唱这戏对他不吉利。"把李万春弄得哭笑不得。

孙兰亭本人又是一位"公关"高手，对应名角自有一套办法，他有一套"四大名妻"攻略法，是与四位大角谈公事的真经。这四位分别是：梅

（兰芳）太福芝芳、马（连良）太陈慧琏、周（信芳）太裘丽琳、俞（振飞）太黄蔓耘。

这"四大名妻"又分为南北两派，北派的梅太、马太不参与"公事"商议，但二人对梅、马有极大的影响力。孙兰亭来到梅宅先"伺候"梅大奶奶，陪她打"罗宋"牌，关心一下"小九"（梅葆玖）的戏，再与李八爷谈"公事"。与马家虽无需多谈公事，但戏码的安排也重要。马三奶奶最爱听别人盛赞马连良，孙就常带来"好消息"。南派的周太、俞太直接管"公事"。黄金大戏院曾有两句笑话，"周太前台到，经理双脚跳"。她有文化，计算精明，根本斗不过，孙兰亭对她采用"哀兵法"。俞太认为俞振飞太好说话，常被人欺负。既然唱了戏，包银、牌子都要争，孙对她多采取"顺从法"，他知道俞府是书香门弟，要求也不会太过分。

孙本人又热心公益，积德向善，大世界旁边的"慈幼医院"每年的电台演唱筹款、募捐活动都是孙的总提调，为医院筹集了大量的经费，用于帮助前来看病的穷人，是上海戏院界的"大能人"。由于操劳过度，慈幼医院的院长给孙看过病后，警告他说，再不休息，血管有可能爆裂。于是马连良在孙兰亭的陪同下，于 1948 年 11 月初抵达香港。

第六章

北雁南翔

登层台望家乡躬身下拜

望长空洒血泪好不伤怀

——选自马派名剧《苏武牧羊》

屋漏偏逢连阴雨

　　1948 年底的香港，正处在一个发生巨变时代的前夜。在大陆，国共双方正在展开一场史无前例的大决战。一些洞察先机的商业奇才开始从天津、上海、广州等大都会移居香港，给这个本来人口不稠密、经济欠发达的南国小镇，悄然不断地注入着"营养液"，为日后这颗应运而生的"东方明珠"做着前期准备。

　　香港娱乐戏院顶楼有个"天台俱乐部"，是当时香港一些著名实业家们经常聚首的高级会所，也是一个香港少有的京戏票房。发起者之一的梁基浩就是广东人唱京戏花脸极好的一位，他是香港著名立法局议员周梁淑怡的父亲。为了欢迎马连良抵港，梁基浩约了会员周寿臣、胡文虎、李祖永等香港名流，连同剧评家沈吉诚及原上海新华影业公司老板、曾拍过《夜半歌声》《壮志凌云》等名片的张善琨等一起为马连良接风。大家异口同声地要求马连良无论如何也要在香港露演几出，因为香港观众从未目睹过国剧须生第一老倌（粤语：对名伶的称呼）的风采，在座诸公保证一定鼎力支持。

　　孙兰亭是操办演出的专家，一听此言，精神百倍，当即表示马上回沪，带中国大戏院的班底过来，并通知在京的张君秋和上海的俞振飞，准备举办一次阵容强大的京戏汇演，让香港观众一睹国剧之真面目。

　　演出由沈吉诚、张善琨等人策划、安排，决定以"马连良、张君秋、俞振飞剧团"的名义对外宣传。定于 1948 年 12 月 20 日至 24 日假座港岛娱乐戏院连演五个晚上，五天的戏码安排极具吸引力。第一场是《龙凤呈祥》，马连良的前乔玄后鲁肃、张君秋的孙尚香、俞振飞的周瑜；第二场是张君秋、俞振飞、马盛龙的《玉堂春》、马连良的《马义救主》；第三场是马连良、张君秋的双出，前《梅龙镇》，后《打鱼杀家》，中间俞振飞的

《辕门射戟》；第四场是马连良的首本名剧《群英会·借东风》；第五场是俞振飞的《白门楼》，马连良、张君秋的《三娘教子》。

在这五天里，娱乐戏院基本上变成了北方人的"同乡会"，场内气氛热烈，彩声雷动。特别是当马连良演唱之时，可称得上是一句一个好，让马连良的心情异常兴奋，想不到在这广东人聚集的地方，还有那么多支持马派艺术的观众。

五天演出结算下来，总收入七万六千多元，如此业绩在当时的香港娱乐业中可算是好之又好，破了纪录。其中有关费用包括：戏院场租二万五千元、政府娱乐税二万元、三位主演包银合计一万七千五百元、广告费五千元、班底开支一万多元，合计费用八万元左右。沈吉诚、张善琨、孙兰亭三位前后忙乎了一个月左右，都成了"白袍（跑）小将"，还要亏损四千余元。

马连良觉得非常过意不去，台上的角儿们名利双收，沈、张、孙三位不但颗粒无收，还要自掏腰包蚀本。他于是与张、俞二位商量，把所得包银打了七折，让出五千余元，填补了四千元亏损，让沈吉诚等分了点儿车马费，虽不能皆大欢喜，也可算首战告捷。

大家希望再接再厉乘势多演两期，于是又在港岛的高升戏院和九龙的普庆戏院各演七天。由张善琨、马连良、张君秋、俞振飞分任小股东，与戏院方面按"院三班七"的比例做分账结算。由于没有认真地对演出市场进行调查研究，对香港观众的心态不了解，演出结果大大地出乎台前幕后人士的预料。

计算盈亏结果是："高升"七天亏本一万八千元，"普应"七天亏本二万六千元。三位"大角儿"自出世以来，可以说所到之处都是高唱"满堂红"，没料到这弹丸之地却唱了一出"走麦城"，人人都背了一屁股债。其中负债最多的是马连良，旧账刚去，新债又来，倒霉的事情一桩接一桩，正如《打登州》中所唱："屋漏偏逢连阴雨，船到江心折了篙。"

演出经营失败以后，沈吉诚先生分析出五条原因：第一，香港本地经济整体水平低，消费能力较弱，尚无法与当时的广州相比，更比不过上海

马连良与张君秋（右）、俞振飞（左）在香港合影

了；第二，本地观众还是以广东人为主，北方人太少，广东人多数是慕名
而来，在没有字幕的环境里，基本听不懂，只能看个热闹，戏码安排有
"翻头戏"（重复剧目），观众不太接受；第三，开支过大，张善琨搞电影
出身，出手阔绰，一个三天的广告就用去五千元，根本没有必要。由于香
港没有底包助演，所有班底几十人都是由上海而来，开销巨大；第四，票
价过高，本地好角儿演出的广东大戏，堂座定价在三元左右。而张善琨定
的最高价为二十元，最低价六元，并且以高价票为主，使许多人望而却步；
第五，没有开源，付戏院的租金是一整天的价钱，白天没有被利用起来。
如果放二场电影也可每天收入一千多元。

我个人不要片酬

天台俱乐部的成员们见马老板等唱戏负了债，心里不好意思。于是请张善琨出面，联系电影公司，约他们三位拍几部戏曲电影，靠片酬弥补一些损失。恰逢吕建康、吕建成兄弟二人刚刚组建"胜利影业公司"，正在筹划开拍一部"开山力作"，得知马连良在港想拍电影，真是"踏破铁鞋无觅处，得来全不费功夫"，双方一拍即合。

吕氏兄弟认为，目前尚未有一部真正能够充分体现京剧艺术美感的彩色影片。1948年由费穆导演、梅兰芳出演的《生死恨》，由于技术上的原因，只能算是一部失败之作。他们要拍一部成功的彩色舞台艺术片，满足观众的需要。另外在京剧名伶当中，梅兰芳已拍过《春香闹学》、《刺虎》等多部影片；谭富英、雪艳琴拍过《四郎探母》；麒麟童拍过《斩经堂》等，而最受观众欢迎的马连良尚未有一部影片问世，此时与马连良合作拍片，正逢其时。

马连良对吕氏兄弟表示，我个人不要片酬，希望胜利公司方面用这笔费用把滞留在香港的几十名上海中国大戏院的底包演员送回家去，并负责路费和食宿等开支。协议达成之后，胜利公司决定投资百万港元，选用最好的柯达彩色菲林（胶片），约请欧阳予倩为艺术顾问，白沉为导演、赵树燊为摄影、丁聪为美工拍摄两部彩色舞台艺术片。

在中国影坛总是高喊剧本荒、演员荒、导演荒的时候，胜利公司可谓大胆提携新人，破天荒地任命年轻的白沉做导演。白在上海时，曾与张伐以AB制同时主演名震一时的话剧《文天祥》，受到观众一致好评。抗战胜利后，白沉又投身报业，做为一名时事记者写过不少许多人不敢言的报道。1947年来到香港后，拜著名电影导演朱石麟为师，参与过《清宫秘史》等多部影片的制作，被朱石麟视为青出于蓝的后起之秀。

在香港拍摄电影《渔夫恨》、《梅龙镇》的宣传特刊

　　第一部新片就是由马连良和张君秋主演的《梅龙镇》(《游龙戏凤》)和《渔夫恨》(《打鱼杀家》)。吕氏兄弟考虑到马连良的戏路宽广，这两出戏正能体现马派艺术的多面性，一出是轻松活泼，流利见长；一出是慷慨激昂、壮怀激烈。将这样两出戏配合在一部片中放映，使观众有浓淡相宜的印象。

　　第二部新片是由马连良主演的《借东风》和张君秋、俞振飞主演的《玉堂春》。《玉》片中还第一次在戏曲片中运用电影的蒙太奇手法，将苏三以往的经历在"三堂会审"中不断地"闪回"表现，极尽视听之娱。

　　电影开拍之前，欧阳予倩深知白沉导演对京剧是个门外汉，曾这样问过白导："你是想介绍京剧，还是想改良京剧？""介绍"，白沉说，"不如说是保留京戏在戏剧艺术中独特的艺术形式来得更恰当，说改良，我还没有这个资格。"在大原则上没有异议后，正式投入拍摄。

白沉毕竟是出身新闻行业的艺术家，对影片反映的内容，认为有许多值得商榷的地方，与投资方有不同的意见。他认为《渔夫恨》的主题意识虽然比较正确，但也仅仅是个概念化的东西，表现渔夫真正的苦难和反抗是薄弱的。尤其是《梅龙镇》，这不过是一个流氓皇帝调戏民女的荒淫无耻的故事，认为有"问题"，于是决定将最后一场"绣房加封"的戏删掉。但这样做法是否能够解决他认为的"问题"，他自己也莫衷一是，所以留下了这样一出有头无尾的影片。他希望在不久的将来，做到艺术与商业的矛盾能够和谐统一。这让马连良第一次真正地认识到电影的确是一门"遗憾的艺术"。

电影拍摄完毕以后，已经是 1949 年上半年。内地的解放战争如火如荼，战线南移，形势混乱。在香港，流言蜚语满天飞，马、张、俞三位决定先在香港逗留一段时间，观望一个时期再定去留。马连良自 1947 年"杜寿"之约离开北京已经快两年了，八十多岁的老母亲怎么样？孩子们生活如何？解放北平的共产党政府到底是个什么样子？马连良皆不得而知，整天过着如《四进士》中宋士杰一样的日子，"有事在心头，终日眉头皱"。

子女先后投身革命事业

这时马家的成员已经分别居住生活在全国各地。长子崇仁、四子崇政、幼子崇恩、幼女小曼与父母一起暂居香港；三子崇礼在青岛医学院读书；次女静敏随夫婿生活在台北；长女萍秋、次子崇义、五子崇智、六子崇延、三女莉莉和老奶奶一起居住在北京。

北京方面由马崇义负责管家，他从辅仁大学经济系毕业之后，就职于回民协会合作银行，任会计部主任。由于平津战役爆发，市面不景气，许多企业纷纷倒闭，"回民银行"也难幸免。家中人口多，开销大，五弟崇智正在就读辅仁大学，六弟崇延在宏达中学读高中，妹妹莉莉在志诚女中读初中，都需要钱，一切开支都要他想办法解决。父亲又困居香港，没有收入，靠朋友借贷度日，不可能往家里汇钱了。在此万般无奈的情况下，马崇义决定将南宽街的大宅院卖掉。

这时，共产党的新政权刚刚建立，各大机关、部门都需要房子，于是将南宽街的房子卖给了"马列主义翻译局"。用所得收入买了西单报子街的一所前、后两进的四合院，就是今日民族宫对面的复内大街54号院落。再用些钱把大多数佣人遣散，余钱用来帮补生活。最困难时，哥儿仨一起在院中自己做煤饼。崇延交不起学费上高中，差点儿去白纸坊一带的工厂做工。后来把老奶奶象牙筷子上的金头拔下来变卖，才能继续学业。

令马连良欣慰的是，他让子女们接受了良好的教育，孩子们有着较高的知识水平，对腐败的国民党政府认识得非常透彻。在共产党的感召之下，这几位已经长大成人的子女，先后投身革命事业。

马家自从打官司之后，次子崇义就看透了国民党"劫收"大员们的嘴脸，对政府彻底失去了信心，真是"盼中央，等中央，中央来了更遭殃"。他在"回民银行"担任会计部主任期间，同学王大昌介绍给他一个客户，是王大昌的"本家亲戚"，叫王拓，经常从"回民银行"的账户上调拨资金。从对王拓生意的了解以及资金的进出流向上已能分析得出，王拓不是一般的"生意人"，崇义对他的工作性质已经有了自己的认识，他与王拓之间心照不宣。

原来这个王拓是中共驻北平的地下党，利用"回民银行"目标小没有人注意的便利条件，暗中为中共地下党调拨活动经费。崇义平日沉默寡言，属于"蔫有准儿"的内秀型，家中外号"凡人不理二爷"。这事只有他自己心里明白，没有任何人知道。

北平解放以后，王拓任军管会交际处处长，和王大昌一起前来看望崇义，并对他以前给予工作上支持深表谢意，全家人才知道这位二爷还干过这样冒风险的事。王拓见他失业在家，就请他到新政府工作，崇义表示马家人向来不愿涉足政治。王拓又介绍了几份工作，最后选中了鞍山钢铁公司。东北解放后，百废待兴，正急需懂经济、金融的财务人员，于是在1950年初，马崇义只身奔赴了"鞍钢"。

马家子女当中有一位像电视剧《大宅门》中白占元式的人物，就是马连良的五子马崇智。他在北京崇德中学时就是个活跃分子，任学生会主席，曾组织同学积极参加"反饥饿、反内战"大游行；反对并阻止崇德中学学生会加入国民党政府组织的"学联"；在"三青团"组织重新登记时也拒绝加入；他还在学校的演剧社里主演陈白尘的名剧《升官图》，把讽刺的对象直指蒋委员长。由于生性活泼，在家中得外号"欢蹦乱跳五爷"。

1948年秋，马崇智考入辅仁大学经济系。没过多久北平和平解放，这时父母都远在香港，他自己做主，与"辅仁"办了退学手续，于1949年3月考入华北人民革命大学，积极投身革命事业，希望成为一名共产党领导下的青年干部。

上了三周的课以后，当时的平警司令部宣传队去学校招兵，马崇智一看机会来了，可以直接当兵上前线参加战斗，就积极报名。招兵的一见他有文化，又是马连良的儿子，会唱戏，立马就给招走了。马崇智后来回忆道，在校期间，他参加的许多进步活动并不是出于政治目的，而是出于良心。如果说是革命行动的话，那也是自发的意愿。真正地投身革命，是从参军开始的。因此，个人经历了一个由自发到自觉的过程。

参加革命以后，组织上要求改名字。因为全国尚未完全解放，部队怕万一出问题，会连累家人。于是，马崇智从此更名为马建，表示要建设新中国的意思。1949年4月，平警司令部宣传队编入四野十三兵团文工团，马建跟随着"四野"的大军"南下"。万里赴戎机，关山度若飞。从北平一路且战且进，打得国民党军队溃不成军，长缨直指华南，最后打到了海南岛。

大军前进的一路之上，马建就不停地搞宣传鼓动，打快板、扭秧歌。到达目的地后，他的工作就是招兵买马，向当地百姓宣讲共产党的政策，宣传新中国的优越性。正逢他年轻气盛、血气方刚、革命热情高涨之时，整日从早忙到晚，浑身汗渍，也不觉察。宿营时常常露宿街头，从北京家

马建在"南下"途中演唱单弦

里带了一条毛毯，还剪给了战友一半。入伍不久，就和战友打成了一片，根本看不出来是北京宅门里的一个少爷。

后来部队长期驻扎广州，番号改为"中南军区文工团"。有一次组织上派马建回北京采购乐器，他身穿整齐的军装，外套缴获的美式军用"皮猴"，腰里别着加拿大造的手枪，十分神气。当他一身戎装，出现在家人面前时，把大侄子马伟民可吓坏了，躲在桌子底下怎么也不出来，其他人也连大气儿都不敢喘。因为马家人从来也没想到，崇智腰里别上了"真家伙"，看着就"瘆人"。

马家大门上方钉有"光荣军属"的牌子，不光是因为马建投笔从戎，是当兵"南下"的功劳。还有另一位革命军人，就是马连良的三女儿马莉莉，在家人称"小二姑娘"。1949 年莉莉初中毕业，她本人生性活泼，爱好文艺，颇得父亲的遗传基因，特别爱唱歌曲。她一直想像五哥那样，参

马母满氏与孙女马力、马小曼（前右）及重孙女马小英在家中合影

加部队文工团。奶奶一听坚决反对，说崇智是个男孩走了也就算了，莉莉若是再"南下"了，父母回来不好交代。于是她决定报考"军委护士司药培训班"。这个培训班就地招生，就地学习，就地安排工作，不用"南下"，家人才同意。被录取后，也就正式入了伍，成了一名解放军战士，改名为"马力"。

马母满氏已有八十高龄，每天从早到晚地祈求真主，保佑儿子连良一切安好，早日归来。马连良在香港拍的电影公映后，老太太一定要到电影院去观看，边看边对孙子崇禧说："你伯伯可瘦多了，让他快点儿回家吧。"眼泪不停地在眼眶里打转，思念儿子已经成了老太太的一块心病。一天，孙子崇延在屋里听父亲的《苏武牧羊》的唱片，马连良委婉动听的歌喉深深地打动着满氏。"贤弟提起望家乡，不由子卿两泪汪，贤弟带路头前往，不知家乡在何方？"听到这里，满氏仿佛在梦境般的天地里见到了儿子马连良，儿子好像迷路了，正在焦急地寻找回家的路径。满氏动情地喊了一句："儿啊，妈妈在这儿哪！"说完之后，老泪纵横掩面而泣。

我好比浅水龙被困在沙滩

　　身在香港的马连良对于北京家中发生的一切变化，知之甚少。香港对大陆共产党政权的报道更是天花乱坠，似是而非。马连良对时局没有一个清晰的认识，也不敢轻举妄动。因为曾与国民党政府打过官司，不知道共产党对这件事什么态度。害怕回京以后，不被新政权接受。整天挂念着80多岁的老母亲，担心孩子们没钱如何生活，心里起急。

　　在香港，不唱戏没钱，以戏谋生又不可能，经常靠朋友的接济过活，心里更加上火。加上马连良对自己的要求高，压力大，不甘心就此沉沦下去。在急火攻心之后，患了一种易紧张的病症，情绪经常不稳定，夜里时常被噩梦惊醒，大汗淋漓，有些类似癔症的前兆。烦闷时，马连良觉得自己心情真像《四郎探母》里的杨延辉，"我好比笼中鸟有翅难展，我好比虎离山受了孤单，我好比南来雁失群离散，我好比浅水龙被困在沙滩……"

　　1949年秋，"云南王"龙云之子龙绳曾约请马连良前往昆明的云南大戏院做一期演出，先为当地医疗机构筹款义演，再做营业演出。为了挣钱生活，还清欠下的债务，马连良冒着大陆四处战乱的风险，带着弟子言少朋等人前往昆明。

　　在昆明演出期间，一个20多岁出头的小姑娘引起了马连良的注意，她就是刚刚满师不久来昆明唱戏的关肃霜。这位不怕虎的"初生牛犊"，以剧坛多面手、文武昆乱不挡为号召，在昆明造成不小的反响。她不仅能唱青衣、花旦、刀马、武旦，还能唱老生、小生和武生，扎大靠、穿厚底、耍大枪，在坤角中已经是凤毛麟角了。她还能唱《金钱豹》和《铁公鸡》这类摔打戏，称得上是难能可贵的剧坛奇才。

　　马连良在看了关肃霜的戏后，对她赞不绝口，认定关终非池中之物，将来定有大红大紫的一天。于是约请她合演全本《乌龙院》等剧目，果然爆满，轰动了昆明城，给观众带来了极大的艺术享受。三十年后，关肃霜进京拍摄电影《铁弓缘》时，时常来马家做客，每每念及被马师提携之

1949年，马连良在昆明与滇剧艺术家栗成之合影

事，总是眼含热泪，思绪万千。

在云南的演出合约尚未完成，时任云南省主席的卢汉就前来探望马连良，并对他说，马先生，您还是赶快回香港吧，这边可能快被"八路军"解放了。马连良说，我不能走，我答应给昆明培忠回民中学和本地同业唱四场义务戏，还没办呢。这可把卢汉急死了，都什么时候了，马还惦记着唱戏，真没办法。

赶快演完四场戏后，龙绳曾前来送行，并一再致歉，同时告诉马连良，天下未定，时局肯定还会混乱一个阶段，建议把所得包银换成金戒指便于携带，回香港后金价肯定会涨。卢汉又托军统高官沈醉给马连良等人购买机票，速回香港。此次云南之行，演出半途而废，钱也挣得不多，马连良心里不太痛快。

在香港期间，还发生了一件令马连良更不痛快的事。一日，长子崇仁和弟子李慕良在外面遇见以前在上海认识的冯未英小姐，冯曾是上海有名的红舞女。没想到"他乡遇故知"，冯小姐力邀两人一起吃饭。就在吃饭的时候，被冯在香港的"包家"看到了。他醋意大发，马上找来了七、八个打手在饭店外面等着。见三人出来之后，他们先把马崇仁赶走，然后七、八条大汉把李慕良一顿暴打。其中一拳猛击李慕良心脏部位，幸亏他的西装上衣兜里有一个金属的烟盒"搪"了一下，否则后果不堪设想。

打手行凶后，扬长而去，并放下了恶话，知道你叫什么名字，不许以后在香港登台，不要让我们再见到你，否则见一次打一次。原来这个"包家"就是香港帮会的"龙头老大"李裁法的弟子，当地一个恶霸。马连良闻讯后，怒火中烧，他一向把慕良当成自己的亲人，别人欺负了慕良就等于让这帮恶棍骑在自己头上一般，今后在香港就没有安生日子。为了打掉这伙恶徒的威风，马连良直接去拜访已经移居香港的杜月笙，请杜出面。杜很快把事情"摆平"了。

京剧之火在南国小岛上逐渐燎原

　　在香港的演艺活动比较平淡，当地没有一个正经的京戏戏班，只有一些流落在此谋生的京戏演员，如"上海戏校"毕业的薛正康、汪正华等。马连良如有演出就与他们联系，他们再去联络"京粤大戏两门抱"的底包。这些流散艺人每天都在茶楼聚会，薛、汪两人就与他们在茶楼接洽。这样的演出偶尔唱一两场尚可，生活开支完全指望票房收入却不可能。

　　平时唱的都是一些中小型的折子戏。如果马连良、张君秋和俞振飞都能同时登台，就能演出一些质量较好的马派本戏。有一次马连良决定演出他最拿手的《全部一捧雪》，他自己来个"一赶三"，前面"过府搜杯"饰莫成，中间"审头刺汤"饰陆炳，最后"雪杯圆"饰莫怀古。由于俞振飞不会最后一折里莫豪的戏，改为张君秋反串小生，这种特别的演法都是在内地时难得一见的场面。

　　在港期间，马连良唱过比较大的独门马派本戏就是《春秋笔》了。当时还出了特刊，封面是马连良与张君秋的剧照，里面还有沈苇窗给他写的"大事记表"，还特别介绍了言少朋和李慕良，称他们是"马门桃李、一枝双秀"。马派经典大戏《春秋笔》在利舞台上演，引起了香港一时的轰动。

　　由于人手不够，大家就自己赶场。马崇仁既要演戏，又要给人说戏，忙得不亦乐乎。他前面演徐羡之，后边赶陶二潜。没有合适的花脸演员，言少朋就老生扮檀道济。俞振飞头一次唱这出戏，还冒场了。檀道济还没下来，他就喊："趱行者！"最后大团圆那场，也玩了点儿新鲜的花样，不像以前的演法，抱着喜神（戏曲道具：娃娃）上台了，改让两个小孩上场了。一个女孩是马连良的幼女马小曼，另一个男孩是张君秋的儿子张学浩。小曼是头一次登台，根本不知是怎么回事，不一会儿就被吓哭了。虽然有惊无险，《春秋笔》终于在香港演出成功了。

馬連良劇團演出特刊

九二叟周壽臣題

馬連良　張君秋

春秋筆劇影

嘉華印刷有限公司承印

德輔道西三〇八號

電話：三二七八一

1950 年，马连良在香港演出《春秋笔》的特刊

　　有时为了刺激票房，不得不加入一些噱头，如与电影明星合作演出等。当时在港的电影界人士如严俊、刘琼、韩非、岑范、舒适、白沉等都与马连良一起同台，他们不会的戏就由马崇仁、李慕良给说。严俊在架子花脸方面很有天赋，深得马连良喜爱。于是就给严按郝派的路子说戏，使严大为惊奇，想不到马先生还会净行，他在《法门寺》里来过刘瑾。马崇仁给刘琼说老生，给舒适说花脸。舒适最爱学《审头》里的马派"三笑"，怎么笑也不是味儿。王元龙的老爷戏也很好，在马连良的大轴前面唱过《古城会》。女星李丽华的母亲叫张少泉，是唱老旦出身，因此李的戏唱得有些名气。曾想约她与马连良唱一出《乌龙院》，由于时间不合适没演成。

　　不久，从上海传来中国大戏院经理、马连良的好友孙兰亭病逝的消息。为了表达对朋友的一片情义，对孙的家属表一份心意，马连良号召在香港有关京剧演员一起为孙兰亭唱一台义务戏。于1950年9月27日，假座太平戏院演出张君秋、王泉奎的《霸王别姬》，马连良、杨宝森合演《范仲禹琼林宴》，大轴是反串戏《大八蜡庙》。马连良反串费德功、张君秋反串黄天霸、杨宝森反串朱光祖、于素秋反串褚彪、焦鸿英反串张妈等，当夜演出收入盈余六千余元，在当时已是"巨数"。当沈苇窗和李慕良等去太平戏院结账时，时任经理袁耀鸿先生十分感慨地说："诸位热诚为戏院业孙君遗族筹款，该晚戏院的院租及电费等开支即由敝院报效。"大家听了以后都大为感动。

　　在1950年至1951年这两年间，马连良在香港共演出41场，让京剧之火在这南国的小岛上逐渐燎原。香港剧评家沈苇窗先生认为，马连良对京剧在香港的传播起了至关重要的作用。

　　闲来无事的时候，马连良夫妇常常去观看国画大师张大千的画展，并和张成了好朋友。二人以前在北平时就相识，此刻都寄居香港，见面的机会就多了。他们虽然从事的艺术门类不同，可艺术风格相近，艺术见解相同，于是相谈甚欢，情投意合，成为莫逆。

　　张大千约请马连良到位于九龙亚皆老街的寓所，观其作画并请他在家便宴。张大千知马连良信奉回教，在外用膳多有不便，于是令人刷锅洗

马连良与张大千、沈苇窗（右一）、李慕良（左一）在香港合影

碗，亲自为马连良创造了一道"张派"新菜——鸡肉狮子头。马连良也邀请张大千去他位于港岛摩顿台三号的寓所，由夫人陈慧琏亲自下厨，为张大千做北方人爱吃的馅饼。张大千十分高兴，连呼："马派，马派，香港独一份！"饭后，两人高兴地大唱京戏，马连良用录音机把张大千的唱录下来，再播放时告诉他改进之处。

另一件比较开心的事就是马连良与香港本地的粤剧老倌们的艺术交流。马连良虽为国剧界的一派宗师，却从来没有自以为是的"老大"架子。在北京时就很喜欢观看梆子等剧种，在《春秋笔》中，甚至把梆子里的一些优美身段和技巧都用于京戏中，令人耳目一新。

在港期间他观摩了粤剧名伶"神童"羽佳的《哪咤闹东海》和靓次伯的《杀子奉君王》等剧，对二人赞不绝口。时常与马师曾、红线女夫妇，芳艳芬、陈锦堂夫妇、新马师曾、赛珍珠夫妇等聚首，畅谈对戏曲艺术的

《借东风》马连良饰诸葛亮，新马师曾饰赵云

见解，寻找不同剧种之间可以互相借鉴之处。在新马师曾多次要求下，同意收他为徒，但只准他称自己为"三哥"。

人称"祥哥"的新马师曾经常午夜时分来马家学戏，天亮才走。每次知道祥哥要来学戏，马必亲自前往湾仔"倪记"生果店买水果给他吃。祥哥不好意思，决定先去买水果再去马家，不让马连良破费。当他来到"倪记"时，见到马连良与李慕良、马崇仁一起正在为他挑水果。大家相视而笑，祥哥被马的情意深深地打动。

一次祥哥与红线女演出《宋江怒杀阎婆惜》，想在老本的基础上加点京腔，于是向马师求教马派《乌龙院》里的四平调。演出当日马连良亲自去捧场，效果热烈。对于当时的广东大戏来说，已属大胆的改革。马师曾为使红线女的艺术更进一步，请马连良代聘一位国剧老伶工为红线女说讲京戏的身段、做工，马连良欣然应允。请在上海的沈苇窗帮忙，约有"十四盏灯"艺名的王福卿来港。马师曾书写条幅赠送马连良："帝曰夔，诗言志，歌永言，声依永，律和声。"

国共双方开始了一场角力战

1950 年，大陆的局势已经相对安定，马连良离开北京也已经快三年了，日思夜想的都是早日回家之事。此时内地几家与马连良关系密切的大戏院，都已恢复正常营业。他们希望马连良尽早回归，以便寻求合作。他们也知道马连良困居香港的原因，于是派人前来了解情况。

最先到港的是上海中国大戏院的徐树文，知道马连良在港有大约四万港币的欠账后，徐当即表示，中国大戏院愿意替马把账还了，请马回大陆后，落在上海"中国"，这样双方就能长期合作。如能同意，回沪后院方马上筹措资金。天津、武汉等方面闻讯后，也派人或打来长途电话，表示愿意合作之意，马连良心情大为好转。

马连良要回归大陆的消息不胫而走，台湾有关方面也开始行动起来了。"国府"派人重金礼聘马连良去台湾巡演。在台北，当时的台北市长亲自出马，与居住在那里的马连良的女儿马静敏面谈。市长建议说，香港没有京戏市场，终非长久之计，靠唱戏生存是不可能的。大陆已全面赤化，私人财产早晚被共产，也非久留之地。只有台湾是"自由世界"。来人还许诺，目前在台的京戏艺人为顾正秋马首是瞻，若马先生来台，则稳坐"国剧宗师"第一把交椅。并直截了当地表示："我们知道以前马家与政府之间有些误会，希望马先生能够捐弃前嫌，我们保证给予他国宝级的待遇。烦劳马小姐亲自走一趟香港，表达政府的这番诚意。"马静敏考虑到事关重大，于是亲自飞赴香港，把"国府"的意见告诉父亲。

1950 年，夏，北京。

马连良的女儿马力所在的军委护士司药培训班，组织她们前去参加中央首长举办的周末舞会。她们被带到中南海的一个露天院子里，方砖辅地，舞会条件比较朴素。舞会开始后，毛主席、周总理等中央首长陆续入场，马力等一群十六、七岁的小姑娘们非常兴奋，终于能够亲眼见到毛主席了，一个个都感到热血沸腾，激动万分。

跳了一阵之后，负责组织舞会的同志把马力带到周恩来总理面前，说："总理，这是著名京剧演员马连良先生的女儿，叫马力。"马力立即敬礼说道："总理好，我请您跳舞。"一边跳舞，周恩来一边询问马力："你父亲很有名气啊，他现在在哪里呀？"马力回道："他目前在香港。"周恩来又问："京剧在香港的环境怎么样啊？广东人认不认？"马力说："他那边演出不太景气，还欠了债呐。"周恩来关切地说："你回去以后一定要给他写信，说我请他回来，欢迎他回北京。过去的事情，既往不咎。香港的困难，政府协助解决；回来后，生活上有困难，政府会给予照顾。"一席话说得马力心中暖暖的，随即答道："我一定给他写信。"

周恩来舞姿潇洒，一曲舞罢，周恩来把马力带到毛主席跟前，说："主席，这是马连良先生的女儿马力。"马力有些受宠若惊，马上立正敬礼问候："主席好！"随后主席邀马力跳舞，边跳边交谈，毛主席问及马家家中的人口、收入状况和马连良的近况等。毛主席得知马家的情况后，说道："收入不多，不多，家中人口多嘛！请你转告马先生，欢迎他回来。"马力只觉得主席的手很大很软，其他感觉全忘了，幸福得有点天旋地转。

1950 年夏秋之交，杨宝忠、杨宝森昆仲率团来到香港演出，马连良喜出望外，决定在香港跑马地颜同兴俱乐部设宴三席，给杨氏兄弟等同人接风洗尘。剧评家沈苇窗知道他的经济状况不好，力劝从简，但他说："礼不可废！"席间，宝忠、宝森两位向马连良介绍了解放以后北京京剧界的情况以及共产党政府对文艺界的政策，特别是一些新生事物如"戏剧改革运动"等等，马连良听着这些新名词，觉得十分新鲜。

马连良很快收到女儿马力的来信，见信中说共产党政府的毛主席、周总理都亲自过问自己的事，感到很意外。他想这样的高官如此礼贤下士，真是闻所未闻。再加上杨宝森他们的介绍，心中对"新中国"有了初步的认识。俗话说，耳听为虚，眼见为实。马连良决定让长子崇仁亲自走一趟，与上海、武汉、天津、北京等方面的人员接触一下，把自己的情况如实地转告对方，看看人家的态度如何。不要为难人家。

马连良心中的难题主要有三个。第一，目前在港生活，虽时有演出，但入不敷出，欠债约有港币三万余元，接收单位能否先代为垫付；第二，自己多年来有烟霞之癖，短期内根除不太现实，回归大陆之后，是否可续用；第三，抗战胜利之后所打的官司，成了他心中永远的痛，不知新政府对此态度如何。马崇仁带着这些问题，一路北上，于1950年秋冬时节回到久别家乡北京。

崇仁住进了报子街的新宅子，见到了年迈的奶奶、久别的妻儿，还有主管家务的六弟崇延，全家一阵悲喜交集。六弟向大哥介绍了家中情况，父亲外出的这三年中，自二哥走后，全家人的日常开销全由崇延打理，所以他1950年考上了大学不敢去，只好等来年再考，只盼父母早些回来。虽然家中很困难，凭着良心还要接济二伯马连贵一家，因二伯孩子多、开销大，因此记有"良心账"一册。目前家中用度，主要靠向天津的李振元先生借贷。李是江西督军李纯的长公子，家住天津英租界十号路。他有三大爱好，打台球、拉京胡、看马连良的戏。知道马家有困难后，慷慨解囊，仗义相助。后来李因害怕"三五反运动"，经不起运动的"考验"，在家中自杀而亡。为了报答李家的恩情，马连良将李夫人接到北京报子街马宅居住。

马崇仁又去拜访了梅兰芳先生，把父亲的几大难题对梅先生讲了。梅先生说，我早已收到了你父亲的来信，我也把情况向有关领导做了汇报，估计不久会有结果。我写一封信请你带回，他读后自会明白，首长们都欢迎他回来。另外，主管我们北京戏剧口的政府机关在东城霞公府，你应该去和他们谈谈。

畹華仁兄惠鑒 久别

兄在漢上演盛况空前昌勝欣慰曷闻

貴体曾感不適揣返申後定必康復為頌前者陳

肅亮先生来港帶来口信諸承

闢念曷盼早日返歸呂证

愛護之深等等惠承謝本旅港期将三载屡思北歸輒以

綜務羈身加以頻年感病痛遷延至今最近由漢口

人民劇院約結視已決定赴漢約秋前奇後濱出申四来

以後一切尚仗吾

兄鼎力旦顧随時賜教是所盼祷把晤非遠餘言面叙即頌

夏安

嫂夫人前代問好

姐傅先生亦祈代致候彦翁

弟 馬連良 拜 七月廿五日

马连良与梅兰芳的通信

马崇仁又去了北京文化艺术事业管理处，在那里见到了一位领导干部叫马彦祥。马彦祥不咸不淡地说："马先生回来欢迎呀，不过据说马连良和李万春以前对待同仁都不太宽厚，以后要多加注意。"马崇仁听后十分狐疑，这位干部了解不了解实际情况啊？父亲一向待人宽厚仁义，严格的地方倒是有，可都在戏上。北京城哪个唱戏的不想往扶风社里扎呀？我们的戏份是最高的。这位马同志到底听说什么了，好像不太了解情况啊？这是欢迎还是不欢迎呀？马崇仁带着喜忧参半的信息，回到了香港。

就在马连良希望通过民间途径解决自己回归大陆之事的时候，台湾方面也了解到了马连良在香港的处境，很快派人来到香港与马连良接洽，国共双方开始了一场角力战。西北军阀马步芳自大陆溃败之后，害怕台湾当局对他进行清算，不敢赴台，暂时于香港居住。当他接到了台湾方面的指示后，为了表示与党国同心同德，以国府高官、西北回族领袖的身份与马连良会面，并劝说马连良前往台湾，去开拓一片新的天地。马连良认为，马步芳本人身为高官却有定居香港或中东之意，还劝别人去台湾，能可靠吗？另外，自1946年打官司起，马连良对国民政府伤透了心，再也不愿意与官方有任何往来，只好对其婉言谢绝了。

不久，台湾永乐戏院的代表来到香港，表示欢迎马连良到台北等地进行短期演出。包银优厚自不必说，如果愿意还可在当地组班，将扶风社的大旗在台重新竖起。愿意回香港，当然来去自由。虽然"永乐"不是官方机构，但他们能够保证所说的一切吗？马连良与朋友商议后还是有些后怕，大家都认为现在是非常时期，国共双方正处在剑拔弩张的阶段。马连良的大多数家眷都在北京，如果到达台湾之后，有人出于政治目的将马强行扣留怎么办？马连良联想到打官司时期国民党当局的那副嘴脸，知道他们什么都干得出来，赴台演出之事还是谨慎为上。

有人想约马连良去台湾演出的消息也很快传到了北京和上海。上海中国大戏院的徐树文来到北京马家，见了马崇延后急切地说，不能让马老板去台湾，去了恐怕就回不来了，你们全家老小几十口可都在大陆，到时候你们的处境就不好办了。徐的意思是让崇延亲自去香港，请马先生认清形势，不要因小失大。马崇延也认为有理，可是家中无钱，拿什么做盘缠去远在南天一隅的香港呀？情急之下，崇延找到了一块父亲留下来的金表，让徐树文去上海卖了，约上四伯马四立和在青岛医学院的三哥马崇礼一起，乘火车前往广州。

马家一行人乘坐四天四宿的火车，终于来到了南国的最大都市广州。时近1951年春节，广州市面十分繁华，而且相当时尚，人们的穿戴都很洋气，与北京迥然不同。马崇延马上与父亲取得了联系，父亲说，目前出入香港的关口不像以前了，盘查甚严，不是香港居民不让进，好在还没有身份证制度，会让一位叫宓仁菁的先生过广州接你们。

老宓一见崇礼、崇延都穿着蓝布棉袄，说道："就你们这扮相，别说去香港了，就是广州人也拿你们当共产党干部，'土八路'，你信不信？这儿到处都能买到'555'香烟，你们去试试，准没戏！"一试果然不灵。回到新亚大饭店，老宓打开皮箱把父母为他们准备的"行头"都拿了出来，每人一身茄克衫，一条卡几布裤和一双皮鞋。穿戴整齐之后，老宓看了看说，有点香港人的意思了。

第二天从广州乘火车到深圳罗湖口岸过关，中方的检查人员问道："在哪儿上学呀？""燕京"，崇延回答。又问："回家过年呀？"回答："是。""走吧！"检查人员一声令下就把他们放过去了。没到港英地界之前，老宓说，这边已经给了"黄牛党"钱，他们的人向英国警察一点头，就没人查你们。上车后别说话，低头看报，火车一开就没事了。

老宓只顾嘱咐两个孩子，就把马四立忘了。马四立过了关口之后，把行李放上火车，才终于松了一口气。因出了一身汗，就自己跑到月台上乘凉去了。只见这位爷剃了一个锃光瓦亮的光头，身上穿了一件月白色的中式对襟褂子，腰系巴掌宽的板带，下身穿黑色中式绑腿裤，礼服呢面的靸鞋，左手提着一把带给李慕良的胡琴，右手手持一把大折扇，按台上武生、花脸的范儿正扇着肚子。子午相、丁字步地在月台上一站，不怒自威，气宇轩昂。一看就是个梨园行或者是个练家子，反正不像香港人。英国警察一看，二话没说，"拿下"。老宓一见急得直蹦，马上又去求"黄牛党"，拿钱运动，总算是有惊无险，平安抵达了香港。

马连良已经三年多没有见到孩子们了，见儿子们都挺有出息，心里很高兴。崇延向他介绍了北京的变化，家中的情况，特别强调了父亲珍爱的全套紫檀家具和"扶风社"的所有行头、切末等物件，一概保存完好，没有被共产，可以完全放心。解放以后，家中还打过一场官司。豆腐巷的房子曾租给一个河北人叫冯继源，他用来开旅馆。一直不付租金，家中友人出主意说去法院告他，共产党的法院十分公正，一告就赢了。

三子崇礼又讲了自己的亲身经历。北京刚解放，有一次他和女朋友李元和两人出外游玩，他用相机为李拍照，没想到正处在"军事禁区"府右街附近。卫兵问他叫什么名字？他回答："马崇礼。"正好与解放军要抓的一个特务同名，立马被解放军抓走了。经审查并看了底片之后，认为有误会，随即就把他放了。共产党的干部非常和气，绝对没有以前当兵的那种趁机"敲竹杠"的行为。

马四立又介绍了北京京剧界的一些变化，以前的演员搭班制度要逐渐废除。政府要求，在新型的剧团里，人员、工资都必须固定。像马富禄这样的名丑，以前可能同时搭马连良、荀慧生、筱翠花和章遏云的四个班，每场唱完拿"戏份"，以后都不允许了。要固定在一个剧团，每月拿该团的工资，说这样做法便利演员之间的默契合作，有利于提高艺术水准等。您若回去太晚，好角儿都固定在别的剧团，您的"四梁四柱"（戏班行话：角儿的主要配角、琴师、鼓师等）可就不整齐了。

马连良好像心中有数一般，不是十分着急，并安慰四弟及二个儿子，说自己不会去台湾的，你们放心。回去之后告诉奶奶，让她老人家安心等待，不日即归。但此消息不要张扬，说出来有弊无利，道理以后再告诉你们。

原来，此时已有大陆方面的代表与马连良在香港"接头"了。由于代表身份的特殊性，要求马连良自己心里有数即可，不要对任何人讲，包括家人与朋友，以免发生不必要的麻烦。

邀请马连良回归大陆的事宜，由中南区主管文艺的局长武克仁负责。武在中南文艺工作者联合会成立时，在武汉见到了香港的代表洪遒，了解

马连良与夫人陈慧琏及四子马崇政在香港家中

到了马、张、俞等京剧名家在香港处境不佳，债务缠身。他认为，马连良不愿去台湾，而是想回来的。因为马曾去过伪满演出，被国民党诬蔑为"汉奸艺人"，为此被害得倾家荡产。马连良擅长演历史剧，他对忠奸二字的意思有着深刻的理解，知道这顶帽子的份量。他对共产党不了解，想回来又不敢。更重要的一点是马连良视艺术为第二生命，他是著名的艺术家，而且热爱他们的观众都在内地，自然舍不得丢下。马先生承受不了内心的重重矛盾，自然陷入绝望痛苦的境地。所以，要让他解除疑虑，把人接回祖国大陆。

武克仁在中南区主抓文艺，对京剧比较在行。他想请马连良回归大陆之后，能落在武汉，实现自己的京剧改革期望——京、海两派大融合。因为这时在武汉已经成立了中南京剧团，总团长是周信芳，由高百岁、陈鹤峰分任一、二分团团长，这几位主演都是海派老生，一向与京朝派之间互相对峙，心存隔阂。若能让马连良、张君秋等加入"中南团"，马与周、高等都是好朋友，感情上容易贴近，艺术上便于交流。让京海两派取长补短，相互融合，定能使新中国的京剧事业更上一层楼。

武克仁的想法与北京中央方面不谋而合，在请示了中央之后，得到了周恩来、彭真等领导的赞成与支持，于是批准了武的计划。先派洪遒同志回香港，与马连良接触，探询回归的可能性，并消除他的顾虑和疑惑。再派王若瑜先生以"生意人"的身份与马连良面见，得知马连良的三大难题之后，王代表中南区表示愿先行垫付一笔资金，替马还债。等马先生回归之后，再挣钱归还中南区。其次是允许他慢慢戒烟，可以先用一个阶段。最后，对马曾赴东北演出之事表示理解，如同其他去东北的艺人一样，都是为了生计，没有政治目的。国民党搞诬陷的目的就是敲诈。至于四万元港币的现金，要向武克仁请示，望马连良静候佳音。

王若瑜同时嘱咐道，香港地鱼龙混杂，人鬼难辨，有许多国民党"便衣"特务，在你的周围盯梢跟踪。如他们知道此事，必有阻挠，请多加注意。这一时期，国民党以前在大陆的许多特务涌入香港，对在港的文化名人实施监控，有些坚持回大陆的文化名人，已经被他们列入暗杀名单。当年在北平陷害马连良的特务李国章也来到香港，不过此人未得善终，不久就被人干掉了。

为了替马连良还债，必须动用四万港元的外汇，这是一件大事。武克仁派武汉市文艺处处长胡兴寿同志前往广州面见广州副市长朱光，向他借了款，然后赴香港。胡兴寿是红军干部，很有工作经验，又懂文艺。与马连良会面之后，再一次表达了周恩来、彭真等中央领导欢迎马连良回归祖国的态度，总结为八个字就是"来去自由，既往不咎"。两人相处融洽，很快成了朋友。

在凑齐四万港元之后，胡兴寿说，如果马家全家一起出发回大陆，目标太大，会引起国民党特务的注意，只能让马连良和李慕良两人先走，到达广州之后，再安排其他成员返回。时间、路线等一切等待中南区的安排。马连良焦虑地问："还有君秋和振飞两家人呢？我不能自己走，不管他们呀！"胡兴寿说："您回归大陆的事不能与他们二位讲，将来我们自有安排。据我们调查，俞振飞住在商人陆菊森家，张君秋住在吴季玉家，这两家都与外界有关系，容易走漏风声。特别是吴季玉有'军统'背景，我们的事最好不要引起任何人注意。我一定会与张先生他们联系的，这一点请您放心。"

台湾方面除有人来港与马连良直接接洽外，主要是做在台北生活的马静敏的工作。静敏来过香港两次，知道父亲不想去台湾，只想回家，又不便与台湾方面的代表明言，心中早就有了分寸。无奈台北市长不断追问，静敏性情耿直，说话直来直去，便使了一招反客为主，问道："我父亲抽烟的事你们是知道的，他若来台，这一点可否保障？"

"绝对可以保障。"

"这在台湾好像是不合法的呀？"

"我们可以睁一只眼，闭一只眼，不去追究。"

"那请你们白纸黑字写下来，有个凭证。"

"这个我们可不敢写，何必太认真呢。"

"那可不行，以后你们反悔了怎么办？又抓他一个短儿，整他一顿，我们可受不了。"

"那不可能，请相信政府不会开这样的玩笑呀！"

"怎么相信？46年你们把'华北演艺使节团'改成'华北政务委员会演艺使节团'，就多了五个字，我们就成了官派的'汉奸'。把我们家折腾苦了，我们可不愿意再玩这种文字游戏了，还是写清楚好。"机关枪般的几句话，把台北市长噎得没了主意，一时半会儿也不再找她了。

另外，1948年扶风社在上海演出期间，龙云的三公子龙绳曾特别邀请马连良去南京演出两天，观剧的主要嘉宾是蒋介石父子及政府高官。马连良应允，但头天要唱《四进士》。龙知道马的用意，抿嘴一笑，心照不宣。第二天演出《龙凤呈祥》，马上就要开演了，有管事的来报，说蒋公子临时点了一出《打鱼杀家》，请马老板您辛苦一下吧。马连良非常气愤，一切演出事宜都是按计划进行的，哪有这时候点戏的道理？况且这又不是堂会？没有临时加演的规矩。达官贵人简直对艺人没有丝毫的尊重，因此坚辞不就。龙三公子也急了，跑到后台一再对马连良表现歉意，但说道：小蒋的面子还是要给的。马连良思索片刻后对龙说："既然小蒋点戏，就让小马唱吧。让崇仁扮上，唱一出！"谁也没想到，小蒋点了戏，让小马给唱了。为了这个事，有人肯定心里不痛快。

大陆解放后，顾正秋正在台湾当红，坐上了台湾国剧界的头把交椅。蒋经国这时正在疯狂追求顾正秋，已经是公开的秘密。顾曾问蒋，马连良要是来了，张君秋也必然跟来，我的位置怎么办？所以，对于马连良来台，有关当局日后可能会是什么一个态度，马连良是心知肚明的。

马连良决定动身回大陆的事，只有他和夫人陈慧琏、长子崇仁及弟子李慕良知道。另外还有一个人，就是他在香港最好的朋友、《大公报》的费彝民。费是中共驻港地下党的身份，马却一无所知。费一直在做马的"统战"工作，两人成了知己，费与马家保持了几十年的友谊。

为了向在港的友人表达自己的一番情义，马连良默默地做着不敢声张的告别活动。他对好朋友、剧评家沈苇窗说："我送你两身行头吧，以后你票戏用得着。"心思缜密的沈苇窗马上明白了马连良的用意，知道他去意

马连良夫妇与香港粤剧名伶方艳芬等合影

已决，于是惆怅而感慨地说："您在这儿我都不唱，您走了我更不唱了。"马连良怕自己一走张君秋害怕着急，就与夫人清楚地交待："我平安到广州后，马上给你打电话，你再通知君秋他们，让他放心，然后你们再一起回来，让崇仁负责押运行头和行李。"东西已收拾停当，真是"万事俱备，只欠东风"，就等胡兴寿的消息了。

机会终于来了。按胡兴寿的计划，1951 年 10 月 1 日上午，马连良和李慕良先出席了港九工商界举行的庆祝建国二周年的活动，是为了在媒体和公众面前"曝光"，以掩人耳目。然后，中途两人悄悄退场，在位于九龙尖沙嘴的九龙公园里转了几圈，然后走出公园，在公园的另一门口有一部汽车正在等待他们。上车之后，汽车直奔罗湖方向而去。这时才发现，驾驶汽车的司机是一名英国警官。师徒两人心中认为此举多少有些夸张，我们又不是搞谍报工作的，至于如此神秘吗？

车程开了一半多，就发现后面有汽车追踪，估计是被人"盯梢"了。

英国警官也发现后面的车子，他此时才恍然大悟，从来没问过送的这二位是何许人也，现在也没别的办法，只有快开猛跑了。后面的车子很快追到旁边，一见司机是英国警官，追赶的人也没了主意，不敢轻举妄动，只好悻悻然地在后面跟着了。这时师徒两人不得不佩服中南区方面，安排部署得如此缜密。车子一到罗湖，两人非常顺利地过关，来到中方地界。尚未完全醒过神来，已被突如其来的锣鼓、鲜花、掌声、问候以及欢迎的人群包围了。

从罗湖乘火车到广州，广州车站上站满了欢迎的人群。马连良一眼就看到了分别四年的胞弟马连贵，兄弟两人激动地冲向对方。马连贵望着哥哥消瘦的面庞，泪水夺眶而出，拉着哥哥的胳膊，哽咽地说："哥哥，您回来了，在外边让您受苦了，妈都想死您了。"马连良也激动地泪如泉涌，搂着弟弟的肩膀不停地说："我回来了，我回来了，回来就不苦了。"随着欢迎的人群，兄弟两人肩并肩、手挽手地走出了车站。

完成团结他们的政治任务

马连良到达广州以后，受到中南区广东省和广州市各级领导的热烈欢迎，特别是中南区最高领导人叶剑英的热情接待，让马连良受宠若惊。叶拉着他的手说："我是你的忠实观众。"并为之提供一切生活上的方便，安排他入住中南区交际处。为了显示出党和政府对文艺工作者，尤其是对马连良的高度重视，叶剑英希望马在广州的舞台上公开亮相，以造成极大的社会影响。还特别把武汉市京剧团调来广州，做为为他配戏的班底，以中南实验京剧团的名义对外公演。

最让马连良高兴的是特意从北京请来了几十年的老搭档、著名丑角大家马富禄，里子老生、马连良的表弟哈宝山和堂弟马四立等。还有一件意

在欢迎会上，广州文艺界代表与马连良互赠锦旗

想不到的事情，就是在军区司令部的欢迎宴会上，马连良见到了分别四年多的五子马建。此时马建以军区文工团的一名战士的身份，前来欢迎父亲。他在南下的路上，常常睡在马路上、大堤上，路面潮湿，只铺上一层油布，因此患上了严重的风湿性关节炎，两腿瘦得象两条木棍，还挂着拐杖，马连良见后十分心痛。

部队首长特意请他前往马建所在的文工团，与马建的战友们见面并讲话，马说道："承蒙贵团对鄙人的抬爱，举办如此隆重的欢迎会，鄙人不胜感激。多年以来，犬子马建在贵团效力，对各位长官的栽培和解放军弟兄们的关照，在此表示感谢！"话还没有说完，台下的战士都笑个不停，马连良开始还不明白，后来才知道，自己使用的许多语言词汇早已落伍了，大陆已经没有人这样讲话了。在广州的这几天，他所接触的都是新语言、新服装、新作风、新思想，新中国给他的是焕然一新的感觉，他自己真觉得有点落后于时代了。

来到武汉京剧团的驻地六榕寺后，看到剧团也是一派新气象。全团人员列队欢迎，身穿统一的灰色制服，整齐得像军队一样，纪律严明，作风朴实。见到了高盛麟、郭元汾、高维廉等戏班的同仁，其中很多人都是"富连成"的晚辈，这个称"三大爷"，那个叫"三叔"的，语言环境和在部队时大不相同，马连良顿觉轻松了许多。连忙和大家商量这几天的戏码，头天打炮戏不用问，必须是大吉大利的《龙凤呈祥》，主要是招待党、政、军各级领导。

为了表示对新政权的感激之情，马连良这天特别卯上，前乔玄、后鲁肃，精湛的演出引起了热烈的反响。演出的轰动效应，从中南展览馆大礼堂马上传到了广州的街头巷尾，观众争相抢购戏票，使马连良感慨万分。之后在广州的 13 个地点，前后演出了 21 场，使广州市民大过戏瘾。可在香港的报纸上却有人造谣，《马连良在太平戏院被炸死》的文章满天飞，但这也丝毫没有降低他的演出热情。

广州演出结束以后，马连良、张君秋等一行又转往武汉。由武克仁亲自负责接待，他把马家人全部安排在条件非常优越的法国汇理银行的二楼，还指令中南交际处处长史林峰，"保证他们的生活所需"。几乎所有在武汉的中南区最高领导都出面看望和欢迎马、张一行。每天由高百岁、陈鹤峰等陪伴他们，武克仁、于黑丁、崔嵬、巴南冈等文化部门的领导也常来探望，武克仁对干部们说："他们回来，需要安慰、热情和温暖。我们不是伺候'角儿'，而是完成团结他们的政治任务。"同时还安排了一个阵容强大的班底，配合演出。这一切的安排，使马连良深受感动，他拉着武克仁的手激动地说："久旱逢甘露，枯枝又逢春。没想到共产党待我这么好，令我终身难忘！"

马连良在武汉演出《借东风》

　　在武汉头天打炮戏是《苏武牧羊》，专门招待党、政、军干部，不对外售票。马连良在武汉人民剧场登台的消息轰动三镇，追着武克仁要票的电话没完，他只好躲起来不露面了。公演一轮为期四天，预售票一抢而空，购票者夜里赶去排队，队如长龙。为了两张戏票，观众们不辞辛苦，兴致勃勃，交头接耳，议论纷纷，欣慰地等待着这次少有的艺术享受。大家都说："共产党真有办法，把马连良、张君秋请回来了。"

　　武克仁主观上想把马、张两位留在中南京剧团。"中南"是国营体制，演员都拿固定工资。如何评定马连良的工资待遇让武犯了难。如果与总团长周信芳的工资看齐，而马的票价和演出收入一向比周高出很多，则马得到的收益与付出的劳动不相匹配；如果马的工资比周高，则周在总团长的位置上就会很别扭，定会影响周在团里的威望。而马连良正急需挣钱返还中南区为其垫付的香港债务，他的工资待遇只好另想办法。另外若"南麒北马"在一个团，按照他们的名望、地位，许多事情都会很难安排，这些问题使武克仁十分困扰。

后来他提出了一个新方案，组建"中南联谊京剧团"。马连良、张君秋任正、副团长。这是一个合作股份制的剧团，收入建立在演出分成、积累制的基础上，经济上自负盈亏，不要国家资助，所有团内成员按定值提成；全团一切工作由团长负责，其决定权不受任何人干扰。这是一个新的模式，与"中南团"不同。和马连良商议后，他高兴地说："您为我们想得很周到，说中了我的想法。我和君秋都想参加中南京剧团，就是考虑到工资，多了同人会有意见，少了怕不够开销。演出提成的办法太好了。"

"苏武"终于回到了自己的故土

第三轮演出结束后，彭真电邀马连良回京演出，于是中南联谊京剧团离开武汉，去了南昌、天津。南昌的整体环境不如武汉，当地老百姓的生活水平也不高，当马连良得知南昌尚没有一所像样的回民幼稚园后，当即决定将告别演出的收入全数捐赠南昌回民协会，用以开办幼稚园。

马连良回到天津消息，北京的同行们很快都知道了。正逢梨园公会会长沈玉斌筹办"艺培"戏校，即北京戏曲专科学校前身，大家都为沈会长筹款义演，沈玉斌也到处求人帮助唱义务戏。当被一个有名的"大角儿"拒绝之后，沈心里很不是滋味。于是他想到了正在天津唱戏的马连良。可马连良也在挣钱还债，这事业内人上都知道，他能帮忙吗？

沈玉斌报着试试的心态与马连良取得了联系。没过两天他就接到了马连良的电话，让沈过天津拿钱，一场《四进士》的全部收入捐赠"艺培"学校。这时的"艺培"师生全部在家待命，什么时候开学不知道。沈玉斌对马连良说，没您这袋子钱，我们开不了学呀！沈玉斌对马连良这份"雪

"苏武"终于回到了阔别多年的故土

中送炭"的情义记了一辈子。谁说马连良不好，他就跟谁没完。

1952 年春，马连良、张君秋带领着中南联谊京剧团回到了他阔别已久的家乡北京。在长安大戏院打炮戏为《苏武牧羊》，表示几经磨难，"苏武"终于回到了自己的故土。

马、张二人公演了一段日子后不久，马连良就脱离了"中南联谊"，不久该团就解散了。脱离的主要原因有四：第一，回京以后，彭真市长对马连良的归来给予了亲切关怀，希望他为首都的文艺事业多做贡献，建议他应在北京搞个剧团。"中南团"根基在武汉，许多同事家也在那边，可团长马连良的家在北京，这样非常不方便。

第二，马连良事母至孝，母子见面之后，老母亲就再也撑不住了，一病不起。儿媳满羡懿介绍，老太太盼儿心切，曾前往南横街"杨瞎子"处算命。杨让老太太放心，儿子不日即归。同时悄悄告诉满，母子一见面，老太太的寿数就到了。听到这些后，马连良再也不想离开母亲半步。

第三，"中南联谊"有个团委会，成员有高维廉、张金梁等积极分子，受到当时全国戏曲界大搞"戏改"运动大氛围的影响，年纪比较轻，思想有些过"左"，许多剧目他们都不同意上演。说《一捧雪》是宣扬奴隶主义，《胭脂宝褶》是为封建帝王歌功颂德。以"政治挂帅"为上戏码的标准，用庸俗社会学的观点去衡量一切历史体裁剧目，使马派艺术无法真实体现。他们认为马连良没有上过"戏改"这一课，应该由他们来补上。

另外，团委会整天给团长开会，干预马对剧团的指挥、调度，要求马连良按照他们制定的剧目和场次进行演出。马连良几十年来在京演出的惯例都是每周二、三场，既符合市场的需要，又能稍事休息，用以缓解在外地演出时的紧张压力。特别是当时全国正在开展"三反五反"运动，剧场上座率大受影响。为了提高上座率，在天津演出时马连良反串了一出《霸王别姬》，又拿出了每年的封箱大戏《十老安刘》，才上了九成座。说明演出市场的需求有变化，即便增加演出场次也无济于事。可团委会却认为马不愿意多做贡献，批评他"消极怠工"，这时团委会的权力已经凌驾于团长之上了。马连良看在中南区领导对自己深情厚谊的份儿上，不想与他们

《霸王别姬》马连良饰霸王、张君秋饰虞姬

争吵，心想好来好散吧。

　　第四，共产党政府虽然准许马连良抽一段时期的"大烟"，但他也不想给政府再添麻烦，还是早些戒烟为上。于是，每天从报子街走到首都电影院旁边的同德医院去戒烟，院长是余叔岩先生的亲家。

　　得知"中南联谊"解散的消息后，中国戏曲研究院的副院长马少波多次造访马宅，希望马连良能够加入中国戏曲研究院所属的实验京剧团（中国京剧院前身）。马连良对马少波有比较早的了解，在1946年他曾被马少波邀请前去胶东解放区演出，知道他是个主管文艺的"老干部"，后因官司之事未能成行。马少波说："您若参加中国戏曲研究院京剧团，您的'四梁四柱'都可以带来，工资、待遇都可以商量。"马连良从未想过会加入国营剧团，没想到共产党这么看得起自己，当然没有什么异议。后因中国京剧院的头牌老生李少春的位置不好安排，加上马回京后，经济上还有一定的困难，使马少波不得不知难而退了。

1952 年 5 月，80 多岁高龄的马母满氏，在与儿子团圆之后，终于无牵无挂地离开了人世。马连良在家中为母亲大办丧事，用以弥补这几年不能在母亲身边尽孝的"罪过"。把母亲安葬在阜成门外的"马家花园"。没过几天，政府就有人出面与马连良谈话，希望马家同意"迁坟"。由于新北京有了新的规划，政府决定把"马家花园"一带辟为新的社区，所有坟地都要迁移。这无疑给至情至孝的马连良出了一道难题，母亲刚刚入土不久，如果迁走，完全是对她的"大不敬"，自己难逃"不孝"之罪。如果不迁，则必然影响新政府的经济建设，共产党对自己恩重如山，不能落个"不忠"的名声，真是"自古忠孝不能两全"呀！为了响应新中国的号召，表达自己对共产党政府的满腔热忱，在母亲去世过了"四十日"之后，马连良毅然决定，将马家的祖坟全部迁往东八里庄回民义地，为此他又一次承受了来自亲朋好友们的巨大精神压力。

第七章

东山再起

听谯楼打初更玉兔东上
为国家秉忠心食君禄报王恩昼夜奔忙

——选自马派名剧《八大锤》

马先生，你是大大的有名啊

　　1952 年 7 月 1 日，马连良收到了来自政务院总理周恩来的邀请，请他前往北京饭店出席庆祝党的生日联欢会。他从未想到会有如此礼遇，心情很不平静。梳洗打扮之后，和弟子李慕良一起前往北京饭店。当马连良身着一套笔挺的西装出现在会场上的时候，全体与会者的目光就像上千盏聚光灯一样投射到他的身上，众人的眼球都被艺术家的光彩与魅力所吸引。场内顿时引起了一阵兴奋而热烈的议论。"马先生回来了！"，"马连良来了！"，"好多年不见了，终于回家了！"……许多人走上来与马、李两位亲切握手，京剧界的同行上来就说："马先生，您刚才就跟站在台上亮相一样，直'打眼睛'（戏班行话：吸引人）！"

　　联欢会开始不久，马连良就发现，人们的目光再一次投向一位神采奕奕、风度翩翩的男子。见他浓眉大眼、气度非凡，穿一身笔挺整洁的中山装，右手平端在上衣的下摆位置，正步伐稳健地向自己走来。虽然从未谋面，但马连良料定此人就是安排自己回归故土的政务院总理周恩来。

　　马连良主动向前说道："总理您好，我是马连良。"周总理亲切地拉着马连良的手说道："欢迎，欢迎，马先生，你是大大的有名啊！"马连良说："我非常抱歉，回来晚了些。"周总理说："不晚，不晚，早晚都一样，爱国不分先后。你既然回来了，我们是欢迎的！"马连良说："这次回来，还得请总理栽培。"周总理笑了，他说："你是艺术家，已经很有成就了，我怎么能栽培你呢？"马连良心想，我又说"老话"了。周恩来的洞察力极为敏锐，好像知道马连良的心病，主动地表示："马先生，你不要把去伪满演出的事放在心上，你是演员，靠唱戏养家糊口，没有政治目的。"

　　与总理交谈一阵之后，政务院副秘书长齐燕铭跟马连良说："总理问您有没有兴趣表演一段？"马连良高兴地拉上李慕良一起，演唱了一段《八大锤》："听谯楼打初更玉兔东上，为国家秉忠心食君禄报王恩昼夜奔忙。"马连良用王佐矢志报国的唱段，表达了自己此时此刻的心境。演唱后又意犹未尽，与李慕良一起合奏了一段传统曲牌《夜深沉》，李慕良操琴，马连良击鼓，珠连璧合，掌声四起。

这一夜让马连良心潮起伏，夜不能寐。周总理、彭市长都鼓励他把艺术献给人民，有什么困难只管向政府提。马连良心想，共产党真好，真理解我，一块压在心头多年的石头总算拿开了。马连良决心要重整旗鼓，东山再起。

艰难组建马连良剧团

马连良当年的扶风社在京城的戏班当中可算是凤毛麟角，具有超一流水准。要想恢复旧时的原貌，目前的条件已不允许。"扶风五虎"中的张君秋已独立挑班，筹备组建北京市京剧三团。叶盛兰、袁世海早已加入了"中国"。少了张这个大青衣，就很难上演生旦并重的"对儿戏"。缺了叶这位小生翘楚，"三国戏"怎么唱？马派剧目中架子花脸最吃重，没有袁的参演，演出效果能圆满吗？

以前一直在班中主演武生、武净戏的马春樵也不能上台了。原来，马春樵父子为了生计早年又回到上海搭班唱戏。1949年上海外围即将被解放军包围时，大批难民跟随着"国军"逃往台湾。马君武想带着母亲、弟弟一起先到台湾落脚，如能安顿下来，再让父亲马春樵带着妹妹前往。为了能搭上去台湾的轮船，大家争先恐后，一涌而上，根本就来不及买船票。没想到轮船刚到吴淞口就与另一条轮船相撞了，君武一家三口就这样死于非命。船上乘客到底死亡多少都无法统计，因大多数都是没有船票挤上船的，没有船票，船舶公司方面就不予赔偿。

　　马春樵在上海又被美国兵的吉普把腿碰折了，也落了难，一直住在弟弟马庆云家中。马连良得知此事后，连忙派人去上海把马春樵接来北京和自己一起住在报子街，兄弟们终于团圆了。后又把马春樵介绍到沈阳戏校教戏，让他安度晚年。

　　马连良本想亲自培养的侄子马荣祥，这时也不知去向了。在1947年马连良远赴上海以后，马荣祥搭班无门，正好国民党组建空降伞兵团，招收演员，迫于生计，"荣春社"的几个师兄弟一起参加了国军演剧队。马荣祥随着队伍离北京，去南京，奔芜湖，赴上海，一路南下。其父马连贵害怕儿子一去不返，马上通知在上海的马四立，让他无论如何把荣祥留下。

　　马四立见到荣祥后，不容分说地就把他的军装扒了，不许他再回"国军"。马荣祥换上便服刚一出门，就听见有人高喊："荣祥，干嘛去呀？"被人认出来了。马荣祥对马四立说："四伯，还是让我走吧。我到哪儿都有人认识，我跑了就得连累您，您是窝主。"马荣祥就这样走了，最后到了台湾。

　　为了照顾弟弟连贵一家，马连良决定让侄子崇年加入自己的剧团。崇年在"荣春社"坐科时叫"马喜仁"，唱丑行。马连良打趣地对侄子说："你还是用家名马崇年吧，不然别人以为我请了一个师哥呐。"

　　马连良整天为了找一个合适的旦角着急，自己也到处寻访。有一次遛弯儿的时候，无意走到小六部口孟广恒家附近，听到孟正在给一个旦角吊嗓子，听嗓音觉得非常不错，原来是孟的学生罗蕙兰。孟广恒有"电台梅兰芳"的绰号，教出的学生一定错不了，但不知她的表演如何，于是让儿子崇仁不要声张地看了一出罗蕙兰的戏，回来之后马连良问崇仁觉得怎么样？马崇仁认为没问题，这样罗蕙兰就加入了马剧团。

　　马连良见了罗蕙兰也十分满意，嗓音、个儿头、扮相都好，认为是个可以培养的好苗子，于是对她十分器重，还把她介绍给梅兰芳做了徒弟。为了能够让罗蕙兰提高知名度，甚至连她的名字都是马连良给起的。她本人叫秦兰英，有个艺名叫玉芙蓉。马连良觉得这些个名字都太老气，既不符合时代，又不容易叫响。她的母亲家好像姓罗，又考虑到北京和上海两大演出市场的关系，于是按照北京话和上海话的发音给她起名字，最后觉

马连良与罗蕙兰

得罗蕙兰三个字比较上口，上海话说着也好听，容易被观众记住，于是就决定用了这个名字。

马连良又请回给他扮戏的几位师傅，他们与马连良之间的情义最令人感动。他们的收入不高，在马连良没有回京的这些年里，许多名角知道他们曾负责给马连良扮戏，技术之高在业内是有名的，就邀请他们加入新组建的剧团。还有别有用心的人挑事，说马连良不会回来了，别在一棵树上吊死。不管别人怎么说，他们就一直不应承，哪里都不去，对马连良不离不弃，始终相信马不会抛弃他们。即使在没有任何马连良信息的情况下，他们也是继续坚持"死等"，是马身边死忠的"贤臣"。马连良对他们的行为大为感动，深感没有照顾好他们的生活，很对不起他们。老哥儿几个一见面，就是一场抱头痛哭，真是悲喜交集。

这样艰难的条件下，能够组建一个像样的剧团，马连良花费了极大的心血。于1952年8月，马连良剧团正式成立。马连良亲任团长、主演。同时在马的旗下还聚集了一批骨干，其中老生马盛龙、马崇仁；武生黄元庆、松志友；旦角杨荣环、罗蕙兰、马艳芬；净行周和桐、张福昆；丑行马富禄、高连峰、马四立等。音乐组由李慕良操琴，月琴高文静、大锣马连贵、鼓师姚占琦。舞台队有余国栋、伊德玉、满广龙等几位师傅。阵容相当整齐，就是缺少好的小生人才。

新风尚下成立了新剧团，相互之间的称呼也焕然一新。对马连良的称呼由以前的马老板、马三爷、三叔、三大爷等改成了"马团长"；对夫人陈慧琏的称呼也从以前的马三奶奶、三大妈、三婶等改为"团太"。马剧团公演以后，当年"扶风社"的繁荣景象又逐渐恢复了，只要戏报一出，观众就带着铺盖卷彻夜排队。

一天清晨，市长彭真乘车经过长安大戏院，见门前井然有序地排着一条长龙，不知何故，有人告诉他："在排马连良的戏票。"彭市长感慨地说："这就是真民主啊！老百姓心甘情愿地乐意这样。"其实彭真自己就是个马派戏迷。在北京的高级干部中，周恩来和彭真都特别爱看马派戏。有空时，他们在剧场看戏并去后台慰问马连良；忙时，他们会让秘书打电话到剧场问何时唱"最拿手的一段"。到时间就静悄悄地来剧场，听完一段后又悄然离去，从不惊动观众。马连良对他们这种谦和的作风和为人佩服得五体投地，与他们的关系也越来越近了。

1952年下半年，马剧团第一次出外演出，先去天津，然后再赴东北。因马派剧目中有许多做工戏，必须有一个与马连良旗鼓相当的架子花脸，当时周和桐艺术资历尚浅，于是天津之行请了侯喜瑞，东北之行借了中国京剧院的袁世海和小生江世玉。文艺主管部门趁袁世海在马剧团工作期间，给他安排了几项任务。

新中国成立之后，政府就对旧艺人开展了戏曲改革运动，简称"戏改"。主要工作是改人、改制、改戏。马连良回归大陆不久，没有参加"戏改"运动，袁世海的任务就是给马剧团补上这一课。

"改人"是指让旧时代过来的戏曲艺人了解共产党对戏曲工作的政策，消除他们的疑虑，让他们从旧时代的艺人变成新时代的文艺工作者。

"改制"是指把以前的旧戏班班主制改造成以团长为核心，团委会集体决定团里事物的新体制，团委会成员由积极靠拢党组织、在群众中有威望的人员组成。同时，把以前旧的收入"戏份"制，改成"公营"制。即每个成员评定分值，根据分值收取报酬，增加收入的透明度。以前旧戏班里老板的收入与别人无关，现在大家的收入都是公开的，这是为了逐步向固定工资制过渡做准备。第三，把以前流散的搭班制，改成演员相对固定的剧团制。

"改戏"就是指有宣扬封建迷信内容的、有宣传淫毒奸杀内容的、有丑化劳动人民内容的戏剧都要修改甚至禁演，并鼓励上演内容进步的新戏。

袁世海从 1941 年开始为马连良配戏，是马十分器重的演员之一。在《甘露寺》里演到乔玄和孙权辞别吴国太时，袁饰演的孙权出门后回眼斜看了乔玄一眼，这时乔正盯着孙，二人目光一对，乔对孙的藐视心理尽显。不但非常有戏，而且把两人内心较劲的戏带入了下一场"大雄宝殿"。马对袁说："我要的就是你这一眼，我和别人演过多少次，他们都不给我这一眼。"袁也常对人说："就愿意跟三叔一块儿演戏，您用眼睛一刺激你，你就跟着长能耐！"

马剧团在巡演到齐齐哈尔的时候，马连良接受了袁世海的建议，宣布收入分配从过去的拿"戏份儿"，改为"公营"，即公开经营。将每人的收入按评定的分值计算，马连良分值最高，定为 60 分，最低的 2 分，像马崇仁这样的中层演员拿 8.5 分。用每场的总收入除以全团分值总和，得出了 1 分的价钱，再乘以分值，就有了各人的收入，被形象地成为"死分活劈"。

马剧团的分值一直是北京同行中最高的，一般都是二元多一分。每周

马连良夫妇、马富禄夫妇与袁世海、李慕良、黄元庆等在哈尔滨一西餐厅内

保证在中山公园音乐堂唱一场，那里能容下三、四千人，每分能高达二元八角。在上海时分值最高，达三元六角，却开二元八角，余额留备用，以应不时之需。后来备用金也全发了，周和桐用它做了几身行头。大伙的生活也得到了充分地改善，在上海就能常吃清蒸鲥鱼，当时已是鱼中极品。最红火时，马连良每月收入四至五千元，最低的团员也收入一百多元，马崇仁收入在五至六百元。这在上世纪五十年代初，已是非常高的水平了。大家都过得十分开心，所欠中南区的钱也很快还上了。

　　马剧团的另一项变化就是"改戏"和排演新戏。当时文化部戏改局明令宣布的禁戏有 26 出。由于在执行禁戏的过程中，有关人员思想过左，许多没有明令禁演的剧目，被执行者自觉地"对号入座"，许多广大观众喜闻乐见的剧目，也被迫禁演，或不敢再演。

　　例如，所谓宣传"阶级调和论"的程派名剧《锁麟囊》，不得不把薛湘灵的身份由落难小姐改成家庭教师。马派剧目《一捧雪》和《春秋笔》中的莫成和张恩，也不能是家仆身份，必须改为门客，说这样可以弱化"奴隶主义"。而《九更天》（《马义救主》）本身就是明令禁戏之一，马剧团只能"挂"起来不演了。程砚秋先生戏称"戏改局"为"戏宰局"，把许多好戏全"宰"了。

在齐齐哈尔时，马剧团排演了全国各大剧团都在上演的新戏《将相和》。该剧为李少春、袁世海和谭富英、裘盛戎首演，提倡团结协作，一致对外，是政府鼓励的一出进步戏。由于李、谭两位已经把戏唱得很"红"了，马连良本不想再跟风。但是为了"戏改"的需要，影响政府的倡议，决定排演这出新戏。

既然决定上演，就不能应景，必须要出新，与他人的表演风格有所不同，还要有马派特色。马连良想起他年轻时常唱的一出《鸿门宴》，里面范增的一段【西皮流水】很讨巧，借用过来重新编曲、填词，用在蔺相如"过函谷关"一场，"奉王旨意秦国往"一段，顿时成了脍炙人口的名段。

在沈阳、天津演出时场场客满，大家都说马先生演蔺相如这个人物正合适，流派风格与剧中人物结合得天衣无缝。回到北京后，只在大众剧场上演了两场就"挂"了，他说不能跟富英、少春抢戏。由于这段【流水】唱腔十分优美，行内老生都想学，李少春整天追着李慕良和马崇仁，淘换这段唱腔。言少朋为了学习，追着师父马连良从北京到石家庄，看到弟子敏而好学的样子，马连良感叹道："少朋一学起戏来，劲头儿还是十多年前的样子。"

在三十年代马连良成名以后，有许多"马迷"追着马连良看戏，场场不落，演到哪里追到哪里。有钱的票友如马少襄、范钧宏、李玉林等人在剧场中有固定的"常座"。而言少朋、迟金声、王和霖、梁益鸣这四位内行则经常"靠大墙"，边看边记，散戏后再相互交流。

言少朋学起"马派"来非常投入，不但唱、念、做、打与马连良极其相似，就连马连良日常生活中的一些动作细节，如吐西瓜籽的身段都能模仿得惟妙惟肖，令人捧腹。与其父言菊朋青年时代学习"老谭"如出一

《卧龙吊孝》 言少朋饰诸葛亮

辙，一时传为梨园佳话。

言菊朋本意是希望少朋继承自己衣钵，可他偏爱马派艺术，把言三爷气得直嚷嚷："你叫言少朋，不叫马少良！"可少朋依然如故，痴迷马派。为了儿子的前途，言菊朋只得把儿子带到马连良身边，说："三弟，我把这孩子交给你了。"少朋从此学马一发不可收。

1956 年言少朋带领青岛京剧团进京演出，马少波请他唱几出言派戏，少朋说："我必须要先问问我先生。"马连良却没有门户之见，欣然同意，并且说："言派艺术还要靠你发扬光大呐，你唱《卧龙吊孝》没行头不要紧，用我新做的灰底鹤氅。"言少朋对师父的感情不亚于对其亲生父母，他去世前留有遗言：骨灰一半葬于父亲身边，一半葬于师父身边。深情厚义，感人肺腑。

我要为保家卫国做点贡献

1953 年，马剧团的业务蒸蒸日上，马派名剧基本上都恢复上演了，马连良的心情非常愉快。戒烟以后，身体也越来越好，人比在香港的时候胖了许多。生活也有了规律，每天早上保持"遛弯儿"的习惯，从西单报子街走到中山公园再折返回来。下午坚持吊嗓子，晚上无戏，就在家中见见朋友；晚上有戏，就先去王府井清华园浴池"泡澡"，他认为这样身上特别松弛，台上潇洒。偶尔也顺路去和平西餐厅喝一碗鲍鱼汤补充营养。

彭真市长、市委文化处和市文化局的领导常来家中做客，通过和他们的接触，马连良对共产党有了进一步的认识，自己现在能够安心，踏实地生活，一门心思地搞艺术，是盼了多少年才盼来的好日子，对共产党的领导由衷佩服。当得知解放以后，政府特别缺少房屋的消息后，马连良为表示对新政权的感激之情，决定把豆腐巷三进的四合院无偿地赠给政府，后来该院落成为了北京市文化局招待所。

1953 年 3 月，马连良率领他的剧团在无锡演出，收到了来自河北的一封信。河北邢台县在清查户口时发现了一个可疑的人，怀疑他是日伪时期邢台治安军的特务队长窦经华。窦曾杀害过 2 名八路军干部和多名无辜的百姓，后投靠国民党军队从事反革命活动，解放以后改名换姓隐藏起来。在"镇反"运动初期，公安部门多次侦查均无结果。在对此人进行询问过程中，他拒不承认是汉奸，只说自己是马连良的弟弟，叫马连彬，对马家之事了如指掌，还能哼两段京戏以证自己的身份。邢台公安机关通过北京有关部门，给马连良发函询问。马见信后亲自给邢台县人民政府回了信，说："根本没有叫马连彬的弟弟，只有一个弟弟叫马连贵现在马剧团打大锣。"原来此人曾于 1928 年在北京与马连良学过两天戏，对马家有所了解。根据马连良的举证，加上知情人的辨认，汉奸特务窦经华终于在 1954 年 8

月伏法。

在"人人要求进步，个个争当先进"的年代，马连良的思想也受到极大的感召，他一直想找机会表达报国之心、爱国之情，报答共产党对他的恩情。为了慰问在朝鲜作战的志愿军战士，中央有关机构组织了几次大型慰问演出团。他积极报名参加，但都因为有人认为他是民主人士、统战对象，政治上不过硬被婉言谢绝了。一些误解和偏见显然是由于对他的历史缺乏了解，但马连良不以为然，表现得十分大度，他相信总有一天会被理解。

1953 年夏季的一个雨夜，马连良来到京郊青龙桥程砚秋的宅院，在那里见到了正在养病的马少波，表达了要求参加赴朝慰问演出团的愿望。马少波说："朝鲜战场条件可艰苦啊！"马连良回答："我才 53 岁，艰苦点儿不怕，我要为'保家卫国'做点贡献。"1953 年 10 月，在齐燕铭、马少波、梅兰芳等人的帮助下，马连良终于被批准参加第三届赴朝慰问团。总团长是贺龙元帅，马连良与梅兰芳、程砚秋、周信芳四位京剧大师被安排在第一总分团。除了这四大主演外，班底演员是上海京剧院前身的华东京剧团，吴石坚任第一总分团团长。

从马连良剧团中总共挑选出 18 个人，有马富禄、李慕良、黄元庆、罗蕙兰、马崇仁、杨松岩等，参加这次赴朝慰问演出活动。这"十八棵青松"都同样怀着一颗拳拳抱国之心，决心与马团长一起同甘苦、共患难。马连良在临行之前一再叮嘱大家："此次赴朝期间，希望大家一定服从命令听指挥，不要待遇，不讲条件，不争牌名，绝对不能给领导找麻烦。时间可能比较长，要三四个月，困难肯定也不少。既然报名参加了，如果有困难，希望大家多克服吧。"

1953 年的严冬季节，慰问团赴朝。当时气温达零下 30 多度，慰问团一行冒着寒冷的风雪，从安东、凤凰城到平壤、板门店，走一路演一路，最后到达志愿军总司令部、总后勤部等地，条件之艰苦可能是四位大师从未遇到过的。

一次全团成员和志愿军战士们一起听贺龙元帅讲话，突然下起了倾盆大雨，艺术家们也和军人们一样，站在雨地里一动不动地听。讲话结束

马连良在朝鲜慰问志愿军时演出《八大锤》

后，马连良回到坑道里脱下了大衣，别人都拿不动这件衣服，里面全注满了雨水，住的山洞里又潮湿，烤了几天也烤不干。

　　为了躲避敌机的轰炸，经常要下"地窨子"里去演戏，有一次下有三百多级台阶的地洞，马连良"闪腰"的毛病又犯了。他却一直坚持着不言语，怕给志愿军添麻烦。闲暇无事的时候，志愿军战士教年轻演员开吉普车，周信芳之子周少麟一不小心把车碰在了篮球架上，马连良怕这种玩法会给志愿军带来损失，坚决不让儿子崇仁学。梅兰芳也不让儿子葆玖学，就怕再给志愿军添麻烦。

　　到达平壤以后，终于可以住"房子"了。就是被炸剩下的残垣断壁，没有屋顶，用大五幅布把屋顶罩住，地下铺上稻草，就成了招待贵客的"宾馆"了。外屋住了七十多人，角儿们住里屋，吴石坚睡在外铺，里面

黄澍霖陪同马连良、梅兰芳、周信芳、程砚秋等游览朝鲜普光寺

是马连良、梅兰芳、周信芳、程砚秋、马富禄、刘斌昆等40多人，吴石坚感慨地说："让艺术大师睡地铺，太委屈各位了。"

　　在朝鲜的时候条件虽然艰苦，但马连良等四位大角没有一人叫苦叫累，给慰问团团员们做出了表率。在志愿军总后勤部的时候，有一位主管慰问团后勤的黄澍霖同志，他是政治部秘书处的处长，是马连良的戏迷，对马十分照顾。大家都住在坑道里，他请马连良住在一个所谓的房子里面。志愿军叫它"掘开式"，就是在山上开出半间房子大小的坑道，外面再用石头垒出半间，这在"志后"就是最好的待遇了。

　　黄处长知道马连良是回民，专门安排了一套全新的炊具，还请了一位回族师傅给他做饭。马连良很感动，但他坚决反对专门安排人照顾他，说他的外甥杨松岩完全能够照顾自己，不能给志愿军添麻烦。为了表达对黄澍霖同志的感谢，马连良在临走的时候送给了他一张《借东风》的剧照，

《群英会·借东风》马连良饰诸葛亮、周信芳饰鲁肃（左）、齐英才饰周瑜（中）

并在背面写上了北京家里的地址和电话，请他回京后一定来家里做客。还跟他说："你什么时候想看我的戏，就拿着这张剧照去剧场找我，它是永远通行的门票，出入自由。"如今，六十多年过去了，这张照片在黄老家依然保存完好，它完美地见证了马连良与志愿军的友谊。

"超豪华"的演出阵容在前线引起极大轰动，志愿军战士们都争先恐后地观看演出，最多一次台下坐了七千余人，演出场次一再增加。排戏是根本来不及了，可四位同台献艺的大师在演出顺序上还互相谦让。最后商定，年纪最小的程砚秋唱第一出，周信芳唱第二出，马连良唱压轴，梅兰芳唱大轴。

戏码也是随演随定，梅先生常说："不必排戏了，我随着马先生。"马连良也说："我随着周先生。"大家在台上互相迁就"尺寸"，配合得天衣无缝，给战士们带来最高级的艺术享受。特别是马连良、周信芳合作的《群英会·借东风·华容道》更是精湛绝伦，马连良的孔明一人到底，周信芳的前鲁肃后关羽。老哥俩已是第三次合作演这出大戏，双方在台上已达化境，许多看过此剧的人都说："终生难忘。"

给你钱是姿态，你应该不要

1954 年初，慰问团一行回到祖国，上级通知慰问团成员先到鞍山待命，要参加鞍钢无缝钢管厂等三大工程的开工典礼，等典礼演出之后再回北京。可是三大工程何时开工？要等多少天？都没有人通知。大家在鞍山整天无所事事，一个劲儿地傻等，等得人人起急冒火。

自从离开北京到现在已经近半年了，大伙都想早点回家。除了马剧团的这十八个人外，其余人都是国营剧团的公职演员，出国慰问演出相当于出差一样，每人都有固定的工资。马剧团是私营剧团，不唱戏就没收入，十八个人半年没有进项，家里人都靠他们养活，能不急吗？

马富禄、李慕良等实在是"绷"不住了，开始闹情绪，马富禄问道："三弟，这等到什么时候算一站呀？家里边可'顶'不住了，你得问问他们！"马连良十分理解他们的心情，大伙和自己一起参加这次爱国行动，的确在经济上都蒙受了损失，半年没挣到钱，觉悟已经很高了。自己损失更大，他是中止了与青岛等地的演出合约后赴朝慰问的，对剧场方面的损失也要包赔。为了表达自己的爱国热忱，受点损失不要紧，可不能要求别人也和自己一样啊？于是马上安抚马剧团的成员们。还是走时说的老话，一切听指挥，再忍几天，忙完了开工典礼，咱们回北京好好唱戏挣钱，大伙多包涵吧。

为了安定人心，在没回京之前，马连良就与在京的马剧团经励科李华亭联系，让他为剧团回京后的演出做好一切准备。

所谓"经励科"，有点业务经理的意思，工作范围比较广，是京戏班中七科之一，即音乐科、服装科、容帽科、容妆科、剧通科、交通科、经励科。"科"即后台服务于戏班和演员的部门。前台上场表演的则称"行"，即生、旦、净、末、丑、武行和流行（龙套）等"七行"。据说"经励科"这个词是由于早时年间戏班人员文化水平不高，将经理科误写而成，约定俗成了。

李华亭与马连良合作多年，他的工作是联系剧场、送报稿、下签儿即通知演员上戏、与剧场分账、给演员"开份儿"、查堂即清点剧场内人数、约角儿、研究牌位、商量戏份儿等，同时还是天津中国大戏院经理。一人身兼多项工作，官私两面，交游甚广，是位手眼通天的"公关"高手。

李因擅绘鸟雀，人送外号李鸟儿。他善于经营，在京、津置下不少房产，杨宝森在麻线胡同的宅子就是买他的，李曾说："我叫李鸟儿，不能住这儿，麻线专拴鸟儿，我该飞不起来了。"虽然迷信得有点可爱，可此人志存高远，业务做得越来越好，马连良视之为左膀右臂。

许多角儿们对经励科人士又爱又恨，爱是因为没有人家唱不了戏，恨则是怨他们与戏园子方面一起勾结"吃戏子肉"。马连良对这一点看的很清楚，经励科是付出劳动的，和台上不是一种辛苦。不让人家赚钱，自己也就赚不到钱，所以马李一直良好合作多年。

李华亭接到马团长的电话后，知道了事态的严重性。因为马富禄与团长之间的关系非同一般，老哥儿俩是从小一起长大的"发小儿"，合作几十年。马富禄又是马连良母亲满氏的义子，亲如一家。以前出外演出都是先收安家费，从未出现过这种"闹情绪"的事。这次出外半年，蹦子儿没收，全家上下都靠他养活，能不急吗？

另外，马连良剧团刚刚成立不久，当时能组成如此阵容的团队并非易事，全凭马先生的名望。当时艺人的生存环境与解放前有了根本的不同，角儿们都有了固定的剧团，不能流动了。梅、尚、程、荀"四大名旦"都各有自己的私营剧团，李少春、袁世海、叶盛兰等在国营的中国京剧院，北京有四大"民营公助剧团"，即李万春的一团、谭富英和裘盛戎的二团、张君秋的三团、吴素秋和姜铁麟的四团等。如果因为这次以"为国效力"

为目的的演出活动，反倒闹出散团的意外结果，这就有违初衷了。

从电话中能听得出来，马团长对共产党是感恩戴德，知恩图报，唱了他一生中最长的一次义务戏，同时又觉得让大伙儿跟着他一起"受累"，心里万分内疚。李华亭决定使出浑身解术，在不远离京城的前提下，力争让马剧团赚个盘满钵满，把经济上的损失夺回来。

1954 年 2 月，马剧团的十八个人回京之后，立即投入了紧锣密鼓的演出活动。李华亭安排的演出地点，都是位置佳，上座好，分账多的剧场。务求在最短的时间内，实现利润的最大化。全体团员小半年没了收入，都憋着一股劲，一门心思地大干快上，挣钱养家。

这时在全国范围内又掀起一场慰问亲人解放军的热潮，各大文艺团体都组成了慰问演出团队，前往部队机关驻地、兵营、哨卡，为解放军演出。京剧界的梅剧团、尚剧团等都积极参加，有些团还去了福建前线阵地慰问，受到了各级领导和部队官兵的一致好评。北京周边部队的解放军指战员听说马连良先生从朝鲜慰问演出回京了，都提出想看马连良的戏，于是有关人员就与北京市文化局联系，文化局把他们直接介绍给了马剧团负责业务的李华亭。

李华亭正忙得焦头烂额，见有解放军前来联系业务非常高兴，这等于为马剧团又多开辟了一条演出途径。来人表明部队战士们都想看马先生的《借东风》，希望能满足他们的愿望。另外，部队人多，地点分散，有些地方没有礼堂只能在操场上搭台演出，请马先生多多包涵。最后提出，考虑到"马连良剧团"是私营剧团，看戏的人多又不售票，每场按马剧团在长安大戏院演出时满堂的价钱支付报酬。

李华亭觉得非常合理，就欣然接受了。谈妥之后向马团长汇报说："瞧人家解放军办事多仁义，知道咱们私营剧团不容易，给咱们的价码不错。团长，您就受累多跑几趟西郊吧。"马连良听后也未加思索，谁知一场隐患正悄然走近马连良和他的剧团。

马连良对演出的阵容要求一向十分严格，所以他的配角演员不合适时，他是坚决不凑合的。以前扶风社时期，演《全部借东风》时，必须有

马连良剧团演出特刊

叶盛兰的周瑜才能与马连良的孔明功力相匹敌，演出才能达到"一棵菜"的效果，否则这出戏就不能演。叶以"活周瑜"著称于世，是他向马提出将马派名剧《全部借东风》改名为《群英会·借东风》的，因为剧中前半出他的戏太重，而且的确演得太好了，观众力捧。马连良认为合理，从此改了戏名。

马剧团自成立之日起就缺少好的小生，叶盛兰已经加入了中国京剧院任主演，不可能再与马连良合作，只得退而求其次，向"中国"商借江世玉，由江接替叶的位置，在《群英会·借东风》中饰周瑜。这次解放军提出要看《借东风》，只好向"中国"再次商借。中国京剧团答复，叶、江两位小生演员都有在外地的演出任务，无法借给马剧团。

在这种情况下，演出还要照常进行，马剧团全体成员乘车来到西郊的部队营地。头一天上演的剧目是《八大锤》，黄元庆饰陆文龙，马连良饰王佐。在后台扮戏的时候，马连良双腿穿入彩裤，立腰起身时用力稍有过猛，自己又听到一声倒霉的怪响，腰又"闪"了。立时疼痛难忍，黄豆般大的汗珠顿时就流下来了。根据自己多年来对付这个毛病的经验，马上让人扶着靠在椅子上，凭着自己的武功底子，一点点地让腰"归位"。大伙一看全急了，立马有人就说："团长，回戏吧！"

马连良强忍着疼痛宽慰大家说，前边还有别的戏，我先休息一会儿，就没事了，大家继续演出。他心里跟明镜似的，台下黑压压坐着那么多战士都冲我来了，能回戏嘛？太让人家失望了，坚决要挺过去。大家力劝都没用，只好依他。有人又说："您要非坚持也行，台上您有办法，就偷偷手吧。"大伙都知道团长是舞台经验丰富的大家，他说能行就一定有他的办法，再劝也没用。所谓让他"偷偷手"的意思，就是更改舞台上的表演身段。

"王佐"在自己用宝剑断臂之后，为了表现他的疼痛难当，在台上要走一个"吊毛"，即前空翻，双手不着地后背着地。大家见团长腰已闪了，"吊毛"肯定走不了了，让他改用别的技巧代替。

马连良一辈子爱戏、演戏、编戏、说戏、教戏，可以说这出《八大锤》早已烂熟于心了。什么地方用"浓墨重彩"，什么地方用"轻描淡写"，他非常清楚，可他就是不会"偷手"。这出戏前边王佐有两个出"彩"的地方，一个是那段二黄"听樵楼打初更玉兔东上"，另一个就是这个"吊毛"。如果减去一个，艺术效果就会大减。这样做对不起观众，没有戏德，这是在科班时就懂的道理，自己没有权力"偷手"。

《八大锤》"王佐"一出场，台下掌声雷动，马连良站在"九龙口"时，已经变成了"王佐"，全然忘了刚才的腰病。演到断臂自残时，"王佐"右手持宝剑向桌子边上的左臂一挥。说时迟，那时快，只见手起剑落，假断臂的道具飞出，同时一个干净利落、边式帅美的"吊毛"在台上直功直令地完成了。台下又一次彩声四起，可后台的人全都把心提到了嗓子眼儿了，大家心想，团长这不是玩儿命嘛！

《八大锤》顺利、圆满地演出完毕了，台下没有一个人看出来马连良腰病在身。谢幕时，马连良主动走到麦克风旁边，发自内心地说："同志们，谢谢大家对我们的鼓励。我知道大家想听我的《借东风》，由于本剧团内部的原因，这出戏暂无法上演，我非常抱歉。为了满足大家的愿望，我想现在给大家清唱一段《借东风》。"

不但战士们从来没听说过看一出大戏，外送一段首本名曲的演出方式，这在马连良的演出生涯中也是第一次，台下顿时又一次爆发出雷鸣般的掌声。战士们又得到了一次锦上添花般的艺术享受，看到战士们高兴的样子，马连良心中觉得很踏实。

马剧团的全体成员整天提心吊胆地"保"着团长，把一个星期左右的演出任务顺利完成了。大家终于松了一口气，有人还琢磨呢，团长那天的"吊毛"怎么翻的？后背着地没有啊？怎么没声啊？也就是团长有这功夫！演出总算圆满完成了，有惊无险呀！

可令人意外的事还在后面。没想到部队的领导们对马剧团这次的演出表现非常不满，不是针对演出质量，而是针对马剧团对子弟兵的态度。其中比较有代表性的看法认为，在全国上下积极慰问亲人解放军的火热背景下，文艺团体对部队的演出都是不要一分报酬，义务奉献，而且争先恐后，生怕落在别人后面。可马剧团不但不积极主动，还大言不惭地伸手要演出报酬，这样的思想境界也太落后了，一点儿政治觉悟都没有。解放都四年多了，这马连良好像没有经过思想改造的旧艺人一样，只认钱，不认人。解放军要求观看《借东风》，马连良还"拿搪"，不满足子弟兵的愿望，对亲人解放军缺乏热情等等。这种不满的情绪和批评的意见首先在部队中蔓延，使马连良的名声在部队中大打折扣，进而波及到社会上。部队方面后来直接把批评意见转达给了北京市的文化主管部门。

有关主管单位在未进行详细的调查研究的情况下，立即根据部队的意见，在《戏剧报》等报刊、杂志上发表了批评马连良的文章《希望马连良先生有所自省》，矛头直指他的思想境界和灵魂深处。文章中指出："戏曲艺人们都做到了解放军同志要看什么就演什么，用尽一切方法来满足解放军同志的要求，显示了对慰问工作的高度积极性和对保卫祖国和平建设的解放军同志们的高度热爱。但遗憾的是，在这样一个光荣伟大的任务中，马连良和他的剧团却没有懂得这一任务的光荣伟大意义，表现得不大好……"

在这篇文章的影响下，北京市的各大单位、机关团体、厂矿、学校等领域，以及全国的文艺界都展开了一场对马连良这种拜金主义的批评运动，常挂在人们口中的两句话就是："看看人家常香玉，向志愿军捐飞机；再看看马连良，慰问解放军还要钱。"

在政治是衡量一切事物标准的年代，这两句话几乎可以断送马连良的前途，批评的声浪完全能够把他"淹死"。在没有任何思想准备的情况下，马连良和李华亭等听到了这样的批评声音后，如坠云里雾中，几乎全都蒙了。这两个人在行内都是人人佩服、甚至景仰的业务尖子，只知道唱戏挣钱天经地义，可在所谓的政治立场方面几近"白痴"。既不能审时度势，又不会见风使舵。除了钻研戏剧业务外，对政治运动的意义向来知之甚少，更不可能主动积极地参与其中。老一套的生存方式已经不能与新社会的要求相适应。

马连良心想，要是当时给梅大哥打电话问问这事该怎么办就好了。因为没有经验，就出了这么大的娄子，心里觉得多少有些冤枉。不管怎么说，马剧团的确是收钱了，现在就是浑身长满嘴，也有口难辩了。除了自我批评，没有别的办法。虽然有许多"高干"喜欢马连良的艺术，对他也很尊重，但马对领导向来是敬而远之，更不会"搞关系，走门路"。尽管心里觉得冤枉，可是又倾诉无门，只得认命。

李华亭更是跳进黄河也洗不清了，整天情绪低落，像祥林嫂一样嘀嘀咕咕地说："是人家说给钱的，没说是唱义务戏……"别人好心劝慰他说，你这么精明的人还看不出来，说给你钱是"姿态"，你应该不要。李华亭心想，这不是"阴"人嘛！谈了这么多年的买卖，大风大浪都闯过来了，没想到在这小河沟里翻了船。恨自己没看出来这一招棋，一世英名，毁于一旦。自己名誉受点损失到没什么，可他看不了批评的矛盾全都指向马连良，这么大的角儿让人家批来批去，在文艺界可是头一遭，这么要脸面的人他能禁得住吗？这可怎么收场啊？李华亭为了马剧团的前途思来想去，最后决定"丢车保帅"，"引咎"辞职吧。希望马团长看在给同一个祖师爷磕头的份上能够理解自己这份儿苦心。这场"慰问解放军收报酬"的风波，终于在"诸葛亮挥泪斩马谡"这场戏后告一段落。

合团

文化主管部门认为"戏改"运动对马连良剧团的作用不大，马剧团上至团长下至杂役对"改人"这一重要环节领会不深刻。不能积极主动地配合思想改造工作，对应该怎样做一名新中国的文艺工作者还认识不清。看来只有像"民营公助"剧团一样，派一名做政治思想工作的辅导员进去，才能更有效地实施"改人"的工作。可马剧团是纯私营剧团，政府不能派任何人进去，有关机构认为有必要先对马剧团的体制进行改革，从私营转成民营公助。

　　所谓"民营公助"，就是剧团的一切工作仍由团长负责，同时有团委会协助团长管理，不能团长一言堂。剧团成员的收入改为工资制，工资的六成由政府"保底"，即收入分配时不够六成，由政府进行补贴；收入分配超过六成的部分按提成分奖金。政府可向剧团内派一名辅导员，帮助剧团进行改革，进而在剧团内设立党、团支部等。

　　许多小型剧团平时收入就不稳定，都力争改为"民营公助"体制，政府也不敢随意答应，他们还是要挑好样的、不会给政府造成负担的剧团。"民营公助"虽然比"私营"时团长的权力小了，收入也少了，但还是属于"民营"的范畴。它只是一个过渡阶段，让艺人们觉得这种改革并不生涩，对他们的生活没有太大的影响。其最终目的是要逐渐过渡到国营体制，消灭私有制，由党来领导一切。使剧团成为政治思想工作的武器，宣传和教育人民的工具。

　　北京是京剧的发祥地，"四大名旦"、"四大须生"等优秀演员都集中居住在北京，可以说是名家林立、人才众多。从清末"伶界大王"谭鑫培时代到解放初期，京剧剧团一直沿用着名角挑班的体制。其通常的做法是由一两位生旦大角儿挑班，其他人都"傍"着他们，便形成了几十年的各据山头、异彩纷呈的局面。

　　彭真市长根据这种现状，对京剧事业的改革做出了一个大胆的设想，即把目前这些剧团中的一部分精英联合起来，组成一个新形式、大规模的艺术团体，实行"强强联手"，打造一只京剧界的"超级航母"。这样才能创造出超一流的艺术，使京剧事业进一步繁荣昌盛，更上一层楼，于是他首先想到了马连良。

　　马派艺术的特色之一就是"红花绿叶、满台生辉"，阵容强大是谁也比不了的。当年的"扶风五虎"可以说是独领风骚、一时无两。现在的马剧团与当年的扶风社相比，阵容已经逊色不少了，马连良一定对这个改革方案有兴趣。

　　于是，市文化局副局长张梦庚、市政府秘书长李公侠、市委文艺处处长曾平以及北京市京剧二团的辅导员张仲杰等人成了报子街马宅的常客，把彭真市长的意见向马连良做了详细的说明。

改革的第一步是希望马连良剧团与以谭富英、裘盛戎为团长的"二团"合并，成立"北京京剧团"。磨合成功之后，再与别的剧团联合，最终把"北京京剧团"打造成为一个全国第一流的高水平的艺术团体。

马连良本人对此意见倒没什么太多的异议，只是担心将来与谭富英之间的关系如何相处。虽然马、谭之间一直关系不错，但相互的往来并不多。因为"串班"是行内的一大忌讳，也是以前迫于生计遗留下来的旧习。不久前，马连良发现一个叫马长礼的青年老生条件不错，本想收为弟子。当得知谭富英准备收长礼为徒时，顾及到谭的感受，就认了马长礼为义子。本来各领一军，相安无事，将来兵合一处，将打一家，一山能容二虎吗？两大老生头牌放在一起，可是从来没有过的现象。

自己从小学习人家谭家门的艺术，10岁时还有幸与谭鑫培老先生同台演过《朱砂痣》。出科之后打的是"正宗谭派须生"的称号，年轻时从余三爷（叔岩）、谭五爷（小培）身上汲取过谭派艺术的养份。与富英从小就是师兄弟，相互之间更是惺惺相惜，情深义厚。

记得谭富英挑班以后，谭五爷不愿意他与外界多接触，整天就是让他看书、抽烟、演戏。谭富英性格忠厚老实、唯命是从，一切对外事宜，包括财政大权皆由父亲全权掌控。

一次上海来人约谭老板赴沪演出，此人不去谭家来到马宅，请马老板从中斡旋。原来，谭五爷在上海时戏码安排得常有问题，老让儿子唱《黄金台》，一要求演《战太平》等吃功夫的戏就要求加钱，戏院方面实在受不了。马连良把师弟请到自己的南宽街家中，与上海来人一起和他分析市场，晓之以理，来人还单独向富英许以"礼金"，谭富英对师哥的帮忙一直不忘。后来马连良"官司"了结，梨园界众兄弟陪他唱的第一场戏《龙凤呈祥》，谭富英的刘备特别卯上，一句一个好，用艺术回报师哥。

老哥儿俩自三十年代就是生行的领军人物，各挑大梁。梨园界是最讲名誉、地位的，如今若合并到一起，让谭富英排位在马连良之后，这马、谭之间的关系能处得好吗？

马连良与裘盛戎（左）、谭富英（右）

　　马连良的担心与文化局领导的担心是一样的，张梦庚希望马连良能够发扬风格，积极要求进步，靠拢组织，主动与谭富英交心。为此马连良特意去大外廊营谭宅与师弟聊天，共同探讨新剧团的建设。局里又让裘盛戎出面，做谭先生的工作。谭富英是谦谦君子，一向高风亮节、忠正仁厚。他表态说，我师哥无论在艺术上，还是资历上都应该排在我前面，我没有意见。领导们对谭富英能够顾全大局、屈己让人的态度大为赞赏，解决了合团中的难题之一。

　　合团的另一大难题是做下面演员的工作。两团合并之后，必然要裁撤一部分多余的人员，有许多人面临失业的问题。"二团"那边就有人扬言，"如果裁我，我就去你们家'挂肉帘子'（上吊自杀）！"马、谭一起急忙做同人的安抚工作，同时与局里商议失业补偿问题，最终大家都接受了"补发三个月薪水，自谋出路"的遣散条件。

人员裁减之后，加入"北京团"的成员人均工作量必然加大。"二团"的辅导员张仲杰向马连良、谭富英进言，合团以后必然有人会要求涨薪水，造成磨合期的混乱。为了安定人心，双方都宣布一条纪律，凡要求涨钱的一律裁撤，以起到震慑性的作用。

演员的性格多数是自由散漫，对纪律、条文等脑子里根本没概念，想说什么就说什么，马剧团的成员也是如此。马连良的鼓师姚占琦是行内的佼佼者，是继乔玉泉后难得的合作伙伴，业内尊称"姚二爷"。他认为分配给他的工作量太大，马上提出要加钱，否则没法干。张仲杰在"二团"工作期间，发现鼓师谭世秀积极进步，要求入党，是可以培养的"苗子"，对保留像谭世秀这样的演员颇有倾向性。他要求马连良要做出姿态，杀一儆百，裁撤姚占琦。

马连良曾经有言在先，不撤姚则自食其言；撤了他则没人会打马派戏，人才难得。真是"哑巴吃黄连，有苦说不出"。明知前面是火坑，也得往里跳，不得不又唱了一出《斩马谡》。后来谭世秀入围，他是打武戏出身，根本不会打马派戏，马崇仁和李慕良又给他加工、说戏，大家跟着他一起受累，最后他还是要求加六十元钱。"姚离谭上"之事，马连良心中一直不痛快。为了顾全大局，他从不对此表态，可心中总觉得对不住姚二爷。

1955 年年底，首次合团终告成功，北京京剧团建团纪念演出在天桥剧场正式拉开帷幕。这对北京城里的戏迷们来说，无疑是一件菊坛盛事。以前大家在同一台戏中想看到马、谭、裘等大角儿的演出多数都是在大义务戏里，如《四郎探母》、《红鬃烈马》等戏，名老生们每人演出自己的一折，大家台上都不见面。这次演出《群英会·借东风》是马连良一人孔明到底，谭富英饰鲁肃，裘盛戎的黄盖；《龙凤呈祥》中马连良饰乔玄，谭富英饰刘备，裘盛戎饰孙权；《十道本》马连良饰诸遂良，谭富英饰李渊；最后一场《潘杨讼》谭富英从"金沙滩"到"李陵碑"饰杨继业，马连良从

"调寇"到"夜审潘洪"饰寇准，裘盛戎饰潘洪。这几出大戏贴出来，北京城内就轰动了，戏票一抢而光。

开戏之后，两位老生在台上一碰面，台下的观众就坐不住了，炸了窝般的彩声就上来了，全场情绪沸腾。台上的一句念白、一个身段都有好，大家互相根本听不见台上的唱念。除了激动以外，还形成了互动，好像观众和演员一起在天桥剧场开联欢会一般，公演达到了预期的效果。演出结束之后，马连良心情无法平静，当年扶风社时的感觉又回来了，现如今比以前更火爆，心里真痛快。不禁暗自佩服彭真市长，真是棋高一着，决策有方。

磨合

进入合团后的磨合期后，麻烦就来了。戏班里同行相轻，自古而然，是一种很难消除的不良习气。合团以后，为了达到完美的艺术效果，演出阵容的安排上自然出现一些调动。比如，谭富英唱《乌盆记》，以前的张别古由慈少泉扮演，合团后换了马富禄；谭富英唱《失空斩》，以前的司马懿由裘盛戎扮演，合团后改成周和桐扮演。这些新的组合受到了观众的热烈欢迎，这其中有许多好主意、好创意都出自团长马连良。他常说"戏不怕旧，就看你怎么能唱出新意来。"

可慈少泉、周和桐等却不这么想。慈认为让马富禄唱张别古，就是说我不如他，分明是看不起我。周则认为，本人是郝寿臣的弟子，艺术上不亚于裘盛戎，为什么让我"傍"谭先生，裘上不是一样吗？大家谁也不服谁，就这样"僵"在那儿了。辅导员再怎么讲大道理也没用，演员们最烦听说教。只好把马团长请出来，马连良这几个月来所做的"思想工作"比以前几十年都多。他只能采取演员们能够接受的形式，给他们讲自己的亲身经历，说服他们。

派戏可是一门很深的学问，安排得好就能满台生辉。当年上海黄金大戏院、天蟾舞台、中国大戏院三家统一由大来公司经营管理，董事长顾乾麟艺宗南派老生林树森，是个名票。"大来"成立之时，他约了马连良的扶风社与林树森合作两个月，顾先生为了捧林老板，请马连良头天打炮戏唱《群英会·借东风》后带《华容道》，连演三天。林树森演红生戏独具风采，饰演关羽稳重、凝练，点到即止，神感极强，有"文老爷"之称。马连良当然没有意见，可林树森却不同意。

林树森说，马老弟的《借东风》是家喻户晓、人人皆知的拿手戏，是马派所有剧目中上座率最高的一出，曾在黄金大戏院连演十七场。这样"热"的一场，我若接了《华容道》，观众听完《借风》起堂，给我剩下半堂座，怎么办？他的意见是："请马老弟辛苦辛苦，咱们前带'讨令'后加'交令'，托我一把，台下还能起堂吗？"马连良认为有理，原来《华容道》里的孔明是里子老生的活儿，自己并不介意，后又灵机一动，想出个主意，说："林老板，您就演一个关羽，观众把眼睛都盼直了，我看一事不烦二主，请您前孔明，后关羽，我前鲁肃，后孔明，您看怎么样？""好哇！"大家一口同声表示赞成。

演出果然不出所料，从头至尾轰轰烈烈，观众大饱眼福。这样派戏的目的，是为了大家"互捧"。林树森施展了才华，壮大了声势，马连良所追求的满台生辉的效果也达到了。林三爷唱得高兴，后来还为马连良配演《四进士》的毛朋，《龙凤呈祥》里的刘备等。从此连卖了二个月的大满堂，大家团结合作，不争名夺利，才能创造出最佳的艺术效果，这就叫人和万事兴！

马连良没讲大道理，一段梨园掌故，让大家心服口服，明白了一个道理，为了北京京剧团的前途，大家必须协力同心。从此大伙儿没事都愿意来听马团长讲故事了。

马连良对派戏的确非常有经验，以前他在扶风社时常唱双出，比如与张君秋合作的《桑园会》和与叶盛兰合作的《八大锤》，两出戏份量都差不多，他总把《桑园会》放有前面，中间别人垫一出其它剧目，大轴再唱《八大锤》。因为在"断臂说书"时，陆文龙嫌王佐说的书不热闹，马在此必现场抓哏，说一句"一天唱两出还不热闹"，引得满堂观众大笑，戏迷们都认为这是看戏之外的享受，百听不厌。这都是派戏的学问。

1956 年初，北京京剧团第一次去武汉演出。临行前文化局领导张梦庚亲自来做动员，希望大家在外面要讲究团结，互助友爱，提倡合作精神，树立北京京剧团的新形象。为了防止演员之间发生摩擦，以及互相之间"扇小扇子"，局里特派演出科科长高喜奎带领王雁、张仲杰、张存公、张胤德等几位辅导员加入，做维护团结的工作。这是马、谭、裘三大头牌第一次出外，还要照顾好他们的生活。

大队人马到达汉口后，入住汉口人民剧场，角儿们住酒店。"人民"的条件比较差，大家住在后台，好像觉得哪里都漏风，戏称其为"五凤楼"。外面下大雪，在屋里不得不烧炭盆取暖，到处乌烟瘴气，熏得大伙儿脑仁都疼。第二天一早起来洗漱，马四立一直没怎么动窝儿。过了一会儿，他还没去洗脸，就有人大喊："崇仁，你快过来，马四伯这是怎么了？"马崇仁一看，人已经口眼歪斜，"中风"了。高科长决定马上送医院抢救，到医院没多久马四立就去世了。虽然没受什么痛苦，但必竟只有 55 岁，太可惜了。在当地临时也找不到阿訇，马崇仁和蒋元荣两人把马四立"打整"（回族人语：下葬之前的事宜）后，在当地回民墓地下了葬。

高科长与"团太"陈慧琏及马崇仁商议后，知道马团长与马四立虽为堂兄弟，但情同手足，如果让团长知道真相，他必然万分悲痛，也无法继续演出了。当天晚上是他的双出《借赵云》和《法门寺》，只好改为谭先生的《战太平》，请马盛龙陪同马团长回京，谎称怀仁堂有任务。马连良上了火车还叮嘱儿子崇仁："你四伯要是好了，让他赶紧回来，北京找好大夫！"马盛龙陪同师父回到北京家后才说："四伯已经无常（回族人语：去世）了。"马连良顿足捶胸地说："哎呦，又去了我一条膀子呀！"

马连良当年创办的扶风社时，其六叔马沛霖是有名的"戏包袱"，聘请他为后台的大"坐中"（舞台监督），统管戏码的安排与人员的调度。马

《范仲禹》马连良饰范仲禹，马四立饰解差（左）

沛霖年迈后，马连良让自己的堂弟马四立接替。这叔侄二人都是丑行出身，不但会戏多，而且工作严谨、细致入微。

每次出外演出之前，都是马四立去打前站。一次他到苏州与当地的龙凤大舞台接洽，把孙柏龄老板的服装道具"审查"了个够，暗自称赞比上海一些大戏院的"官中"行头还讲究，但是还是鸡蛋里挑出了骨头。马四立认为人家的官印包得不好看，不是马派的包法。孙家人说，这东西在桌上放着，谁会留意？马四立说："不行，我们角儿有要求。"他对三哥马连良的艺术思想理解透彻，对工作尽职尽责。

马四立一家人全靠他一人挣钱养家，为了给他的家人一些抚恤，同时也为了体现互助友爱的精神，团里决定为马四立唱了两场义务场。马连良把大儿媳满羡懿找来对她说："你四婶这个人不擅于理财，这笔钱若全给了她，怕没几天就没了。我想还是由你保管，每月拿出一些来接济她们母子。"后来这笔钱花完了，听说四弟妹在商场门前帮人看自行车，马连良每月从自己的工资里拿出几十元来帮助她，直到"文革"。

合团之前，"二团"旦角演员有梁小鸾、陈永玲等人，马剧团的旦角是罗蕙兰。当时罗只有二十岁出头，年纪轻，嗓音好，扮相又美，是个可培养的好苗子，团里决定把她留下，把其他的旦角演员就"下"了。这一年政府组织了一个综合文艺演出团，去香港表演，其中京剧的部分约了谭富英、黄元庆和罗蕙兰。这段时间团里演出就尽量避开有旦角的戏，等她回来。罗回来之后，由于年轻，正在当红时节，有些骄傲。这在演员中是正常现象，艺术家的成长必然经过一个从谦虚到骄傲再到谦虚的过程，大家对罗的表现还能理解。

一次在南京演出时，派了她一出白天戏《凤还巢》，由于她是南京人，当地朋友较多，一高兴就把演出的事忘了。大家都对这种行为十分不满，当天只好请裘先生唱了一出《盗御马》来顶替她。由于她是马剧团那边过来的，怎么处理此事，大家都看马团长的举动。

马连良心想，以前梨园规约里第一条就是"临场推诿，临时告假，予以革除"。虽然现在新社会不讲这些了，但职业道德不能不讲，这关系到一个人的品行和操守。罗蕙兰是个好苗子，是自己身边难得的好旦角。她如果被"下"了，就没有合适的二牌旦角给自己配戏；如果不"下"，"二团"方面的人员就会有意见，认为团长偏向"自己人"，以后就不好管理了。年轻人不吃一堑就长不了一智，好在新疆兵团张仲翰政委那边有意约请罗蕙兰，对罗的前途也有帮助，最后决定忍痛割爱了。

与此同时，马连良亲自给上海方面的朋友打电话找人。老朋友冯耿光先生推荐一人，唱程派青衣的李世济，说她虽是票友出身，但是个可塑之材。当时周围的同事对李世济都没有认识，还以为是个男的呢。出于对老朋友眼光的信任，马连良同意李世济加入北京京剧团，同时加盟的还有乐队成员的唐在炘、熊承旭，他们二人和闵兆华一起，并称"三剑客"。北京观众对李世济不熟悉，为了提携她，马连良安排她第一出戏就唱大轴，与自己合演《审头刺汤》。

"北京团"成立以来，按照梨园行的老规矩，"人不辞路，虎不辞山，唱戏的不离韩家潭"。团址先设在韩家潭老"二团"的一个院子里，后来改到东华门的北京剧场。由于建筑规模太小，施展不开，不适合"北京团"这样的大团演出，只得再选团址。当时天桥剧场条件不错，可以用来做永久性的演出场所。但团里有人反对，认为地点太"背"，场子太大，怕不上座，团里就没敢接下来。后来由马崇仁、谭世秀与位于虎坊桥的北京工人俱乐部的谢经理联系，最后把团址定在了这里。北京工人俱乐部是全国总工会的产业，以前收入一直不稳定，俱乐部谢经理提出了几项条件，要求马团长每月固定在此演出几场，用收入的分成来做剧场员工的开支。二、三楼可做办公用地，舞台不能用来排戏，只能在饭厅和露天球场排练。北京京剧团全部答应下来，开始了白手起家的创业过程。

四大头牌

1956 年全国范围内大搞"公私合营"运动，于是北京京剧团也加快了进一步合团的步伐。当时张君秋正以一出《望江亭》红遍大江南北，"张派"艺术风格已经确定了。市委决定把他率领的"三团"也合并到北京京剧团，只有这样，才能达到艺术水准的最高境界，才是合团的真正目的。在三团"加盟"之后，北京京剧团——中国京剧院团的"超级航母"终于形成了。

全团共有演职员 170 人左右。团长是马连良，副团长为谭富英、张君秋、裘盛戎，人称"四大头牌"。下设办公室，负责日常排戏及对外一切演出事宜。主任陈少霖，副主任谭世秀、李慕良等。同时设有艺术委员

"四大头牌"的合影，左起：裘盛戎、谭富英、马连良、张君秋

会，负责保证和提高演出的质量。马连良任主任，马富禄、刘雪涛任副主任。由市文化局派遣辅导员到团里辅助团长的工作。主要演员包括如下。

老生：马连良、谭富英、陈少霖、马长礼、高宝贤等。

武生：黄元庆、谭元寿、杨少春等。

小生：刘雪涛、茹富华、闵兆华等。

旦角：张君秋、李毓芳、李世济、小王玉蓉等。

净角：裘盛戎、周和桐、张洪祥、郝庆海等。

丑角：马富禄、李四广、慈少泉、钮荣亮等。

老旦：李多奎、耿世华、何盛清等。

乐队：李慕良、王瑞芝、何顺信、汪本贞、谭世秀、金瑞林、马连贵等。

如此人才济济的强大阵容，在京剧一百多年来历史中可以说是史无前例的罕见现象。马连良心中也是从未有过的痛快、敞亮，这真是自己求之不得，甚至想都不敢想的事情。在共产党的帮助下，竟然实现了，彭市长是真懂艺术呀！有这样的剧团，什么样的新戏、好戏排不出来啊？

"四大头牌"在合团之后，首先要排座次，排位顺序定为马、谭、张、裘。然后定工资，"四大头牌"为了响应党的号召，在政治上要求进步，在经济上都做出了重大牺牲，比起合团之前按"分值"计算薪水，每月的收入至少打了对折，甚至还"拐弯"了。他们的工资标准是文艺一级外加保留工资，马连良工资1700元，谭富英1500元，张君秋1550元，裘盛戎1450元。

商量其他演职员的工资标准，可让团长们犯了难。在评定李慕良、王瑞芝、何顺信、汪本贞这"四大琴师"工资时，马连良为弟子说了话："慕良的工资该高点儿。"为此裘盛戎的琴师汪本贞还与裘闹了意见。汪被评为文艺五级，是高级知识分子的待遇，每月工资不到200元。而马连良的琴师李慕良却被评为文艺三级，享受高干待遇，这在全国的文艺界乐队中只此一位。汪对裘说："你和马先生都是团长，凭什么你的人都比人家差一截？你不嫌丢人呀？以后台上拉琴、台下排戏，决不耽误。每月开工资拿钱，公事公办！吊嗓子？对不起我不伺候，我没拿吊嗓子的钱！"

舞台上生龙活虎、新腔迭出的裘盛戎，这时就像他的外号"傻子"一样，支支吾吾地一句整话也说不上来。马连良对此颇有感触，他觉得自己与盛戎很投缘，两人相像的地方很多。为了顾全大局，只好用"岂能尽如人意，但求无愧于心"来安慰盛戎，将来再想办法从演出奖金里找补吧。而裘、汪两人也的确具有大家风范，在艺术上一直保持着"焦不离孟、孟不离焦"的合作态势。

对"四大头牌"每月的演出场次也做了相应的规定，马连良12场，谭富英14场，张君秋和裘盛戎各18场。彭真市长曾对此做出过批示，"四大头牌"每超出规定场次多演一场，即时补贴80元至100元。有人认为这是"金钱挂帅"，对他们的政策太特殊了。彭真则说，你们只看见他们多拿了100元，可他们使团里每场多收入了1000元。后来，张、裘两位由于家里负担重，有时超额演出，马、谭则基本按规定场次演出。

"四大头牌"每月的演出剧目安排，均由演出科制定。由负责业务的科长马崇仁分别去四家征求意见，绝不强派，尊重他们的个人意思。谭先生由于年纪原因，对一些"硬戏"不敢轻易动，一次马崇仁给他安排了一出《战太平》，谭先生边逗边说："爷们儿，是你唱还是我唱啊？改《失空斩》吧！"

另外，演出的票价也做了合理的规定：一位团长任主演，最高票价每张 1.20 元；二位团长任主演，最高票价 1.50 元；三位团长任主演，票价 1.80 元；四位团长联合主演时，票价在 2.50 元以上。总之，团里的演出收入越多，大家的奖金分配也越多。鼓励按劳取酬，不搞"大锅饭"。全团的干劲倍增，士气高昂，于 1957 年 1 月 2 日、3 日举行了两场合团后的公演，分别于长安大戏院和吉祥戏院，连演两场《龙凤呈祥》，轰动九城。

电影是一门遗憾的艺术

1956 年对于马连良来说，既是心情舒畅的一年，又是忙碌的一年。9 月，过去的"梨园公会"更名为北京市京剧工作者联合会。文化局特意选了一所位于和平门外樱桃斜街的四合院，做为联合会的办公地点。联合会正、副主任委员是梅兰芳、马连良。为了庆贺联合会成立，在中山公园音乐堂举办一场著名的大合作义务戏，其中一出是由李和曾、谭富英、奚啸伯、马连良分饰杨延辉，张君秋、吴素秋分饰铁镜公主，尚小云饰萧太后，姜妙香饰杨宗保，以及李多奎饰佘太君的《大四郎探母》。为了这出戏，马连良与联合会办公室主任李万春多方协调，奔走忙碌，终于使这场建国以来最大规模的演出得以实现。

同年，在马连良的艺术生活中值得大书特书的一件事，就是参加彩色舞台艺术片《群英会》、《借东风》的拍摄工作。马在片中饰演诸葛亮这一角色，这距他 16 岁时在"富连成"科班首演《借东风》已有四十个年头。

马连良在北影拍电影时的工作照

这本"富社"独有的看家剧目，在决定拍摄电影之前，有两个角色的主演定不下来，即由谁来扮演曹操和赵云。曹操本来非郝寿臣莫属，可郝老已经年迈，难当此任，只好由他的弟子袁世海担当。当时有几个大武生都是赵云的候选人，选谁一时拿不定主意。

叶盛兰与马连良都认为孙毓堃最合适，一是孙从形象到演技完全是杨小楼的艺术再现；二是孙目前的确急需帮助，一直没有任何单位请他加入，家境十分困难。叶对马说："我来跟电影厂谈，到时候您表示支持就行了。""北影"方面表示，可以用孙毓堃，片酬为一千元。叶当即反对，并表示请孙至少二千元。"北影"方面问马连良意见，马说："赵云非孙毓堃莫属。"

最后的主演人选为，马派创始人马连良饰诸葛亮，谭派掌门人谭富英饰鲁肃，叶派创始人叶盛兰饰周瑜，萧派创始人萧长华饰蒋干，袁派创始人袁世海饰曹操，裘派创始人裘盛戎饰黄盖，杨派传人孙毓堃饰赵云。集中国京剧界的精英于一炉，拍摄了一部万古流芳的全景式舞台艺术片。

新片于1956年下半年开始运作。先由北京电影制片厂中两位非常熟悉京剧艺术的导演崔嵬和谢添在"新影"看了一场演出，然后在位于新街口的"北影"摄影棚中拍摄，为期三个多月，有苏联专家当场协助，导演为岑范。

对于这出戏来说，几位大角儿互相配合演出了几十年，之间的默契就不用说了，但是舞台艺术毕竟与拍电影不一样，是完全不同的两个门道。首先，大家不适应的是拍摄工作进展太慢，非常"耗"人，都有些受不了。每天中午几位大师级的学生陪着他们的先生，年近八旬的萧老从"北影"步行走到西安食堂吃羊肉泡馍。萧长华感叹地说："等人、钓鱼、坐牛车，外加拍电影，太耗人！"

另外，戏曲演员与电影导演之间也有矛盾。演员讲究"带戏上场，带戏下场。"这两个过程中全都有戏的精华含量，认为应该把它全部记录下来。导演则认为电影语言的运用与舞台上不同，有些东西当免则免了。马、谭、叶三位对这种做法都有意见，他们认为既然是拍电影，就应该给后人多留下点东西。电影是一本活的戏曲教科书，不要留下太多的遗憾。导演却另有一套想法，不太尊重他们的意见。三位心中有点不太痛快。马连良弟子马盛龙在片中饰阚泽，见师父和前辈的意见没人理，就出来"挡横"，对拍摄工作发表言论，"指导"他们的工作。大伙都戏称他为"阚大导"，可是阚大导的意见也没人听。

拍摄进行到孔明、鲁肃前往周瑜帐中探病一场，三人共商火攻之计时，叶盛兰有个翘脚尖的身段，导演认为不美，就没有拍下来。性情中人的叶盛兰终于忍无可忍了。告诉导演这个动作是前辈程继先老先生创造的，包含了自己几十年的功夫。勾脚面时脚上都有戏，表示周瑜在暗中思考等一系列内心活动，必须全部拍下来。

叶盛兰强调说："我这戏最值钱的地方就在这儿，在我的片酬里面，这勾脚面就值九百！"

导演说："您指的是在舞台上，这与我们电影不一样。"

叶盛兰道："您认为我们是'老赶'（北京话：土气不时尚之人）啊？电影我们都拍过，我的《断桥》在法国就拍成电影了，人家可是没挑没拣，全往下照的！"

"您说的那可能是舞台纪录……"没等到导演说完，叶盛兰就接着话头说："我不管什么纪录不纪录，我就问您，我的身段您是不是全拍下来？"

"全拍下来的确没有必要，电影里也不能够全用上。"

"这么说，您是一定不会全拍了？"

"这一点还请您谅解。"

"那好，您另请高明，我叶盛兰不这么拍！"

导演在电影界中具有至高无上的权威，可这几位国剧宗师级的大腕真得罪不起，少了谁这部电影都不够档次。一见叶四爷真急了，导演只好妥协，同意把它拍了下来。知道几位大师都有这个要求，以后在拍摄时导演让把他们的一举一动都纪录下来。马连良高兴地跟叶盛兰说："四弟，多亏了你，敢说话，不客气。要不他们能听咱们的吗？我也跟着沾光了，要不怎么说神鬼都怕恶人呢！哈哈！"叶盛兰说："我是真想多给后人留下点东西，照得丢三落四的，赶明儿观众也不满意呀！"

新电影摄制完成以后，大家一起看样片时才发现，拍电影时的许多镜头，还是按照导演的意思在电影剪接时全部删除了。马、叶看后气不打一处来。找谁也没用了，反正木已成舟，你怎么样吧！走出放映室后，马连良摇摇头跟叶盛兰说："闹了半天，还是人家说了算，把咱们全给'阴'了。"叶盛兰说："您还说神鬼怕恶人哪！我的脾气也白发了。"马连良苦笑着指着放映室里面说："原来恶人在这儿哪！"

电影必竟是一门"遗憾的艺术"，值得庆幸的是这次政府花了大量的外汇，进口了最好的彩色胶片用于摄制工作，留下了这部京剧传世之作，给后人留下了经典的范本。它不仅记述了马连良一个人的光荣，也记述了一个时代的光荣。在中国京剧史和中国电影史上，都是最辉煌的一页。

西北有个马最良

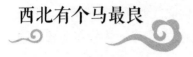

　　虽然在拍摄电影时不太顺心，可这一年有一件令马连良非常开心的事，就是和失散了十来年堂弟马最良又团聚了。

　　马最良是引领马连良走上从艺道路的三叔马崑山之子，原名马叔良。自幼随父亲在上海学艺，又得到沪上名家潘月樵、贵俊卿、瑞德宝等人指点，8岁时因父亲生病，替父登台。在台上表现得稳重大方，演唱时满宫满调，立刻引起前后台人的喜爱，潘月樵对马崑山说："马老板，这回您可摸着银子边了。"

　　此后，马最良又去镇江、苏州、无锡、常州一带演出，成为小童星。在南通时，被前清老状元、清末民初时期的著名实业家张謇所赏识，入了南通伶工学校学习。在马连良大红之际，由六伯马沛霖带回北京向连良三哥学艺，马派剧目习学有成。

　　在1930年向牛街回民富户"驴子孙家"借钱，置办行头，桌围椅帔等物件，自组班社。在青岛、济南、南通一带演出马派剧目，颇受欢迎。马崑山为儿子管事，自己也不登台了。后置下施家胡同一所宅院，在京安了家。马崑山让长子叔良拜余叔岩的二路老生鲍吉祥为师，学习余派剧目。又让次子宏良拜甄洪奎为师，学二路老生。

　　当时马连良正在当红，袁寒云用赞美三国时马谡家人的一句话写成条幅书赠马连良，即"马氏五常、白眉最良。"马连良见堂弟在外埠演出效果不错，就对叔良说："你改名叫最良吧，号白眉好不好？"叔良知道这是哥哥的一番心意，就高兴地同意了，从此更名为马最良。

　　马最良与父亲和弟弟宏良主要以跑外码头演出为主，行话谓之"跑帘外"，北京的家交由大姐马巧云看管。由于亲缘关系的影响，加之马最良自身的努力，他上演的马派剧目无论是唱、念、做、打方面，还是在扮

《楚宫恨史》马最良饰伍奢

相、舞美等方面，都酷似其三兄，达到惟妙惟肖、足以乱真的境界。为此，在上海还曾有人冒充其名，制造了一起马最良的"双包案"。

马最良在上世纪三十年代常去西安一带演出，在当地很红。西北也是回民的聚居地，回族兄弟们常常挽留他们父子，于是他们就在西北一带长期演出了。当地人力捧马最良，争相传诵的口头语是："南麒北马关外唐，西北有个马最良。"后因抗战爆发，交通阻塞，马最良父子不得不滞留西北了。1940年春节，从西北传来了马崑山去世的消息，马连良大为悲痛，全家赶制灰色孝袍，男士戴礼拜帽为三伯办了"四十日"。

马最良一直在西北演出，后参加了"国军演剧队"。又于1949年在张掖县入伍，参加了王震领导的解放军部队，随着部队文工团去了新疆，在新疆生产建设兵团京剧团中任副团长兼主演。后改名为兵团艺术剧院，任副院长，文艺一级演员。马最良在部队里受到了良好的待遇，艺术也步入高峰期。除了擅演马派名剧之外，还能演余派戏和一些老生的"官中"戏，如《大探二》、《四郎探母》、《红鬃烈马》等。另外还能演出在西北一带少见的"南派"老生剧目，如《跑城》、《扫松》等。一出《扫松》半个多小时，能要下十五个好来，可见其功力非同小可。

马最良这次进京是受兵团政委张仲翰所托，来"挖角"的。提起这位张政委，马连良是再熟悉没有了。此人在延安时就以唱马派老生戏著名，有"延安马连良"之称。进京任农垦部部长以后，他是马家的常客，与马连良的关系就更近了。每次马连良被邀请去怀仁堂为中央首长演出，只要他在京，每场必到。有毛主席前来看戏时，大家都相对有点拘谨，多以掌声代替喝彩。张政委可从来是我行我素，马连良一出场他必先来了"碰头彩"，毛主席一听就知道，今天张仲翰又来了。

马连良与马最良老哥儿俩多年未见，总是有说不完的话。除了艺术上的交流之外，话题自然离不开最良的胞弟宏良。他原本在西安傍着兄长演戏，生活得颇有些滋味。后来学会了打牌，抽烟，沉湎其中，玩物丧志。马宏良与家嫂失和后，携妻子到西安以外的地方跑码头，成绩平平，加之有抽大烟的习惯，生活逐渐潦倒。1952年听说连良三兄从香港回京，便前

马连良、马最良兄弟合影

来投靠。马连良见他30多岁的人，面黄肌瘦，手老不停地哆嗦，一看就知道是断了大烟的原因，不敢让其上台，安排他先到李万春的"一团"试试。

李万春看在三叔的情面上，让宏良先来个零碎儿、扫边的活儿。李万春经常在后台上见其妻手持茶壶，像伺候大角儿一样宠着马宏良，打心眼里看不惯。马宏良也不满足，没多久又继续跑外码头去了。1953年5月3日在湖北黄陂搭班期间，由于后台塌方，马宏良死于非命，时年38岁，非常可怜。通过了解此事，连良、最良兄弟二人更加珍惜这聚少离多的日子，老哥儿俩为了纪念这次会面，还特意去照相馆拍了一张合影。

我要把它献给国家

1956 年，在毛主席"百花齐放，百家争鸣"的方针指引下，政府号召"继承遗产、挖掘传统"。北京市文化局在工作中得知，马连良有许多珍贵的资料，他们也明白这些资料是艺术家的"本钱"与"饭碗"，老艺人有"宁舍十亩地，不舍一出戏"的说法。于是干部们试探性地向马连良商借，并称这些濒于失传的优秀文化遗产应该赶快抢救，最好能结集成书出版发行。

马连良对政府的行为很是感动，他感慨地说："像这样的本子能保存下来真算是幸运了，许多老艺人以前为生计所迫，把很多东西都带到棺材里去了。我不能让这样的事重演，我要把它献给国家！"于是，马连良把自己珍藏的一百五十二部绝版秘本全部赠予了北京市文化局。这些藏本中的剧目连一些内行也很少见过，如《阴骂曹》、《李陵被擒》、《雪夜访普》、《卖华山》、《登云岭》等。其中不少剧目只要稍加整理改编，即可成为一出能够上演的好戏。

另外，对"戏改"时期的一些禁戏，也逐步开放。演员们的心情也随着形势的好转而越来越舒畅，花旦名家筱翠花（于连泉，行内人称筱老板）曾经感慨地说："前几年，清规戒律盛行时，我可真倒足了霉。我会的那几出戏，如《杀子报》、《马思远》、《双钉记》、《红梅阁》等都遭了禁，如《战宛城》、《挑帘裁衣》、《小上坟》等也受了株连，弄得我简直无戏可唱。就是演出一些可演的戏，因为怕挨批评，手、脚、眼、身，全身都像绑了绳子似的，不敢随便动……自从'百家争鸣'以来，我这个被遗忘的人居然又抬起了头，各方面给我的安慰使我得到了温暖，我要争取演出，让青年人从我身上得到一些东西。"

马派名剧《九更天》、梅派名剧《贵妃醉酒》得以恢复上演。首次内部观摩在政协礼堂，演出结束后，统战部长徐冰同志特意到后台慰问，马连良心中暗自佩服共产党的光明磊落。后来这出戏为北京戏校的学生在长安大戏院又演了一次早场。

有人曾劝他,这种"禁戏"演演"内部观摩"就算了,省得将来落不是。马连良却认真地说,戏的内容我也不太赞成,可它包括了老生演员的全部基本功,有许多技术必须掌握,有唱、念、做、打,有甩发、抖髯、摔吊毛、走抢背,有"滚钉板"等等,学老生的都应该会。别人看他经过多年的"风雨洗礼",对政治还是一窍不通,"白专道路"的思想仍然冥顽不化,只觉得他天真得有些"可爱"了。

还有一件事可以看出马连良对政治并不敏感。在他回归祖国不久,政府向百姓征集天安门正面城墙上的装饰意见,后来定为中间是毛泽东画像,两边是标语:世界人民大团结万岁和中华人民共和国万岁。而马连良则认为应该镶上两条对称的如意图案,才能和天安门的建筑风格相匹配。在他的脑子里,艺术是特立独行的,和政治不搭界。他只知道认认真真唱戏,本本份份做人,把时间都用在对艺术的钻研上。对于那些所谓政治的认知,如同是另一个星球上的事情,知之甚少。而这另一"星球"却时不时向他抛洒着"流星雨"。

咱们别卖一个再饶一个了

1957 年上半年,开始了一场"大鸣大放"的政治运动。马连良做为北京市文艺界的头面人物,被邀请去了新侨饭店参加了多次"鸣放"会。在领导的鼓励和支持下,要求他向党提意见,与党交心。马连良就说,自合团以后,我这个团长有点像傀儡,形同虚设。辅导员常常插手团里的领导工作,出了一些问题,是外行领导内行等等。

在 1957 年 6 月 8 日,人民日报发表社论《这是为什么?》之后,反右运动正式开始，马连良的这些言论被人抓了"现形"。另外，自马连良从香港回归以来，政府内部对他的评价始终有两种声音。一种认为马在政治上是爱国的，艺术上是高超的，应该鼓励他创造出更加卓越的成就；另一种就是对旧社会艺人的生存状况不了解，认为马有"历史问题"，对他曾去"满洲国"演出的事不理解。解放之后，对此没有追究，已经相当宽大了。加上他1954年给解放军演出要报酬的事，这次反"右"运动中，不打他一个"右派"就太"便宜"他了。

为了选定北京京剧界的"右派"代表人物，北京市文化局内部召开了多次会议，最后矛头集中到两个人的头上，一个是马连良，另一个是李万春。李万春有"李大炮"之称曾在报纸上发表名为《重大轻小，重公轻私》的文章，指出政府只重视中国京剧院这样的"国营"剧团，而轻视他领导的私营或称民营公助的剧团，对马少波、马彦祥等文艺界领导提出了

周恩来、彭真到后台慰问马连良、张君秋

批评意见。

最后，马连良在彭真市长的"力保"之下，终于幸免于难。市文化局副局长张梦庚解释说，马连良刚刚从海外回归祖国不久，对国内的政治形势还不太了解。他年纪大了，万一经不起政治运动，有个三长两短，海外的反动宣传机构会利用这种事件来"抹黑"我们，造成不良影响。于是，北京市的京剧系统内，选出了李万春、奚啸伯等"右派"代表人物，中国京剧院选出了叶盛兰、叶盛长等人。

马连良虽然没有被打成"右派"，可批判"右派"大会必须要参加，而且还要做出发言，表示与之划清界限。戏班里人大多数与马连良一样，对政治运动的经验不足，对运动的根本意图缺乏认识，显得有些丈二和尚摸不着头脑，对"右派分子"所犯的罪行也不知所云。前两天还师哥长师哥短的打招呼呢，怎么突然就成了反党分子了，真闹不明白。因此在批判"右派"的大会上，就闹出了不少笑话。

比如让筱老板批李万春，把筱老板逼得没辙，必须表态，就说："你们这些人都不是好东西，就像苍蝇一样到处瞎嗡嗡，让人恶心，就应该拿苍蝇拍挨个拍你们！"一边说一边做着拍苍蝇的身段。大伙散会之后都说，今儿看了半出筱老板的《拿苍蝇》（白玉霜的评戏剧目）。

还有让老好人王连平批叶盛兰，把王连平急得直出白毛汗，不知怎么发言，最后一拍桌子说："你忘恩负义，你唱《罗成》唱得那么红，你忘了本子是哪来的了？那是我给你的！你唱红了，挣了大钱，出了名，你怎么不想着我，你就是给我买件大棉袄也行呀！"听了这样的发言谁"绷"得住啊，全都"喷"了。

马连良批判李万春的发言是被领导点了将的，必须言之有物，切中要害。不能敷衍了事，更不能出现类似筱老板那样的笑话。要严肃对待这场运动。上面知道马与李之间的关系密切，所以才要求马连良此次要积极表现，以回报政府对他的挽救。希望他在大是大非面前，认清形势站稳立场，积极参与这次反"右"运动。

马连良对李万春太了解了，当年他22岁第一次去上海演出时，就与

马连良与李万春（右）、梅兰芳、尚小云等在开会

李万春父亲李永利义结金兰，并收了有生以来第一个学生，就是李万春。把当年最拿手的《南阳关》给李万春说了，那时李才 11 岁左右。后来李万春进京，以一出《两将军》红遍京城。20 岁就自己挑班，融南北两派的武生技艺于一炉，逐渐成为继杨小楼之后的武生第一人。

爷儿俩虽然不是同一个行当，却有着许多共同想法，都是京剧界被公认的"改革家"，所以互相之间有很多艺术上的默契。两人又是通家之好，感情很深。让马连良批李万春反党，一点证据都没有，就是大海里捞针，也找不出一丝痕迹，这比让他唱一出大戏可难多了。

在冥思苦想之后，马终于准备一席"言之有物"的发言稿。他把当年别人批他"金钱挂帅"时所用语言，"转移"到李万春身上了。马连良说，我认为李万春就是"金钱挂帅"的典型。当年我觉得《舍命全交》这出戏文武带打，你演着比我更合适，就把本子给了你。可你目无尊长，对我一点也不尊重，我还没公演哪，你就贴出来了，这不是金钱挂帅吗？你就知道争名夺利，戏班里有多少人都对你这一点有意见，你应该好好反省。马连良费了九牛二虎之力，终于把准备了半宿的两句大批判语言说了出去。坐下之后，心里就不停"犯嘀咕"，既内疚又无奈，希望李万春能理解自己的苦衷。

　　散会之后，赶紧把李万春约到鸿宾楼饭庄，当面给人家道歉，马连良说："我不批你，他们就找茬我，咱们别卖一个再饶一个了。"李万春是"老运动员"，虽然历经坎坷，却心胸乐观、豁达，他反过来劝马连良："三叔，我根本没把这些当回事，您千万别往心里去。他们这叫玩'阴、损、坏'，这算什么本事啊？要说台上的功夫，还得看咱们爷儿俩！还是赶快趁热吃吧，菜都凉了。"

　　一场政治运动的到来，把人性丑恶的一面充分地暴露无遗。在运动中，有些人实事求是，不添油加醋，有什么说什么；有些人被迫无奈，只得东拉西扯地"应应景"；有些人则落井下石，借机报复，上纲上线，无中生有。日常生活中的和谐与宁静，全被这场运动冲击得支离破碎。

　　领导和辅导员平时常把马连良找去谈话，要他汲取以前的经验教训，要多关心时事、政治，加强学习，要求进步，积极向组织靠拢。可这政治运动的结果，实在是马连良不愿意看到的，也不愿意参与其内。在运动中，许多人给他提了意见，使他差点成了"右派"，整天提心吊胆，只好整天在家闭门不出了。

马连良的工资是人民给的

　　反右运动中，有人提出把老艺术家们的"保留工资"取消。不知内情的人，以为马家是如何如何有钱，实际是盛名之下，其实难副。马连良一生经历了两次白手起家的过程。第一次是自他成名开始，到 1946 年"打官司"结束。

在上世纪三四十年代，马连良红极一时之际，他的财产主要用于三个方面。第一项开销用于帮人。1934 年夫人陈慧琏进入马家后，就给这个京城的老式回民大家庭带来了源自上海的新风尚。她时常劝告马连良，不必按照老父亲的思路，把马家门里的老老少少、亲朋好友都遮护在自己的羽翼之下，过所谓大家族的热闹日子。要让老亲们都独立自主地生活，将来自己的孩子们大了，也让他们凭本事自谋出路，这样才能不过分地牵扯马连良的精力，减轻他的负担。陈慧琏常说，亲朋好友太多，你根本照顾不过来，一碗水不可能总是端平的，偏了哪一个都不合适，别人都会有意见。授人以鱼，不如授人以渔。你唱了那么多年《四进士》，连最精彩的两句念白都忘了？宋士杰不是说，"是亲者不能不顾，不是亲者不能相顾"吗？

马连良虽然认为夫人说的既有道理又有远见，可若在现实生活中实施，心里就犯了难，哪一个不算"亲者"呀？天底下的穆斯林都是一家子，是回回的事儿能管就要管，这是小时候念《古兰经》时就知道的。照顾亲朋好友是老父亲马西园一贯坚持的传统，他老人家说过："兄弟齐心，其力断金。"

马连良刚刚享名时，三叔马崑山一家回到北京。马连良每月都要接济三叔一家，母亲满氏就不太高兴，马连良只好偷偷地给三叔送洋面。连襟马连昆病故，家中没留什么积蓄，加之马连昆生前在台上经常"阴人"，得罪人太多，没有人爱管他的事，一家老小没了饭辙。马连良于是先开出十二张"领款条"，让连昆的家人每月拿一张条来马家取钱，用以帮补生活。虽然马连昆以前在台上也"阴"过马连良，可马连良却不计前嫌。行内人都说，幸亏连昆有个好亲戚！弟子马盛龙声带上长了病灶，必须在上海的医院手术，否则盛龙一家的生计就没有了保障，马连良立即拿钱给弟子看病……如此种种，马连良始终认为自己对亲人、同仁、弟子等等有一种责任感，始终认为他们和自己是一个大家庭的成员，自己就是这个大家庭的顶梁柱。

第二项开销是置业，马家先后买过北京的南深沟、包头大院、豆腐巷、和南宽街等几处房产。除了自家居住以外，马家的亲属如他的六伯马沛霖家、四弟马四立家和妹妹马慧敏一家，都需要给予照顾。购置南宽街大宅后，又捐了巨款给沈阳办学堂，手中的积蓄就花得差不多了。此举主要是夫人陈慧琏的意思，她那来自上海的思想里，又有海派生活中偏于追求浮华和体面的一面，认为马连良的声望要有与之相匹配的体面生活。购置南宽街宅子的举动，明显脱离了老北京人含蓄、蕴藉的生活方式，而显得有些海派的张扬，甚至锋芒毕露了。

另外，友人常铸久是大中银行的总裁，为了招徕生意，在西斜街置了一所深宅大院，花园里都能够划船。其实院子平时根本不住人，只是为了起广告宣传作用。陈夫人不知其详，购置南宽街的房产，多少也受了常的影响。

马连良每年都要去上海、天津等地演出。每次去天津都受到当地友人盛情接待，经常住在后来有"中国第一女花脸"之称的齐啸云家。齐家祖上曾当过前清的吏部尚书，马与齐啸云的父亲是好朋友，他是天津《民生报》的主编，热爱马派艺术，请马连良教齐啸云唱马派戏，齐啸云6岁时曾与马同台演唱《三娘教子》，红遍沽上。天津中国大戏院开张后，就在业内流行一句口头语："买卖不好就请马连良。"因此，马经常去天津演出，他不愿意时常麻烦朋友，就在天津购置两套洋房，用于每次来津演出时居住。这就是现在位于睦南道、河北路的"疙瘩楼"。

第三项开销是用于他所钟爱的京剧事业。马连良认为，为了戏花多少钱都是值得的。有一次演出一场大义务戏，安排他与程砚秋合作《宝莲灯》。为了达到台上完美的艺术效果，马连良提前把程的行头借出来，按照程的颜色花纹给自己也绣了一件。在台上二人穿着"对儿帔"，演唱起来仿佛真正夫妻互诉家常一般。

由于对行头的颜色、图案等精益求精，一般的行头庄都达不到他的要求，索性自己投资开了一家名为"长顺兴"的戏衣庄。不但自己的行头在那里订做，还为其他同人设计行头，力求各种颜色的服装在台上演出时，达到协调统一的审美效果。"长顺兴"所接的订单越来越多，可打折、欠款的也越来越多。马连良却从未把它看成一桩买卖生意，只把它当成了自己的服装加工厂。

自从马连良回归祖国之后，马家可以说是又一次白手起家。虽然生活条件与以前扶风社时代比是大相径庭了，马连良对物质的追求越来越淡漠。他平日里去虎坊桥工人俱乐部上班，都是乘 15 路等公共汽车。公交车的司乘人员对他们团里的大、小角儿都熟了，有时车已离站见到马连良等来赶车，出于对艺术家的尊敬，都主动把车停下来，让马团长上车。一次人多拥挤，把马连良从车上挤下来摔了跤，售票员立马对向车站走来的马长礼高喊："马长礼，快来呀，你爸爸摔着了！"大家忙把马连良扶起来，马长礼过后也劝义父："您年纪也越来越大了，挤车的事能免则免，还是买部小汽车吧！"

在拍完《群英会·借东风》电影后，马连良、萧长华各得一万元片酬，叶盛兰得八千元。在大家好说歹说地劝告之下，马连良才向文化局提出了购车申请。费尽周折后，上面终于同意他自资购买英国产的奥斯汀牌汽车，有关司机工资、汽车的保养维修、汽油等一切开支，均要自付。

在反右运动中，有人就对马连良的生活提出了置疑，认为他的生活太腐化了，每月 1700 元的工资竟然不够用，幸亏彭真市长及时地说了一句："马连良的工资不是剥削来的，是观众、是人民给他的！"才算勉强过关。而马连良生活中的实际难处，外人就不得而知了。

首先，他的子女较多，既有上学读书的，又有在外地工作的，有些都有了下一代，生活都需要他照顾。其次，亲朋好友、同事、弟子们家中有事，他总是大大方方地"借钱"给人家，从来不往回要。有人张口向他要东西，他总是把最好的给人家。他常常感叹："我就是没买过棺材！"因回民不用此物。第三，平日"遛弯儿"闲逛时，总爱去一些绸缎庄、古玩店等地。见到颜色合适的料子，就买来做台上该穿行头；看到一件玉佩，一把古扇等，也认为台上用得着。为了舞台上艺术的美感，花多少钱都愿

马连良与刘雪涛（左）、李慕良在家中研究剧装面料

意。因为当了太多年的"老板"，所以脑子里没有"报销"的概念。第四，家中的几位工人，都是跟着他几十年的，他认为必须养他们一辈子，不能无故辞退，他们每月的工资又是一笔开销。第五，平时没事他不去团里，报子街的马宅就是他的办公场所。不论是市里、局里的领导，还是剧团的同事，业内的同人以及各行各界的朋友，都是来家里找他。马家每月的茶叶钱就要开销近三百元。每日宾客盈门，常常要开"流水席"，把厨师杨德寿忙得不亦乐乎。一则马连良是回民，朋友们在马家吃饭比较方便，去别人家则多有不便。二则马家的厨师杨德寿的确水平太高了，他的师父是清真菜西派大师储祥，是顶顶有名的大师傅。因此，杨的外号是"小厨子"。没有不爱吃他做的饭的，北京京剧团里有很多汉民都爱吃清真饭，都是因为马团长家有杨师傅之故。

　　二次合团后，辅导员张仲杰曾向"团太"陈慧琏建议举办家宴，邀请

马连良与谭富英、张君秋等北京京剧团同事游览颐和园

其他几位团长、团太出席，说这样有利于大家之间的团结。陈认为有理，就逐渐形成了惯例。马连良最高兴的事就是和谭富英、张君秋、裘盛戎等人边吃饭、边聊戏，有时一顿饭能吃上一个晚上。杨德寿开始比较怕谭先生来家吃饭，因为谭有一个毛病，吃东西较慢，爱喝黄酒。三坛子下肚后，情绪就来了。能从《群英会》一直说到《华容道》，可丝毫没有醉意，过一会儿就说："劳您驾，麻烦您给热热。"一个晚上"热"四五次是正常的。杨师傅就不能下班回家，总要"盯"着。后来听他们老几位聊天挺有意思，马先生又高兴，谭先生又爱跟他逗两句，慢慢就习惯了。一次，谭先生还没对他开口，他主动地说，"我再给您热热"，大伙儿全笑了。

这几大开销加起来，每月工资也就所剩无几了，所以马连良只能对自己"抠门儿"了。以前做过的西装制服等，只要是干净、整洁，就绝不再做新衣服。一场大戏结束了，身上的水衣子（戏装内衣）要湿透好几件，体力耗费相当大。回家后也就先喝一碗鸡汤，宵夜时再吃一盘葱爆羊肉等饭菜就算完了。身上穿的棉毛衫裤和袜子等补过多次也不让换，总说这样穿着舒服。

对子女也是严格要求，不许他们乱花钱。儿女们在读书时期，一律身穿校服，脚上穿家里自己做的鞋。每日的零用钱只够吃顿早点或买包花生米的。他绝不允许孩子们向有钱人家的公子哥一样，到处吃喝玩乐。据马建回忆，当年上中学时每天步行，除了参加学校的体育活动外，只允许他们去看看外国电影。偶尔去东安市场吃上一个西点奶油栗子粉，已是最高级的享受了。一次，女儿学校要求买一身运动服，他说，可以。等买回来后，马连良向女儿要发票，他说："我就是想让你知道，钱花在正地方没问题，但不能说谎乱花钱。"

国营剧团和民营剧团谁优越

北京京剧团成立后，马连良自己整理排演了《秦琼夜打登州》，与谭、裘合作，恢复上演了传统名剧《三顾茅庐》。到了 1957 年，又酝酿"四大头牌"联合演出的《秦香莲》。剧团又分成以马、谭、张、裘为主演的"大团"和以谭元寿、马长礼、李世济、李毓芳等为主演的"小团"。"大团"有演出时，也让"小团"演员参加，实行老带青的制度，培养第二梯队演员。在春节期间，北京京剧团甚至一天能演三场戏，早场主演是张少武等最年轻的一辈演员，以演武戏为主。下午日场是"小团"演出，晚场是"大团"亮相。一天三开箱，能够从初一一直演到十五。

由于四位团长关系融洽，团结协作，带动着整个北京京剧团都干劲十足，大家的工作热情空前的高涨。全团到沈阳演出时，"四大头牌"每晚散戏后，各带一组人马排新戏。马连良排演由以前连台本戏《五彩舆》整理改编的《大红袍》，谭富英排《杨家将》，张君秋排《秋瑾》，裘盛戎排《铡判官》。每晚宵夜之后，必排两个小时。白天没事时，大家分头背词，晚上还要演出，没有一个叫苦叫累的。

沈阳的观众也实在太热情，"四大头牌"同时上台的戏他们没看过，戏迷们对在剧场内看戏已经非常有意见了，充其量也就能进一千多人，他们不干了。后来只好改在一个大广场上演出，同时容纳三、四千人。一天，马、谭、张合演《四郎探母》，裘盛戎在前面来一出《锁五龙》，广场上就人山人海了，票价买到了二元八角，还是一票难求。回到北京之后，马连良又被领导上批评了，认为票价太高，"金钱挂帅"又冒头了。

不管是什么"挂帅"，北京京剧团做为一个民营剧团，在没有任何任务和指标的前提下，每年自觉、自愿地向国家上缴二十多万人民币，这是任何一个国营或民营的剧团都无法与之比肩的。这只能说明按照民营公助的体制组建的北京京剧团，是完全符合艺术与经济发展规律的，当时的中国京剧院每年向国家要求的补贴就有三十余万。

北京市文化局副局长张梦庚曾就北京京剧团取得如此成就一事，在报上发表文章，提出了"国营剧团和民营剧团谁优越"的言论。指出有许多演员到"中国"之后，没有干劲，工作积极性发挥不出来，说明"国营"体制有问题。顿时遭到了连篇累牍的回击，指出戏曲演员从拿"戏份"，到"公营"，再到拿工资；从"私营"班社，到"民营公助"剧团，再到"国营"剧团，是社会进步的表现之一。批评张没有发展的眼光，只看到经济效益。这场"文墨"官司，必然以张的失败而告终。说明主抓文艺的政府部门，对马连良所领导的北京京剧团现象，是有明显的意见分歧的。

分歧的表现之一，就是对马派名剧《一捧雪》的看法有所不同。该剧的大意是明朝嘉靖年间，奸相严嵩之子严世藩强索太常寺正卿莫怀古家中宝物"一捧雪"玉杯，并借题欲杀莫怀古。莫弃官逃走，中途被获。掌家莫成替主一死，以便莫怀古日后报仇雪恨。马连良在剧中饰演莫成，为了表现剧中人的情绪变化、思想起伏，马连良调动唱、念、做、打等一切表演手段，把莫成这个人物演绎得活灵活现、生动感人。在上世纪三十年代，此剧已成马派代表作之一。

"戏改"以后，有关领导要求把莫成的身份由掌家改为门客，认为这样可以弱化"奴隶主义"的思想。合团以后再演《一捧雪》时，剧协方面又提出该剧有许多地方"贬低劳动人民形象"。如莫成在剧中有这样一段念白，是必须要改的，即："说什么无有人替人死的道理，有段故事说与老爷、大人、夫人一同赏听。昔日杨生好养犬，酒醉睡卧在荒山。竟有那不识时务的牧童，他就放火烧荒，堪堪那火烧在杨生的身上，那犬见事不好翻身跳下涧去，沾湿毛皮，舍身救主。等那杨生醒来，那犬早已累死在荒山，那杨生对天叹曰：'马有垂缰之义，羊有跪乳之恩，乌鸦有反哺之力，这犬有救主之心。'畜类尚且如此，何况小人是一人乎？今日叫小人替死便罢，如若不然，我就碰死在这蓟州堂上！"

马连良赶紧找来自己的好朋友吴晓铃教授，一起研究修改方案。由吴教授执笔，用"项羽火焚刘邦，纪信替刘邦一死"的典故，替代了这段传统念白。修改之后，剧协还是不满意，有关领导请马连良到东四八条剧协的小礼堂再演一次。由剧协方面邀请观众观看，演出之后请所有观众对《一捧雪》展开现场批判会。马连良听后心里很不是滋味。心想，你们不满意，让我们修改，我们马上照办。修改后还不满意，我们大不了不演了就是。让我和我的戏挨现场批判，这也太难了吧！于是，他只得推脱说："我这几天身体不好，我和迟金声给马长礼说说，让他去吧。"从此，一出马派名剧被迫"挂"了起来。

事情过了一段时间以后，一天突然接到文化局的电话，要求上演《一捧雪》，并告知有首长来审查。演出开始后，大家发现周恩来总理和陈毅副总理正在聚精会神地看戏，知道这次来头不小。演出结束后，陈毅副总理到后台慰问，提出等马先生卸妆后大家开个座谈会。会上陈毅围绕《一捧雪》这出戏滔滔不绝地讲了很长时间，最后表示："这么好的戏为什么不让唱？马先生这么好的艺术到哪里找去？为什么不让他演？我看不出这戏有什么问题，完全可以继续演下去。以后谁不让你们演，你们就打电话给我！"据当时在场的马崇仁回忆，陈毅同志当晚的讲话真正是"磨破了嘴皮子"。可谓苦口婆心，言有所指。

只有多排好戏，才能报答政府

身为团长的马连良，一心只想多排几出"四大头牌"合作的大戏，既要体现同仁之间的团结协作，又要突出各个流派的艺术特色，使之在戏中得以充分的发挥，创出艺术水准高、票房收入多的好戏。

《秦香莲》是北京京剧团成立以来，马、谭、张、裘首次合作新剧的成功典范。剧本是荀慧生先生所赠，他认为北京京剧团阵容强大，生、

《秦香莲》马连良饰王延龄

旦、净、丑齐全，够得上把此剧搬上舞台的"份儿"。马连良研究过剧本后，认为自己比较适合王延龄这个人物。以念、做为主，虽然是配角，但加上"俏头"之后，人物很有特色，能达到绿叶衬红花的作用。给谭富英的陈世美又加上了许多的唱，发挥谭派的优势。裘盛戎的包公，在老本《铡美案》的基础上，修改、润色，使人物的思想境界有了大幅的提高，艺术形象更加丰满。全剧以张君秋的秦香莲为主线，贯穿始终，使张派艺术得以充分地展示，是他继《望江亭》之后的又一力作。虽然此剧之前有多种版本在舞台上出现，但与马、谭、张、裘的版本相比，都相形见绌了。可以毫不夸张地说，这出《秦香莲》堪称"女版四郎探母"，成了北京京剧团的代表作，从此长期屹立于京剧舞台。

1958 年新春，国务院举行招待会。周恩来见到马连良后亲切地问道："马先生，怎么马夫人没来呀？"马连良实事求是地说："请柬上没请她。"周连忙说："那怎么行，马上派人去请。"把夫人陈慧琏接来后，周总理再一次来到马连良夫妇身边交谈，周说："马先生，近来身体如何？好像脸色不太好。"马连良欲言又止，夫人陈慧琏替他说道："他最近身体还好，就是正在犯痔疮，有点不舒服。"周马上对身边的秘书说："让马先生到'中直'的医院好好看看，不能耽误了。"第二天一早，总理秘书送来了四张介绍信，请马到"中直"系统的四家医院去看病。马连良备受感动，心想只有多排好戏，才能报答政府。

《秦香莲》成功演出之后，马连良又和谭富英、张君秋合作了老舍先生的新戏《青霞丹雪》；与裘盛戎合作了用老戏《羊角哀》翻新的《舍命全交》；最使他满意的是成功地移植了秦腔《赵氏孤儿》，使它成为了马派艺术后期的登峰造极之作。

《赵氏孤儿》原本是陕西秦腔艺术家马健翎编写的剧目，马连良在北京首都剧场观摩之后，大有感触。这出戏首先能够"拴角儿"，正中了北京京剧团的下怀。其次是剧中的许多片断如《闹朝扑犬》、《搜孤救孤》、《八义图》等都曾经是京剧的优秀传统戏，为广大观众所熟悉。剧本是在元代著名剧作家纪君祥的《赵氏孤儿大报仇》基础上改编的，有着深厚的文化底蕴，号称"中国版的古希腊大悲剧"。

马连良在看过两遍戏后，决定立即投入移植剧本的案头工作。他决定由自己来主演剧中的程婴，做为该剧的"戏胆"。把程婴出现的八场戏，做了深入细致的准备工作，归纳为八种不同的情感变化，分别为焦、智、勇、慎、假、愿、痛、欢，但万变不离其宗，在这八个字的推移演化中，突出程婴的主线——"义"。根据人物的情绪、剧情的需要，设计了八个不同的上、下场。在各场次中，大到唱腔、锣鼓，小到身段、台步，都做了精心的编排设计，把程婴这个人物由内心到外在演绎得鲜活生动、感人

《赵氏孤儿》马连良饰程婴，马长礼饰韩厥（右）

至深。

马连良欲排《赵氏孤儿》的消息不胫而走，引起了上至中央，下到百姓的多方关注，人人都期待着他的新作问世。由于京剧传统戏有《搜孤救孤》，在"磨合"的过程中，编导决定保留"献孤"一折，将经典唱段"白虎大堂奉了命"改为用"西皮"来安腔。一日，康生看了"献孤"这场戏后有想法，他建议还是保留传统的二黄唱腔比较好。

马连良觉得"献孤"保留"二黄"唱腔也可以，但自己与余派的唱法不同，为了坚持自己的特色，设计了"在白虎大堂奉了命"一段。原来《搜孤救孤》里程婴与妻子的那场戏就只得掐了。因为大家认为程婴拿刀欲杀自己妻子的场面不合适，对程婴的整体形象不利。

据李慕良回忆，在"说破"一场中，马连良为设计那段著名的【反二黄】唱腔煞费了苦心。一天夜里三点多钟，李慕良突然接到了他的电话。他说，他躺在床上睡不着，脑子里一直在思考这段"老程婴提笔泪难忍"，忽然有了灵感，要李慕良赶快记下来。李说，先生，现在都夜里三点多了，有什么事明天早上咱们到团里再说吧，您现在应该休息了。马连良说："不行，我怕一会儿睡着了就忘了，你赶快记下来。"

为了把程婴的形象演绎得更加完美，马连良想起当年贾洪林先生演出《朱砂痣》的一个身段——"惊恐、转身、甩髯、抖指"，特别适合"说破"一场中程婴的意境，于是把这个一连串的动作稍加变化，安在了程婴身上，大家都认为这个做工太到位了，他自己也十分高兴。因为观摩这个身段那年他才十岁，就被贾先生的艺术深深地吸引住了。他一直想找机会在戏中把贾洪林感人的身段用上，五十年来一直想使却没有合适的机会，创作《赵氏孤儿》让他如愿以偿了。

在上世纪五十年代赴朝鲜慰问的时候，马连良发现朝鲜老大爷的服饰很有特色。用头发和马尾编织成的镂空的帽子，短款深色的上衣，下露白裙，有点像我们台上的女帔，就把它的式样默默记住。在"打婴"一场中，马连良为程婴设计了纱制的镂空员外巾，在舞台灯光的照射下，观众能够看到里面白色的发髻，十分醒目。将普通的男帔改短，制成墨绿色短

《赵氏孤儿》马连良饰程婴

帔，特意露出内衬的淡绿色裙。这一突出又有个性的扮相，灵感就来自于朝鲜老大爷的服饰。马连良说，他倾毕生所学于程婴一身，真是恰如其分的描述。

《赵》剧在几易其稿之后，又一次取得了轰动效应。然后，一边演出一边再修改，终于成为北京京剧团的又一精品。在京剧艺术发展史上，可称为里程碑式的代表剧目。全国的专业、业余剧团都来京学习此剧，把全团上下忙得不亦乐乎，甚至工友都成为人家请教的对象。《赵》剧的成功，使马连良艺术上又步入了一个更高的境界，马派艺术的影响力更加深远。海外的媒体也争相报道，香港方面有人形象地写道："《赵氏孤儿》一剧，让马连良返老还童。"

第八章

夕阳余晖

我正在城楼观山景

耳听得城外乱纷纷

——选自马派名剧《空城计》

下放顺义头二营

　　全国人民在兴高采烈地度过了建国十年大庆之后，三年自然灾害突然降临。在物质生活极为匮乏的时候，人都需要精神上的鼓舞与激励，一部优秀的文艺作品就能够起到这样的作用，马连良就是这种精神生活的创造者。随着艺术水准的上升，他的政治地位也在不断提高。1960年春节过后，他又迎来了自己的六十大寿。文化部长沈雁冰知道马连良最喜欢水晶玻璃制品，在他生日的那天，亲自送来了八只高脚杯做为生日礼物。分为紫、蓝、黄、白四色，每色一对，是沙皇的御前用品，属于俄国的古玩。政府方面的关怀与照顾，再一次令马连良激动不已。

　　不久，马连良收到了时任北京市文化局副局长孙承佩的剧本——新编历史剧《官渡之战》。剧中歌颂了三国时期曹操重视贤才，以少胜多的大智大勇，立意上非常新颖别致。当时北京人民艺术剧院正在上演话剧《蔡文姬》，是郭老为曹操翻案的一部力作。《官》剧在刻画曹操这个人物时，也一反传统戏中冷酷、奸诈的嘴脸，与《蔡》剧颇有异曲同工之妙。马连良读过剧本之后，又有了一种如获至宝的感觉，看出它将是继《秦香莲》和《赵氏孤儿》之后，又一部具有北京京剧团代表性风格的力作。决定由自己来饰演许攸，谭富英饰袁绍、裘盛戎饰曹操。只要经过像《赵》剧一样的磨合期，边演边改，必能成功。

　　就在马连良等人准备做案头工作的时候，忽然接到了文化局的通知，要求全团马上前往京郊顺义下放劳动。全团上下都感觉莫明其妙，只好把工作暂停，准备到农村劳动。

　　这时，马连良的弟子迟金声正在负责给北京第二通用机械厂的工人业余京剧团辅导排戏，见到了"二通"的党委书记曾平。曾原来是北京市市委文艺处的处长，与马、迟都很熟悉。迟金声对曾平说："从明天起，我就不能来了，咱们的京戏辅导暂告一段落吧！"

曾平问："为什么呀？咱们这工人的文化生活你还要帮忙啊。"

"不是我不帮忙，我们全团明天集体下放顺义劳动！"

"全团去农村劳动？马先生、谭先生他们呢？"

"都去，全团一个不落，都去顺义头二营村。"

"你们不是正要搞《官渡之战》吗？怎么能去农村啊？"

"只好先不搞了，以后再说。"

"去多长时间？"

"不知道。"

"什么时候回来？"

"不知道，没人通知。"

曾平原是彭真市长手下主抓文艺的得力干将，他知道此事必是文化局所定。自己现在是"不在其位，不谋其政"，对文化局的决定不便干涉。他太懂文艺了，知道北京京剧团目前正处在一种创作的高峰期，全团上下斗志昂扬，一个个都在亢奋状态。正是出新戏，出好戏的时候。如果给他们当头泼上一盆冷水，把这些性情中人全都"闷"了回去，不仅不利于他们个人的艺术发展，对我国的京剧事业也是一大损失。

"下放事件"让曾平忧心忡忡，他觉得让"四大头牌"全部下放农村劳动，还不知道要干到什么时候，太荒谬了，这不是诚心整人吗？真不知道是谁的决定。沉默了片刻，曾平急中生智地说："既然是劳动嘛，在哪儿干都一样。明天起，请马先生、谭先生、裘先生，导演王雁、迟金声、谭元寿、张韵斌，还有茹富华，他是演员队队长、党员，让他带队，请这些人来'二通'劳动。"

曾平虽不在市政府文化口工作了，但他时时刻刻都关心着北京京剧团的工作。他点名的这些人，都是参与《官渡之战》案头工作的。他知道目前凭他的能力，改变不了文化局的决定。但凭自己的关系，至少可以"救"下这几位，对排演《官》剧有好处。曾平的决定，实际上"救"了一出大戏。

马连良与曾平相交于"合团"前期。曾对马派艺术的了解与认识，不亚于彭真市长和文化局长张梦庚，并且谈吐文雅，工作细致，丝毫没有"官架子"，是位难得的好干部。此次约《官》剧剧组到"二通"来"劳动"，更让马连良觉得他是个有情有义的大好人。到达"二通"之后，曾平已经为他们腾出了最好的办公室，每天的"劳动"就是在此安心地把《官渡之战》的案头工作做好。厂里安排得好吃、好喝、好待遇，让艺术家们都大为感动。

下放顺义头二营村的人们可就惨了。也不知文化局方面与村里的干部都交待什么了，北京京剧团到村里后，生产队队长用手点指着他们，像教训"犯人"一样，鼻子不是鼻子、脸不是脸地数落了一通："你们这些唱戏的，整天在城里作威作福，享受惯了。这样下去不是要翻天了吗？从今天起，你们给我好好地劳动改造！"于是，北京京剧团的全体成员开始了一场与农民同吃、同住、同劳动的"改造运动"。

上世纪六十年代初期，正值灾荒开始，演员们每天风里雨里地干着从未做过的农活。生产队长又不把他们当回事儿，玩命使唤这些不要钱又白来的劳动力。演员们整天累得晕头转向，一点盼头都没有，不知道要这样干多久才是个头。收工回来后，就扔给他们一筐煮熟的白薯，当做饭食。一点荤腥都没有，把大伙每天饿得昏天黑地的，两只眼睛都像饿狼一样。常常为了争夺白薯筐底留有的"糖粘儿"，大家你推我抢，把文艺工作者的仪态都抛到九霄云外了，简直就是斯文扫地。

一天，大家正在农田里干着活儿，留守团部的杜志三带着几辆大轿子车来到了头二营村。杜志三宣布，今晚在人民大会堂的小礼堂有演出任务，全团马上出发，进城。根本没有时间让大家换洗一下，立即登车走人。大家也不愿意多问唱什么戏，还回不回来等等问题。总之，能离开一会儿是一会儿，这些日子把大伙儿都委屈坏了，谁也不愿意多呆一秒钟。全团成员灰头土脸，破衣拉撒地来到了人民大会堂外。

下车之后，把那里的警卫人员吓坏了，心想哪来这么一帮要饭的呀？根本不让进。经过多方解释，内外联络，才把他们放了进去。在小礼堂的

北京京剧团在顺义劳动

后台，大家终于看到了多日不见的马团长等人，有人把一肚子苦水都倒给了马连良，痛苦又委曲地说："团长，您赶紧帮我们想'辙'吧，真活不了了。"一句话，让马连良一个晚上心情都十分沉重，戏演得也不怎兴奋。

散戏之后，大会堂招待演员们吃"大脸盆"，有肉、有菜，主食随便吃，用大脸盆装了满满几盆。终于见着油腥了，大家狼吞虎咽地吃个没完，可有了解馋的机会。马连良看到大家饥饿难耐的样子，心里堵得难受，悄悄地回家了。心想，《官渡之战》的案头工作计划看来要更改，必须把这出戏马上"下地儿"（戏班行话：进入排演阶段），才能名正言顺地把大家从头二营村里调出来。虽然案头的工作还不成熟，需要一定的时间修改，但目前的情况根本不允许他们在"二通"厂里多耽搁一天。

大家在人民大会堂演出之后，又回到了顺义头二营村，再一次被"打回原形"。从这一天开始，杜志三在演员的心目中如同神明一般，整天期盼着他的到来。这时，马连良等人在"二通"的工作迅速地进入了收尾阶段。与文化局商议之后，他们几人来到了顺义县城，把头二营的演员也招集到县城。随后，进入了紧锣密鼓的排演阶段。经过了几天的磨合后，在顺义试演了两场，马连良虽然心里不太满意，但嘴上连称满意，大家也都说"好"，可以公演。这样才让全团成员回到了阔别已久的北京城。

《官渡之战》一剧，无论是在剧本编排、唱腔设计，还是在演绎风格、流派体现方面都有许多出彩的地方，一直为内行人士所称道。由于准备时候不足，匆匆上马，公演之后没能达到《赵氏孤儿》一般的轰动效应，马连良心中一直对此耿耿于怀。后来因为谭富英身体不好，在一次音乐堂演出《大保国》结束之后，医生当场为他做心电图检测，证明有心脏病，不同意他再参与演出活动。由于谭的淡出，马也无心思再演此剧，就"挂"了起来。直到三十多年以后，在搞京剧"音配像"工程时，又发现了它的录音，许多人才知道北京京剧团还有一出这样的好戏，真是明珠暗藏。

你懂不懂京剧流派艺术

经过排演《官》剧一役，马连良做为团长的权力大打折扣，权威渐失，后来竟然到了自己都无法决定排演什么戏，如何表演的地步。1959年，文化局派来了一名协理员叫魏静生。他在延安平剧院工作过，曾经唱过老生，还能编、能导，是个内行干部。解放以后，在公共交通部门工作了近十年。来到北京京剧团后，他参与了《官渡之战》、《海瑞罢官》和《陈三两爬堂》等剧目的工作。看到团里出了几台具有轰动效应的大戏后，魏静生也萌发了创排大戏的冲动，他看中了《四进士》这出马派经典剧目。

《四进士》是出衰派老生戏，表演以念、做为主，唱段不多，皆为点睛之笔，舞台上分为南北两派的演绎风格。南派以周信芳为主演，剧中人宋士杰集正气与傲气于一身，性格刚毅、老辣；北派的代表人物是马连良，他刻画的宋士杰，既有正义、机智的一面，又有诙谐、狡黠的特点。在赴朝慰问的演出当中，贺龙元帅对周、马两人演出的评语为：各有千秋。

马连良自从上个世纪二十年代开始演出《四进士》，已经有了近四十年的演出历史。该剧可以说是千锤百炼、炉火纯青之作，表演上几乎没有太多需要修改的地方，在马派的代表剧目中占有"三鼎甲"的位置，深受观众的喜爱。

可是魏静生却有一"奇招"，让马连良按"麒派"的路子来演绎宋士杰这个人物。不知是不是他觉得马连良在政治上要向周信芳学习，所以在艺术上"北马"也要向"南麒"靠拢，这个决定简直让马连良哭笑不得。团里的人都私下里嘀咕："他这么干，不是成心给马、周这老哥儿俩'拴对儿'（京俚语：人为制造不和）吗？"

为了加强演出阵容，魏静生还让谭富英扮演平日由二路老生担纲的毛朋，张君秋饰杨素珍，裘盛戎演顾读。顾读本来是架子花脸的应工，一直由周和桐扮演，非常合适。在排《赵氏孤儿》时，本来由裘盛戎饰屠岸贾，但这个活儿是"架子花"应工，念、做比较吃重。裘演起来，善良有余，残暴不足。有人曾向魏建议，改用周和桐。顾读和屠岸贾一样，周来演更好。魏静生仍然坚持己见，还要给顾读加唱，弄得参演演员都不满意。

相信魏本来的想法也是出于好意，想把"四大头牌"都拴到一块，让《四进士》这出名剧达到更上层楼的效果。可毕竟没有按照艺术规律办事，反而适得其反了。马连良对魏静生的做法也不敢过多地指责，更谈不上去领导那边给他"上眼药"了。心里明白，建国以来主抓文艺界的某些"左大爷"制定了"扬周抑马"政策，这不过是冰山一角罢了。

魏版《四进士》没演两场，就被市长彭真知道了，他把魏静生找到市委，与他进行了一场严肃的谈话。彭问魏，你懂不懂京剧的流派艺术？是如何搞统战工作的？马先生的成名作怎么能随便改呀？改他的代表剧目不是对马先生的打击吗？没过多久，魏静生调离了北京京剧团。

让我给您追加三百元鼓励费

1961 年至 1962 年期间，马连良应中国唱片社和中央人民广播电台之邀，为马派名剧录音。除了广播之外，还灌制了大批密纹唱片。其中有《十道本》《清风亭》《失空斩》《清官册》等十几出剧目。在工作接近尾声的时候，有一位外地的朋友打来电话，提出《清风亭》里的一句唱词"无名火起高万丈，大骂奴才丧心肠"，其中的"丧心肠"词句不通。马连良琢磨了一会儿之后，认为有理，在几天之后政协礼堂演出《清》剧时，把词改为"丧天良"，并让同事把字幕中的老词也改了，同时通知"中唱"方面，把前不久的录音中的两句老词抹掉，重新录音。

录音师们被马先生这种对艺术认真严谨的精神所感动，同时也有人说，您这么大的名望和这么成功的代表剧目，就是不改也没人注意。马连良却说："在台上唱戏，一晃就过去了，听到的不过一千多人。录音、灌片子可要慎重，弄不好会遗臭万年。"

由于和录音师们一起工作了两年左右，大家都非常熟悉了，马连良就与他们聊起了有关唱片的往事。以前许多老先生认为，唱片灌得多了，必然影响剧场的上座率。马连良却意见与之相反，他认为"生书熟戏"这句俗话是有道理的。对于观众来说，越熟悉的戏反而越爱好，这是一种艺术欣赏习惯，所以唱片的发行只会有利于上座。他在《十老安刘》一剧未上演之前，就先将唱片推出市场，不但唱片热销，而且对《十》剧起到了事先张扬的宣传作用，使它成为万众期待的焦点，上演之后，一炮而红。

马连良还认为有些唱片公司为了追求利润、节省成本，对唱片的制作非常不严谨，甚至粗制滥造，使艺术家的水准大打折扣，同时对听众也不负责任。比如，有些谭鑫培、余叔岩等人的经典之作，由于在灌片时没有计算好时间，或者为了在一张两面的唱片中多安放一些内容，则不顾艺术

《清风亭》马连良饰张元秀，马富禄饰贺氏

效果，把一些名段中的词句进行了删减，使唱片成品带有缺憾。

　　另外，唱片公司多在上海，片中报幕人员的"国语"能力太差，公司对此也没有要求，闹出许多笑话。有时报"二段"时，把二字读成"你"（上海音），即为"你段"。好不容易换了一个会说国语的，还是个结巴，如"高亭公司特请金少山、谭小培老板唱二、二、二……《二进宫》"。唱片公司也不重录，听众都把它当笑话来听。1929年，马连良嗓音大好之时，他灌制的唱片都是请蔡荣桂先生或他的六伯马沛霖报幕，"民国十八年，特请马连良老板唱《龙虎斗》"京字京韵、清脆嘹亮。

所谓"名家名段"，都是经过千锤百炼，不断改进而成的，绝非一蹴而就之作。像马连良的《甘露寺》等已有四十年左右的灌片历史，其中的唱腔、词句经过不断地修正、改变，使之更加合情、合理，悦耳动听。1929 年，为蓓开唱片公司灌制《甘露寺》时，"休出口"的"休"字有倒字之嫌。再有把关羽"汉寿亭侯"头衔中的"汉"字略去，以为是代表朝代，其实"汉寿"是地名，"亭侯"是官名，不能省略。

有人对他提出后，他立即通知"蓓开"方面，希望收回全部唱片，不想给听众留下任何错误信息。但唱片公司认为没有大碍，而且正在大卖特卖，势头红火，不能收回。于是，马连良只得自己出钱，在市面上大量采购这张唱片，然后回家来砸碎销毁，颇有些像电视剧《大宅门》中白景琦，自毁偷工减料之药的意思。有人认为太可惜了，他一摆手说："那样终究会留下后患，贻害后学之人。"这个遗憾直到 1937 年第三次灌制《甘露寺》唱片时才得以弥补。

在 1962 年，吴晓铃教授为其编辑《马连良演出剧本选集》时，马连良又将《甘露寺》这段唱词中的"靖王"改为"中山靖王"，"汉帝"改为"景帝"，使之更加具体，更加符合历史；将"兴兵"改为"领兵"，使之进一步字正腔圆。

《失空斩》是马连良艺术早中期经常上演的剧目，也是他非常喜爱的剧目之一。但他对其中有些唱词一直持有异议，认为有必要加以修改。比如，以前《空城计》上场应唱【西皮原板】，与《失街亭》一样。老谭先生认为重复了，就在场上临时抓词，念了一句对儿："兵扎岐山地，要擒司马懿。"马连良认为此时诸葛亮能保住西城就不错了，根本没有意思和能力擒拿司马懿。于是，他就把词修改为："帐收千员将，胸藏百万兵。"

又如，诸葛亮【西皮慢板】中的"评阴阳如反掌保定乾坤"和"东西征南北剿博古通今"这两句因为当年老谭先生灌片时词句颠倒，而引起了意思不通。应该改为"评阴阳如反掌博古通今"和"东西征南北剿保定乾坤"。

虽然只是改动唱词里的几个字，但行内许多人士皆不敢冒天下之大不韪。因为《失空斩》毕竟是谭鑫培先生的代表作，谭后的著名须生演员无一不遵从老谭的唱法。马连良向提出中央人民广播电台想录《失空斩》，并要在录制的过程中使用以上修改过的唱词。电台的负责人同样有所犹豫，怀疑这出戏不是马派名剧以及这样的唱法不被接受。马连良看出了他们的心思，对来人说："这是不是马派名剧不要紧，等我录完音后请你们听听再定，好吗？"

录音进行得很顺利，电台付给了马连良一千元的录音费，给了侯喜瑞先生五百元，裘盛戎先生四百元。三天以后，那位录音负责人又突然造访马宅，兴冲冲地对马连良说："马先生，《失空斩》我们听了，太棒了！您的艺术水平太完美了！我们领导非常满意，认为既有传统的东西，同时又有突破，让我给您追加三百元鼓励费。"

就任北京戏校校长

1962 年，北京市戏曲校长郝寿臣先生去世，由谁来接任这个校长职务，成了业内人士议论的中心话题。一天，校长室里挂上了一幅王长林、郝寿臣和马连良合作的《连环套》剧照，大家对校长的人选好像已经有了"谱儿"。在周恩来、彭真等领导同志的亲自指示下，马连良就任"北京戏校"的第二任校长。

马连良对这所戏校有着深厚的感情。当年他从香港回归大陆后，曾将在天津演出一场《四进士》的收入捐给了沈玉斌。后来听沈会长说，当时没有这袋子钱，"艺培"就开不了学。沈玉斌特聘马连良为该校校董，参加开学典礼。后因经费紧张，无奈之下，沈玉斌只好无奈地让学生们回家用餐。

马连良校长在讲话

　　为帮助"艺培"解燃眉之急，马连良号召"富连成"科班的师兄弟们，于1952年8月5日在中山公园音乐堂，为"艺培"举办了一场大义务戏《群英会·借东风》，马连良前鲁肃后孔明，曹连孝前孔明后鲁肃，叶盛兰饰周瑜、侯喜瑞饰黄盖、萧长华饰蒋干、郝寿臣饰曹操，班底用的是李万春的首都实验京剧团。后来，马连良和张君秋又唱了一回《四进士》，把票款收入全部捐给了"艺培"。

　　学生们知道马连良担任校长的消息后十分兴奋，都热切盼望着校长发表一场别开生面的演讲，谈谈一代宗师的成长经历。大家都万万没有想到，他却给学生们大谈了一番如何"跑龙套"。

马连良首先强调，一般人认为龙套在戏里没有唱、念，没有动作表演，是最简单的工作，因此不受重视。其实龙套要会唱各种曲牌，要会搭架子（京剧行话：在幕后的表演）、喊堂威、喝道，要会跑各种式子。而声音的高低、步伐的快慢，都直接配合剧情的需要。现在有许多人认为这些都不重要，该唱的地方不唱，该念的地方不念，也就直接破坏了剧情与戏剧气氛。

他还告诉学生们，跑龙套对年轻的演员大有益处。多踩一次台毯，就多一次实践经验。既能熟悉戏，又能增长舞台阅历。站在那里，是最近距离观察舞台表演的位置。从学习主演的表演，到掌握整个舞台的调度，都能够了如指掌。这个特别优待的观摩位子，是花钱买票都找不到的。所以说，在舞台上，只有小演员，没有小角色。

他告诉同学们，在他15岁时，有一次在怀仁堂演堂会，富连成演白天戏，晚上是谭鑫培先生的《珠帘寨》，派了科班的龙套，但没有他什么事。为了有一个近距离学习谭老的机会，马连良主动找"龙套"说情，要求与他调换。于是在台上认真观摩，体会谭老在"坐帐"、"见二皇娘"、"收威"及开打等各场的表情。从这些地方，使马连良懂得了表情的重要性，并逐渐感悟到揣摩剧中人的内心世界，对以后表演的提高起了极大的推动作用。

谈到表演，马连良要求学生们要做到对全部剧情的融会贯通，就是要会抱"总讲"。在科班时，马连良总是把剧本背得滚瓜烂熟，遇有同学生病不能演出，萧长华先生就让马连良代替上场，知道他对全剧心中有数。其实抱"总讲"的最大好处就是对剧中所有人物全面了解，使本身角色在舞台上的表现达到更加完美的境界。比如《四进士》，演出宋士杰一角，不能只揣摩宋士杰一人的内心活动，有关的杨春、杨素珍、毛朋等全体人物都要掌握，系统贯穿整个剧情。对每个人的唱词及文武场也应该熟悉，这样才能紧密结合，精益求精，已达化境。

在融会贯通的基础上，马连良为学生们分析了作为一个优秀的京剧演员必须经过的五个阶段。即嗜、会、通、精、化。"嗜"就是要对京剧有无比的喜爱。"会"就是要学会京剧的基本表演手段。"通"就是要了解这些表演手段表达了什么感情，以及它的基本知识。"精"就是通过勤学苦练，把表演手段掌握到纯熟的程度，用来表达感情。"化"就是把一切技巧溶入到自己的表演中，自由地表达人物情感，达到忘我的境界。

马连良上任之前就明确表态，若让我当校长，就不能只挂名，不干实事。经过对在校学生的了解之后，他发现同学们的基础还不错，就是念白的功夫差了点。于是，他决定先给学生说一出《审头刺汤》。首先由弟子迟金声按马派的戏路子给搭个架子，再由他来细说。旦角由华世香主教，丑角的师资水平有限，由马、迟师徒二人代教。同时让学生们去观摩他的演出，边看边学。为了让学生们学习得透彻，他一个月内演了四场《审头》。同学们发现马校长给说的戏，比一般老师说得更加传神达意、细致入微。马连良对他们说："演戏，演戏，演的就是一个'细'字，粗枝大叶的怎么对得起前来看你的观众呀？"

为了增进学生与观众之间的关系，马连良上任之后的第一项决策就语出不凡、敢为人先。他决定戏校的演出海报和广告必须登上学生的名字，用来培养学生在观众中的知名度。既利于观众对他们的监督，也利于同学之间的艺术竞争，从小培养学生对艺术的责任感。

这在批判名利思想的上世纪六十年代，的确是个容易"安眼"（戏班行话：自找麻烦）的决定。可他坚持认为，京剧艺术的核心说白了就是一个角儿的艺术，演员没有知名度，欣赏他的艺术的人就少。演员有知名度是好事，有了知名度骄傲自满才是坏事。培育德才兼备的学生，是我们戏校老师的责任。在他的坚持下，戏校学生的名字终于在多年之后又上了报纸。在《审头刺汤》的广告中，标有安云武、杨淑蕊、郎石林的名字，并注明"马连良校长亲授"。首演当天，广和剧场内外人山人海，热闹非凡，受到了观众的极大关注。

在教育学生如何成为一个德艺双馨的好演员方面，马连良从来不用也不会那些教条主义的理论说教，总是用亲身体会和多年的经历告诉学生们

马连良为学生指导《审头刺汤》

要戒骄戒躁，做一个好"角儿"的同时，还要做一个好人。

　　他的"连襟"叫马连昆，是由马西园老先生介绍入富社的，在科里学花脸。出科之后，铜锤、架子两门抱。1937 年金少山回京后，请他配演《白良关》中的"小黑儿"，当时金少山正是红得山崩地裂的阶段，黄钟大吕，声震屋瓦。可是马连昆照样不甘示弱，敢与金少山当场"叫板"，连"金霸王"都暗竖拇指。

可马连昆仗着自己有了"知名度"，恃才傲物，目空一切，常常把台下的不满情绪带到台上来发泄，当场开搅。一次在天津春和戏院，后台大管事安排了王少楼的压轴《定军山》带"斩渊"，大轴是李万春的《冀州城》，给他派了一个《定军山》中的夏侯渊。演到黄忠用拖刀计斩杀夏侯渊之时，马连昆用刀一盖，没死，从上场门下去了。王少楼不明白，也含含糊糊地下场了。乐队正要起尾声，马连昆带着四个龙套又上了，站在台口念道："黄忠老儿杀法厉害，若非本帅马走如飞，险遭不测。众将官，杀奔冀州城去者！"然后才下场。台下观众先是不明白，后来才悟出来，后台管事把这两出戏安排颠倒了。《冀州城》中马超与夏侯渊有一段枪刀对打，若"压轴"中杀死夏侯渊，则在"大轴"中死而复生，观众又是一场大哗。由于马连昆骄傲自大，时常"开搅"，虽有本事，行内人士也多不敢用他，才40多岁就郁郁而终了。这些前人的教训，既生动、有趣，又有教育意义，同学们接受起来也容易。

马连良时时告诫自己的弟子和学生，心里要有观众。想观众之所想，急观众之所急，观众才是我们演员的衣食父母。他常对学生们说："有人说我是跟着时代走的，其实我是跟观众的需要走的。"一次北京某大机关让马连良前去演出，说有"政治任务"。马连良这天正好在吉祥戏院有演出，戏票全部售罄。只好请他们改期，如非演不可，吉祥戏院和观众的损失，应由该机关负责赔偿。某些对马连良不满的人，趁机说马是金钱挂帅，是个财迷。马连良说："只要对得起观众就行！"

马连良还有个习惯，在后台扮戏之前怎么拍照他都可以接受，但若上妆之后就坚决不拍照了。他要静静地"入戏"，对观众有一个完美的交代。有人建议开戏之后在台下给他拍照，他也不愿意。一来是闪光灯会令台上的演员分心、容易出错。二来是在台前拍照的人晃来晃去，影响后面的观众看戏。他用自己的言传身教使学生们懂得了如何才能心里有观众，如何才能成为一个真正的艺术家。

在教育学生们心中要有观众的同时，还强调"尊师"为入道之门。马连良对学生们说，现在叫老师，以前称师父。要有"一日为师，终身为父"的思想准备，要像孝敬自己的父亲一样对待自己的师父，请师父传授给自己安身立命的本事，在师父面前永远没有骄傲自满的"份儿"。

例如1930年时，马连良已大红，在天津他仍向有"老乡亲"之称的菊坛大师孙菊仙执弟子礼，从不敢自满，虚心地向孙老请益。孙菊仙素有"三不"之说，即"不收徒弟、不拍照片、不灌唱片"。但老人到了晚年，却觉得空有一肚子的戏，非找个传人不可。见马连良如此谦恭，孙老大喜，破例收他为徒，传授了《四进士》、《渑池会》等几出代表作给马连良。马派《四进士》能有后来的高水准成就，是从"老乡亲"处淘换来的"真经"，也是他尊师重道的良好结果。

马连良要求学生们对待自己所从事的京剧事业，要有一颗爱业敬业之心，他不但这样要求自己，对北京京剧团的所有成员也有同样的要求。一次，学生安云武随马校长到工人俱乐部观摩《四进士》，刚刚还人声鼎沸笑语欢歌的后台，当马连良一进后台大门，顿时变得鸦雀无声，大家立即投入了紧张的艺术氛围。

为了保持服装的干净整洁，整个后台都铺满了地毯。演员们在穿上行头之后，不许躺卧，更不能抽烟，"上提下撩"已经成为每位演员的习惯动作。即上楼时要提着行头，下楼时要撩起服装，不让行头粘上灰尘。这些都是马团长的具体要求。

当马连良扮演的宋士杰即将出场时，负责穿服装的余国栋师傅赶忙把褶子给团长穿上。突然，褶子大襟下面的系带断了，这时场面上的锣鼓已经响起来了，这时所有观众都在期待着马连良的出场亮相，舞台气氛十分紧张。余国栋赶紧找来针线，立马缝纫。

马连良对此早有要求，他说过，要时刻防备舞台上的突发事件，并要求针上永远要保持有一尺长的线，以便缝纫快捷。要有一个小针线包，永远别在服装的一角，急需时马上拿出使用。这时余师傅找来的针线有二尺多长，这样缝起来既麻烦又耽误时间。马连良有点心焦，但没说一句话，他怕再忙中出错。等余师傅缝完之后，两人的目光碰了一下，马立即上场。这时余师傅的脸腾的一下就红了，头上大汗淋漓。

《四进士》马连良饰宋士杰

散戏之后，安云武和余师傅一起步行回家，余一路之上闷闷不乐，心情十分沉重。安不解地问余怎么了？余师傅憋了半天后，眼里噙着眼泪，不停地责备自己："你不知道，刚才团长看了我一眼。哎呦，我他妈的不是干这个的，我不是这里事啊！"老先生的一番自责与懊悔，让这个戏校的学生十分感动，并深深地敬佩余师傅那颗爱戏如命的责任心与敬业精神，同时也对马校长产生了由衷景仰。

三个月的港澳之旅

1963年春季，为了向港澳同胞、海外侨胞展示新中国京剧艺术的新面貌，中央决定派遣北京京剧团前往香港、澳门进行为期三个月的演出。因为北京京剧团目前的状况，正好与"百花齐放、推陈出新"的文艺指导方针相契合，既有马、张、裘、赵等流派的传统代表剧目，又有轰动一时的新编剧目《秦香莲》、《赵氏孤儿》等，同时还培养出了一批年轻的艺术家，如谭元寿、马长礼、小王玉蓉等。政府相信，北京京剧团上上下下定能为海外观众呈上一份精美的艺术大餐。

4月8日，周恩来总理召集此次赴港澳演出团的主要演员及有关领导去中南海西花厅开会，对几个重点工作做了强调。首先要求大家表现出新中国文艺工作者的风度，待人接物要不卑不亢，生活上要朴素大方。男同志可以穿西装，女同志可以穿旗袍。其次，香港是个冒险家的乐园，一定会有反动势力的破坏捣乱，遇事大家要商量，要团体行动。第三，在香港，统战宣传工作要求实，要谦虚，不要太夸张。既要照顾内行，又要表现进步气概。

"据说在香港的孟小冬还能唱，她要向我们借一位琴师，为期一年，她来负担路费、薪金。她能不能和我们灌制唱片？在内地来制作？要让他们知道，比起台湾来，我们是爱护老艺人的。"周总理的这番话，实际上是交给了演出团一个"统战孟小冬"的任务。

有领导就与马连良打招呼，马、孟是互相了解的老同行、老朋友，若请马连良出面商谈会很合适。另外，马连良现在又是第四届全国政协委员，被分配在特邀组，组内成员均为"统战对象"，希望他也为党和政府做一次孟的统战工作。会后周总理为了照顾马连良，还特意从民族宫请来厨师，做了一桌清真席，以示壮行之意。

香港地鱼龙混杂，有各种政策势力的代表人物，京剧界的艺人们与他们以前都有千丝万缕的关系，所以对赴港演出团的成员都要逐一审查。本来成员中有马连良的长子马崇仁，经过审查之后，来了两位干部找马连良谈话。据调查，在 1950 年，马崇仁认识一位从上海迁居香港的赵敏女士，目前赵仍在香港，并嫁给了一名国民党谍报人员。为了安全起见，此次马崇仁不能赴港。

因为马连良等老艺术家在香港的朋友较多，上面把这些人分成了左、中、右三派，规定了几条外事纪律。反动的右派势力分子是绝对不能与之见面，左、中两派及亲朋好友的会面也必须有第三者在场，事先必须请示带队领导。不能未经允许私自与之交谈、见面，更不能随意外出，否则会出现意想不到的后果，组织上要对老艺术家们负责。

1963 年 4 月 26 日下午四时三十八分，北京京剧团赴港演出团一行，乘火车来到了香港九龙的尖沙嘴车站。承办此次演出活动的是香港丰年娱乐有限公司董事长何贤先生，他是首任澳门特首何厚铧的父亲。他与在港各界名流等数十人齐集车站月台，欢迎演出团一行。在港的戏迷、票友为了争睹艺术家的风采，有些人下午一点就来到了车站，他们把车站的大厅和通道两旁围得水泄不通。当马连良走下车厢后，有人争相献花，有人握手言欢，有人高声招呼，有人猛按快门，把这些动人的欢迎场面尽收镜头之中。

4 月 30 日晚八时整，北京京剧团假座九龙普庆戏院首演该团近期代表作《赵氏孤儿》。该剧既能体现流派纷呈，又能显示团结协作。做为主演

赴香港演出前，周恩来总理审查节目

的马连良无论在唱、念、做、打方面，还是在行头、舞美方面，都有一番全新的景象，使香港观众大饱眼福。一千七百多人的戏院内座无虚席，还卖了站票。此后在普庆戏院的四十天演出期间，《赵氏孤儿》剧应广大观众的强烈要求，共上演了六次之多，而且每贴必满，赞誉不绝。

马连良此次来港演出，最高兴的人莫过于在港的一双儿女。四子崇政一直在港居住，步入商界后改名马浩中。女儿静敏也从台北移居到了香港，兄妹二人与父亲已多年未见。女儿马静敏整天陪着父亲，好像有说不完的话。一开始，党员身份的演员任志秋"奉命"不得不在场"陪同"。时间长了，任志秋就主动"撤"了。

儿子马浩中为了报达父亲多年的养育之恩，精心筹备了一次大型的宴会，准备招待父亲及其同仁，以及他在香港电影界的一些朋友。马连良将

1963 年，马连良与次女马静敏摄于香港

此事向领导汇报之后，得到的答复是"人员复杂，不宜参加"。等于当头给马浩中泼了一盆冷水，请柬都发出去了，怎么收场啊！他根本无法理解这是为什么。马连良不得不给儿子做工作，表示领导有难处，不要再给人家添麻烦了，要顾全大局。考虑到儿媳妇村山圣子是日本人这层关系，而在此之前又从未与亲家谋面，马连良决定自己去马浩中家看看那位日本亲家母和儿媳妇。

　　戏剧评论家沈苇窗是马连良的老朋友。1948 年在上海期间，两人在一起闲谈时，马连良就说，我想出一本年谱，把以前的往事做一本艺术回忆录。沈苇窗大为赞同，并建议图文并茂，定能洋洋大观。当时梅兰芳的《舞台生活四十年》尚未着手，马连良可谓又开风气之先河。1950 年沈来香港后，已将"年谱"之事着手进行，并请当时在港的张大千题写书名《温如集》，以备日后之用。时隔十二年之后，马、沈两人又在香港重逢了，提出往事，马连良感慨地说："我的戏剧生活，虽然比不上梅大爷多姿多彩，但梅先生是一面顺风旗，一生从未遇见过逆风，而我则在敌伪时期，胜利以后都碰过钉子，讲起悲欢离合来，我比梅先生的生平曲折的多呢！"

在马连良与有关人士打过招呼后，属于"中间派"的沈苇窗可以每天都来弥敦道的金时酒店盘桓，两人畅谈十余年后故地重游之感慨。一日，沈苇窗高兴地告诉马连良一条喜讯："与你分别十二年的大千兄自美国又来到了香港，已经看了你的戏，非常激动！"张大千急于想跟老朋友一晤，可马连良所在的演出团有严格的纪律，不能外出私访。张大千又不敢前来酒店拜访，怕给马连良添麻烦，只好先通过"中间人"沈苇窗传话，并致思念之意。

张大千见马连良在《赵氏孤儿》中创造的纱制镂空员外巾和绿色改良帔加上淡绿裙子的扮像非常古朴、雅致，听说这是马在朝鲜时根据当地老人的服装改良的，欲借来一观并绘图留念。实际想借故与马一晤，但未得要领。

沈先生在这次演出期间为丽的呼声电台做主持人，当他得知5月22日晚上，丽的映声电视台要为马连良转播《赵氏孤儿》中"说破"一折的消息后，马上通知了张大千，有了见面的机会。张大千把已经准备离港的飞机票改期，带上两个女儿与沈苇窗以及摄影师高仲奇先生一起悄然来到电视台的转播室。

马、张的突然会面，既是预想之中，又是意料之外。二人互相拥抱、对视，两双眼睛中都饱含着热泪。一对当年无话不谈、互诉衷肠的艺术家，此时竟都无言以对，双手紧紧地拉一起，一切皆在不言之中。在场人士无不为之感动，高仲奇先生及时地拍了照片，做为永远留念。交谈了没有几分钟，团里的人来催促马连良赶快回去，大家一笑而别。会面虽然只有几分钟，但张大千感到十分满足，马连良也非常高兴，不料这竟成了马、张两人的"永别"。

1966年底，马连良在北京去世的消息传到了巴西，张大千悲痛之余，

1963 年，马连良与张大千在香港再次会面

十分后悔这次会面，他说："一定是我这次和他见面，害了他了！"张大千
笃于友谊，言下大有"我虽不杀伯仁，但伯仁因我而死"之意。其实张大
千先生过于内疚和自责了，京剧泰斗马连良的殒落，绝不仅仅是因为某次
事件和某个人的原因，它是一个时代的宿命。

　　马连良与张大千的这次私自会晤，"违反"了外事纪律，被某些肖小之
人给"上了眼药"，每天都有不少闲言碎语传到他耳朵里。沈苇窗也因这
事"安了眼"，再次去酒店时，就吃了"闭门羹"。在演出团离港之前的答
谢宴会上，马连良低声地对沈说："这几天你成了不受欢迎的人物了！"席
终，他请摄影家金英为他和沈苇窗拍了一张"最后的合影"。以示"别人

马连良与孟小冬

不欢迎你，我欢迎你"之意。

在港期间，马连良与孟小冬终于见了面。孟小冬是京剧坤角中的须生翘楚，为余叔岩嫡传弟子，可谓得余之真谛的唯一一人，有"冬皇"之美誉，行内官称"孟大小姐"。马一向对孟推崇备至，最欣赏她十余年来潜心学余的执着精神，而身处名利场却毫无浮躁之气，更为难得。在孟离开大陆之前，两人均互相观摩，虚心学习，可谓"识英雄，重英雄"，惺惺相惜。

孟小冬自1930年与梅兰芳离异时，曾说过这样的话："我以后不嫁人则已，若嫁就嫁一个一跺脚四九城乱颤的人！"后来果然与杜月笙结合，于 1949 年上海解放前夕离沪赴港。此时，马连良也正在香港，互相之间的往来自然比在北京时多了。自马 1951 年 10 月回归后，马、孟之间有十二年没有见面。

虽然各自生活在不同的社会环境之中，一直都对对方的艺术生活有所了解。马连良、孟小冬两人经常通过共同的好友香港《大公报》总编费彝民先生互致问候。此次会晤，两人感慨系之，终可倾诉衷肠。大家三句话不离本行，谈得最多的还是京剧。

孟小冬最关心马连良艺术传承的问题，希望他能有个真正的接班人，让马派艺术薪火相传。孟说："听你您有个义子叫马长礼，余、杨的艺术功底也很好，什么时候看看他的戏呀？"马说："这两天他就唱《捉放曹》，您给他指点指点吧。"于是，马、孟一起观看了《捉放曹》。马长礼在演到"持宝剑将贼的头割下"时，没有按"官中"的大路演法，而是按义父给说的戏路子，由拔剑起，转身砍，折腕子，跨左腿站住，再跨右腿，挡袖子，向右甩髯口，亮住，看曹操。这一连串动作，马长礼走得连贯、边式，身上显得非常优美、漂亮，孟小冬大呼过瘾，连忙说："马派，马派，这种演法真好！"

两人一起不但看了戏，还大谈近期马连良录音留资料之事，孟小冬听后也很动心。艺人录音也好，拍电影也罢，本来都是顺理成章的事情，只要本人高兴，定能留下"令人满意"的作品，这与政治气候没有丝毫的关系。马连良深知，艺人多不愿意涉足政治，更不愿为政治所利用。所以，在孟面前，绝口不提"统战"之事。只要她同意录音，就是完成了周总理的任务，千万别让人家"惊着"。

可是在港澳的这些干部们却不太懂得"行内"的规矩，大谈为孟准备了百万资金，录音没问题，拍电影也可策划，高谈阔论，以示党的关怀。最不能让孟接受的是六七个"红色"干部，在宴会上，把她围在当中，摄影留念，高调宣传。等于把孟小冬"架"在那里了，进退两难。"统战"之事，最终流产。事后孟小冬对人说："我今儿唱了一出《黄鹤楼》，刘备是我，赵云也是我。"

在澳门演出期间，何贤与马连良终日朝夕相处。两人的友谊始于马连良回归祖国之前。何贤是港澳地区有名的"马迷"，对马派艺术大为折服。自马连良回到北京后，何贤每次赴京开政协会议，都来马宅做客。他的女儿何楚盈在北京上大学期间，马连良特地腾出一间房子给楚盈使用，尽量照顾好她的生活。特别是在何贤投资兴建北京新侨饭店期间，因对北方的气候不适应，干燥的天气使他常常上火，身体不适。于是他请马家人为他熬制萝卜汤，这是他的败火"独门秘方"。每天由马连良幼子马崇恩用热水瓶装好后送到酒店，坚持饮用了数天，果然大有功效。从此，这马家的萝卜汤一送就是几十年，每次来京都必饮用，直到他不能北上为止。

在上世纪六十年代的"困难时期"，全国的物资供应都十分紧张。何贤知道马连良家中人多，需要马连良帮助、照顾的人也多，大陆购买副食品、衣物等全部凭票证，马家的生活一定受到不少影响。为了让老朋友及其家人、朋友过得好些，何贤用邮寄的方式给马连良寄来了大量的布料、奶粉及其他食品。特别用当时最时兴的"的卡"布做了几个大口袋给马家寄东西，口袋布都可以用来做衣服。食用油的进口有限量，每次都以马家三四个人的名义邮寄，考虑得十分细致周到。

在全国政协会上，何贤与费彝民多次提出希望邀请马连良赴港澳演出的动议，此次成行以及马连良成为全国政协委员，何、费两人居功至伟。

为了便利与马连良接触，何贤把马安排在自己家里居住。他把演员们下榻的酒店安排在自己家的隔壁，还特意让酒店在墙上开了一个门，便于马连良每天出入何府。为了方便马连良在京的日常生活，何贤送给了他一部白顶小轿车。马连良后来将车转送给了团里，用来接送其他几位团长，自己还继续使用那辆私家"奥斯汀"。

在港演出时，曾发生过有人在剧场中安放定时炸弹的事件。在澳门演出期间，由于观众的社会背景比较复杂，何贤担心有人对马连良的演出搞破坏活动，事先均与各个方面打过招呼。演出结束谢幕时，都是何贤先上台与马连良道辛苦，向台下四周观察之后，没有问题了，才示意澳门总督可以上台。临别之时，何贤语重心长地说："马先生，应该让您的艺术发扬光大，留传给后人啊！我们这边的电影公司已给中央有关部门打了报告，争取尽快地把您这出《赵氏孤儿》拍成电影，永远保留下来！"

请您多拍几秒钟

1963年，毛主席指出："千万不要忘记阶级斗争。"时任上海市委书记的柯庆施根据这一批示的精神，向江青进言，要从改革京剧入手，反映这一主题思想。他奉承江青是京剧方面的专家，欲与江联手。江青当时在中宣部主抓电影方面的工作，自批判《武训传》时起，在业内就名声不好，电影界人士都对其敬而远之。此刻柯庆施的献媚，给江提了醒，准备开辟京剧这一"新战场"，借京剧的舞台，使自己进入政治舞台。

香港方面要与长春电影制片厂合拍彩色京剧艺术片《赵氏孤儿》的报告拿到江青手上，江青在上海就问柯庆施："《赵氏孤儿》是托何人之孤？报哪家之仇啊？"柯庆施立马正言厉色地给《赵氏孤儿》定了性，"复仇主义"。三言两语就把马连良呕心沥血的巅峰之作"枪毙"了，不但不能拍电影，从此也不能再上演了，马派艺术的巅峰之作，被冠以"毒草"二字，惨遭禁演。

后来在一次马连良与马长礼的谈话中，他袒露了他对"禁演事件"的心声："在《赵氏孤儿》一剧中，我倾尽几十年所学、所会，又经过几十年的舞台经验才创造出了程婴这个人物，没拍成电影，怎么往下传哪？我也64岁了，再演也快演不动了，愧对先师和后人哪！"说着说着，老泪纵横，痛心疾首。

1963年冬，马连良、张君秋、裘盛戎等一行前往长春，改拍电影《铡美案》。马连良心情虽然郁闷，但投入工作之后，精神依然饱满、热情。他主持全局角色的分配，务求达到尽善尽美的艺术效果。他采取"对戏不对人"的工作态度，不免会得罪同人，他也不介意。

"太后"一角曾由李多奎扮演，马富禄也多次反串兼演。拍电影时，马连良主张必须由李多奎担任，因此他与马富禄老哥儿俩还闹了点误会。韩琪一角，以前曾由黄元庆担任，后马盛龙也演过，马连良却没有照顾家人与弟子。他认为谭元寿一双眼睛的神气，与其父谭富英一模一样，演这种武生应工的戏，英气逼人。加上他的身段干净、边式，硬僵尸倒地，毫无假借煞是好看，韩琪非元寿莫属。冬哥、春妹两个小孩，平日演出时均由团内演员关小燕等扮演，如果照样搬上银幕，不免有成人之感。马连良自己亲自到别的摄影棚，临时挑选了两位小演员来扮演，两人很快入戏，脸上的表情都很丰富，难得之极。

在拍摄王延龄的戏时，马连良多次请求导演："王延龄的这个下场，是我特为设计出来的，请您多拍几秒钟，要让青年知道怎样上场，如何下场。"导演同意把他的下场动作如实拍下来的要求，于是马连良高兴地扮上戏，勒上头，穿好服装，神采奕奕地走了几遍下场动作，就是后背上都有戏，既有充沛的感情，又有艺术美感，在场的人员无不为那潇洒的动作、飘逸的神采而鼓掌。马连良卸下服装、盔头时，头上已微微地出了汗，但他还是心满意足地笑了。谁也没想到，几台摄影机根本没开机，诚实的马连良被戏弄了。马派艺术的"绝活"不能留下宝贵的资料，更是无可挽回的损失。

在电影摄制期间，毛泽东有一个"关于文艺界的社会主义改造问题"的批示。其中明确指出，中国的舞台上被"帝王将相、才子佳人"统治多年，要赶快改变这个局面。从此，京剧中的传统剧目都被打入冷宫。《铡美案》影片的完成之日，就是电影拷贝封存之时。广大观众在事隔十四年，粉碎"四人帮"之后，才有幸目睹当年京剧大师们的风采，可惜马、裘两位大家已经作古多年了。

要演革命戏，先做革命人

早在1958年，北京京剧团就开始创演现代京剧，如李毓芳主演的《青春之歌》，小王玉蓉主演的《党的女儿》、马长礼等主演的《智擒惯匪座山雕》等等，基本上是在以青年演员为主的"小团"内进行。当时排演现代京剧尚处于一种探索、试验阶段，各方面都在摸索经验。另外，还没有能够成功"立"住的，有吸引力的剧目，流派艺术的表演程式与剧中的人物如何相结合，也尚未考虑清楚。由于客观上条件不成熟，马、谭、张、裘等大师们都没有参与现代戏的演出，任由"小团"去实验。从主观上讲，这些注重声誉的功成名就之人，也不敢盲目超前，生怕"一世英名，毁于一旦"。

到了1964年，是否参与现代戏的演出，已经不是一个在艺术领域内可以商榷的问题，而是是否靠拢组织、积极要求进步的问题，是否愿意革命的问题。当时北京方面由彭真主抓现代戏，上海方面由江青、柯庆施主抓。江青对北京的工作也要插手，《芦荡火种》的沪剧剧本就是她搞来的。为了迎接1964年7月文化部举办的全国"现代京剧观摩大会"，北京京剧团赶排了两出现代戏，一出是《芦荡火种》，另一出是根据话剧改编的《杜鹃山》。

为了要求进步、积极表现，马、张、裘、赵都参与了现代戏的演出工作。张君秋演了几场《芦荡火种》的阿庆嫂，虽然大受欢迎，有人却说他是男扮女装，不伦不类，不适合表现现代妇女、英雄人物，于是被人"下"了。马连良虽然参演了《杜鹃山》中的郑老万，虽说不过是个打旗的"扫边老生"，但他也心甘情愿地接受，而且一丝不苟地准备，主动地在这个京剧的新领域内积极探索。

马连良每天在家没事时就琢磨人物，导演排他的戏最快，因为他准备

《杜鹃山》马连良饰郑老万

得充分，导演已经没什么可说的了。为了演好郑老万这个人物，他主动请人在台下为其"挑刺儿"，哪怕一个小动作，他愿意听，愿意改。一次，弟子王金璐告诉他说，郑老万的上身衣服显得肥，他就在裹腿里加了一层布。第二次看过后，还是觉得上肥下瘦，于是他就撤去裹腿，只把裤脚扎上带子，这才全身协调相称，像个老农民的样子了。

《杜鹃山》一直由彭真主抓，每次看过排练之后，都会提出一些他的意见，供编导参考。江青经常不与彭真互相协调、商议，径自来到剧组，要求按她的意见排练，搞得大家无所适从。彭真也不胜其烦，有时来到排演剧场门外，见到江青的汽车已到，他就调头走了，不愿意与江打照面。为躲避江青对《杜鹃山》剧的干涉，彭真有时不得不把剧组调到北京市文化局系统以外的地方去排演，如广播剧场等地，其目的就是为了不让江青找到，以免她对剧组无端干预和瞎指挥。

江青则对北京京剧团及其所排演的现代戏，自有一套蓄谋已久的计划。即"抓小放大"，就是要抓住以"小团"为主的中青年演员，放逐"大团"中的老艺术家，使该团成为她所能掌控的政治工具。在一次与中、青年演员开会时，她准确地提出某年某月某日，谭元寿、马长礼、李世济等上演的日场《龙凤呈祥》的上座率是多少，有什么毛病与不足，把演员都"镇"住了，说明她早就对"小团"有所关注。

江青还明确指出，参演现代戏，是一项政治任务，不是像以前一样，只是更改一项戏码。演员们必须要在思想上改造自己，对以前剧团内部的旧思想、旧体制、旧传统、旧观念等均要一一打破，要演革命戏，首先要做革命人。要求所有演职员等首先要改变互相之间的称呼，什么先生、师父、三叔、四大爷之类全不许使用，要叫同志，或者老马、小谭等革命式的称呼，从思想上彻底根除旧的偶像崇拜，建立新型的人际关系。

改变称呼之后，大家都觉得别扭，可也没办法。一天，马崇仁在化妆间见到了刚进门的马富禄，刚想叫"三大爷"，想起了要"破四旧"，只好改口。如叫老马，怕他不高兴，于是叫了一声"马老"。马富禄先一愣，把眼镜向下一拉，从镜框上面认真地看了马崇仁一眼，幽默地回了一句："'马老'？你管'郑老万'叫什么呀？"整个化妆间里的人全都憋不住了，哄堂大笑。马富禄在排演《杜鹃山》时，也时常犯错。让他演个小配角"老地保"，他演老戏中的丑角演惯了，嘴里没准词。可现代戏是"死纲死口"，一点都不能改变，所以他的戏经常需要"加工"。

马富禄与马连良合作了一辈子，可称"黄金搭档"。如《四进士》中的万氏，《失印救火》中的金祥瑞，《清风亭》中的贺氏等角色，如果没马富禄的助演，马连良就演得索然无味，达不到应有的艺术效果。马富禄台下人缘极好，戏路子宽，嗓音响堂清脆，观众一见到他就喜欢，为马连良的左膀右臂。

当年袁世海加入扶风社后，马连良为了力捧袁这个后起之秀，把通常的三天打炮戏《借东风》、《四进士》、《苏武牧羊》改成了生净对儿戏《夜审潘洪》、《白蟒台》、《要离刺庆忌》。因袁年轻，有些翘尾巴，要求把排位放在马富禄前面，马连良坚决不同意，并要求袁要尊重师长，维护了马富禄的尊严。像演《清风亭》这样的累戏，马连良必用汽车把"三哥"送回家才安心。马富禄又是马连良母亲满氏的义子，所以二马之间的关系非同一般。

马富禄聪颖、机敏，脑子反应快，嘴里跟得上，时常为"三弟"解围，"挡横"。一次团里组织大家政治学习，讨论"红与专"的先后次序问题。有人让身为团长的马连良表态，马富禄知道"三弟"一到这时就木讷少言，反应不过来。马上抢先说："当然是'红'在先，'专'在后啊。如果没有'红'，我们就没有了前进的动力，就迷失了为什么人服务的方向，那不就成了白专道路了吗？"散会之后，他见马连良乘着小汽车一溜烟地走了，指着汽车对大家说："什么在先呀？还得这个在先！"

像马连良、马富禄、张君秋、李多奎等这些思想上"冥顽不化、难以改造"的老艺术家，江青的意思是第一步先让他们靠边站，再找机会把他们都"请出去"。同时要破除他们是剧团"精神领袖"的迷信，树立新的楷模。当时李慕良正年富力强，在业务上正是出成绩的时候，他成功地为《芦荡火种》和《杜鹃山》设计了唱腔，很受领导重视。同时他又是演员中的党员，又红又专，成了上面决定培养的对象之一。李由于年轻，阅历浅，地位忽然地提高，渐渐地就有些飘飘然了。

李慕良从长沙进京以来，近三十年间一直住在马家，马家成员视他如本家亲人一样。由于他名望的提高，社会上的一些朋友，如"二外"的院长李越然、林学院的教授孟兆真等常来报子街马宅看他，也有人为其出谋划策，让他搬家。这时他的孩子逐渐大了，也确需要有一个自己的家，就看中了惜薪司的一所房子，搬了过去。他认为此次搬家是件大事，做为先生的马连良应该有所"表示"，马连良也认为对慕良的"大事"应该关心。

马连良与弟子李慕良研究唱腔

但李慕良从未向他开口正式谈及此事，他无从"表示"。因此，师徒之间有点儿误会，心中都别扭。

不管外面的政治气候如何变幻，马连良始终保持着一个艺术家应有的责任与使命，每天下午必须坚持吊嗓。以前一直是李慕良负责这项工作，"闹别扭"之后，请了他几次，都借故不能前来。马连良只好请给李世济拉京二胡的熊承旭帮忙，后来又找了吴博洲，对于李的表现，马连良心中大为不悦。

一天下午，在广和剧场排演《杜鹃山》，彭真市长派夫人张洁清过来转达他对《杜》剧的意见，认为应该给"杜小山"这个人物加两句唱。马连良就让唱腔设计李慕良赶快给谭孝曾说说，就两句"散板"，很容易。由于当时工作忙，加上李慕良的态度有些生硬，给了师父一句："不用唱了！"

马连良本来对李近期的行为就有意见，再加上自己弟子、学生从来没有这么没礼貌地与他说话的，积蓄在心中的怨气一下子爆发了出来，对李大声说道："李慕良，你是什么东西，敢和我这么说话。怎么，一出《芦荡火种》演好了，你就全对了？你也太骄傲了！在家里见着师娘你不叫，彭市长来家里，你在沙发坐着都不起来，也太难了吧！谁给你撑腰呀？敢对我这样，周总理那么大的领导，和我谈话都客客气气的。"

"马连良骂人事件"无疑给某些人送去了"口实"。尤其是"谁给你撑腰"这句话，被人大做文章。马连良本意是要李慕良懂得做人有良心，不能有了社会上的新朋友给他出谋划策，就忘了师父一家对他的恩情。但被人解读为"党给李慕良撑腰，马骂李的意思就是反党"。这样的帽子一扣上，再有理也变成没理了。马连良不得不老老实实地做了自我批评，从此也就失去了在北京京剧团中"精神领袖"的位置，团长之衔也就真成了"挂名"了。

在团里被开了批评大会之后，马连良的心情郁郁寡欢，回到家中气得浑身颤抖。他不停地反问自己，我骂自己的徒弟，是我们家里的事儿，怎么就成了反对现代戏，甚至是反党了呢？为什么自己长期以来提携关照的中青年演员，今天突然全站在了自己的对立面？难道真是我错了？窗外，下着滂沱大雨，马连良心中百思不得其解。

唱了一辈子戏，倒成了外行了

马、李"师生反目"的事情，很快传遍了北京的京剧界。马连良的另一名弟子梁益鸣，知道了事情真相后，马上来到了报子街马宅看望师父。由于外面下雨，鞋子已被泥水浸透，梁益鸣进门时轻轻地把鞋脱在门外，赤脚而入。马连良见状，十分感动，亲自从门外把鞋拿了进来。对梁此时能够前来安慰，探望自己，马连良很欣慰。对梁的一片赤诚，也十分理解。

马连良给弟子梁益鸣说戏

　　梁益鸣有"天桥马连良"之称，自 1938 年被马连良所演的《串龙珠》迷住之后，成了超级"追星族"。每次马连良有演出，他都亲自观看，同时委派四个手下人站在剧场的不同位置，按身段、表情、台步、调度、场面等方面分别进行记录，然后回家再自己"过电影"，如痴如醉地学习马派艺术。马连良平日严于律己，宽以待人，虚怀若谷，从善如流等优良品质，更使梁益鸣心悦诚服。唯恨自己人微艺浅，无缘结识。

　　马连良滞留香港期间，观众思念马派艺术，只得去天桥看梁的"马派戏"。其中有高人也为其指点迷津，他同时也向马富禄等人请益，并前往报子街去看望马母满氏，马连良得知后，觉得他非常有心，将来一定指点他。

　　1959 年，在市文化局领导张梦庚的引荐之下，梁益鸣终于了却了自己最大的心愿，成为马连良的入室弟子。由于马派的代表剧目，梁几乎无一不能，马连良对他的施教方法是先看其演出，然后再指出毛病，纠正错误，再传真谛。经过了一年多时间，梁的艺术水准有了进一步的提高。

在上个世纪六十年代初的"困难时期"，梁益鸣去西北演出，特意给老师带回了几包供应紧张的牛肉。乡下有人送给他一只老母鸡，他想先生很久没有吃到鸡肉了，就给老师送了过来。马连良对梁益鸣馈赠多婉言拒收，但始终感激他这份情意。此时此刻，梁益鸣的探访，使马连良更有了一种"患难见真情"的感觉。

1965年，马连良又在《南方来信》中扮演了一个老游击队员——杨老青，还是一个"扫边老生"，根本就是一个有他没他都无所谓的角色，为了表示自己愿意听从组织上的安排，不挑肥拣瘦，仍然认真地参加演出。一天，江青把他找到中南海谈话，问他对目前这几出现代戏的意见。马连良本着"知无不言，言无不尽"的原则，发表了他的看法。特别指出《芦荡火种》中阿庆嫂和沙奶奶"打架"之后，手里拿着一块手绢，双手一搭，两腿翘着"二郎腿"的坐姿不太合适。这个姿态在老戏中是一个典型的"媒婆"身段，用在地下党员阿庆嫂身上，有损她的形象。江青听后大为不满，狠狠地瞪了他一眼，马连良对此却没有什么反应。

江青又在闲谈时流露，马连良年纪大了，以后可以不用参加演出了，当个顾问什么的就行了。马连良从来对政治不敏感，这一次可"敏感"过头了。他心想，江青整天强调是否愿意参加现代戏的演出，是个愿不愿意革命的问题，怎么又让我当顾问呢？是不是她在试探我呀？我还是表态愿意继续参加现代戏吧。没想到，这一次他又错了，江青根本就是想让他早点离开，好眼不见，心不烦。

对于现代戏这一新生事物，马连良倒不像一些老艺术家一样有点抗拒心理。他认为，不管艺术形式上发生多大变化，只要还是京剧就离不开西皮二黄，就离不开唱念做打。离开了蟒袍、玉带、水袖儿、厚底儿，还要把京剧的表演技巧既准确，又灵活，既恰如其分，又不留痕迹地揉入到现代戏中，的确有一定的难度，但这才是考验京剧艺术家真本事的时候。

他对近现代题材的剧目一直很熟悉，因为喜欢曲剧这门新兴的艺术，他常到西单剧场看魏喜奎等人排戏。一次见"杨乃武"在受刑时的表演不到位，就把自己在《四进士》中"二公堂"一折里挨打的身段说给人家借鉴，顿时收到了满意的效果。因此，马连良认为只要能找到发挥自己表演长处的人物，在现代戏里也一定能创造出新的艺术形象。

目前自己饰演的人物都发挥不出个人的优势，找不到与自己对工的角色，心中很是郁闷，颇有些英雄无用武之地的感觉。一次演出《杜鹃山》，马连良化妆时本想用墨笔描一下眼窝，却不小心蘸到了胶水里，胶水顿时把眼睛给迷住了。马连良眼睛难受心里窝囊，不无感慨地对弟子张学津说道："唉，唱了一辈子戏，倒成了外行了！"

不久，北京京剧团又酝酿排演现代戏《红岩》。马连良终于在这个戏中，发现了一个和自己特别对工的角色，即那位整天在渣滓洞中装聋作哑、疯疯癫癫的地下党员华子良。这是一个典型的做功老生，他对演好这个人物特别有信心。因为在以前的马派代表剧目中，有些成功的角色身上都有与之类似的戏，完全可以借鉴过来。他相信演这类角色，别人真没有他有经验。

这时的彭真已经不抓北京市的现代戏排演了，而改由江青负责。马连良对此并不了解，于是他给彭真写了一封信，要求出演华子良这个角色。彭真只好把信转给江青，并说："不要不允许人家革命嘛！"江青见信后，恼羞成怒，大骂马连良在背后告她的"刁状"，并说"别让他在我这儿搅了！"从此，马连良和张君秋一起，被下放到行内人戏称为"多一'市'不如少一'市'"的北京市京剧二团做演员。

马连良心中明白，自己落得如此下场，分明是触怒江青所致，只怨自己"悟性"不够，参不透政治语汇中的玄机，只好忍气吞生地离开了自己亲手创办了十年的北京京剧团，真想不到自己会有这样的结果。

《海瑞罢官》

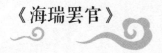

　　更让马连良想不到的是一场厄运正向他悄然逼近。一篇批判新编历史剧《海瑞罢官》的文章，被夹在"样板戏"的审查资料中间，正在京、沪两地之间传递。从 1965 年 3 月到 11 月，历时八个月，九易其稿，由上海的张春桥主抓，姚文元捉刀，名为《评新编历史剧〈海瑞罢官〉》的文章被送到北京。审阅、修改后，再带回上海。

　　1965 年 11 月 10 日，该文在上海《文汇报》上正式发表，姚文中称："《海瑞罢官》并不是芬芳的香花，而是一株毒草。它虽然是头几年发表并演出的，但是歌颂的文章连篇累牍，类似的作品和文章大为流传，影响很大，流毒很广，不加以澄清，对人民的事业是十分有害的。"等等。又称《海瑞罢官》是通过美化海瑞，达到为彭德怀翻案之目的。矛盾直指北京市副市长吴晗以及北京市委，其实质是为了打倒"党内最大的走资派"刘少奇。

　　提起《海瑞罢官》一剧，话就长了。早在 1959 年春，毛泽东在上海召开政治局扩大会议期间，要求干部不要浮夸讲假话，要向海瑞一样敢于直谏，为民请命。海瑞曾在给嘉靖皇帝的奏折中写到"嘉靖，嘉靖，家家干净"。要求干部们学习海瑞，做到"不怕丢官，不怕开除，不怕离婚，不怕坐牢，不怕杀头"的五不怕。并请明史专家吴晗在《人民日报》上发表歌颂海瑞的文章《海瑞骂皇帝》《海瑞故事》等。

　　三个月以后，在庐山会议期间，揪出了"彭德怀右倾机会主义反党集团"，但这与号召学习海瑞并不冲突。文艺界为了贯彻毛主席要求宣传海瑞的指示，开始排演海瑞戏，上海的周信芳演出了《海瑞上疏》等剧。北京市文化局领导找到马连良，希望他也出演一部关于海青天的戏，来配合宣传海瑞的大气候。

《海瑞罢官》马连良饰海瑞，裘盛戎饰徐阶（中）

于是，马连良亲自找到了明史学家、北京市副市长吴晗，请他帮忙，编一出海瑞的新戏。一是为了跟上时代的潮流，二是本身也喜欢海瑞这个人物，愿意为这个与自己同族的海青天树碑立传，马连良又一次苦心孤意地沉湎于新剧目的创作当中。

除了帮助吴晗修改剧本外，他还亲自为海瑞这个表面沉着冷静，内心热血沸腾的人物，设计了一口"黔三髯口"，黑色占六成，白色占四成。

比普通的"黪三"黑、白各占五成，显得黑多白少，这样海瑞就显得少相，不容易"起份儿"。为海瑞出场时，设计了一件藏蓝纯素帔，身长将过膝盖，头上戴一顶素绸子风帽，为的是使海瑞的形象容易接近百姓，便于他了解民情。在"公堂审案"一场中，为海瑞设计了一件"红蟒"，以绸缎不发光的反面做面，上用黑丝线绣八团墨龙，下摆海水也绣得比一般戏里的"蟒"简单，这样的服装不会显得金光耀眼、富贵豪华，使海瑞的形象显得格外端庄肃穆。

为了这出戏的唱腔设计，更是煞费苦心，直到上演前一天的夜里，还在琢磨一个唱腔怎么能唱得更完美，并给李慕良打电话，把他设计的唱腔哼给李听，要李在伴奏方面与他密切配合。他说："我的唱要是不'拱嘴'（戏班行话：自如）的话，就会影响唱和念、做之间的配合，就演不好人物。"为了纪念这个自己新创造的人物，马连良为这年出生的孙子，起名"马瑞"。

1961 年 1 月，由吴晗编剧、马连良主演的新编历史剧《海瑞罢官》终于在京公演。马连良饰海瑞，裘盛戎饰徐阶，连演数场，场场爆满。毛泽东看过之后，大为赞赏，并请马连良到中南海吃饭，称赞说："海瑞是个好人，你演得很传神，剧本也编的好，我们应该大力提倡学习海瑞这样的人。"会见之后，马连良向市委做了汇报，彭真市长为吴晗、马连良两人设便宴，向他们道喜。

三年自然灾害之后，康生向毛泽东进言："《海瑞罢官》这出戏与 1959 年的庐山会议大有关系，是把彭德怀吹成海瑞，为他鸣冤、翻案。我们批判彭德怀，他们树立海青天。这就是《海瑞罢官》剧的要害所在！"

于是在强有力的后台支持下，才有了姚文元文章的出笼。通过批判反动知识分子吴晗，找出他的"黑后台"。1966 年初期，刘少奇、彭真等人试图把对《海瑞罢官》的争论，限制在学术讨论的范围内。过了不久，彭真就被定性为包庇反动知识分子，妄图为彭德怀翻案，同时揪出了以吴晗、邓拓、廖沫沙为首的"三家村"反党集团。不久，彭真也成了"彭罗陆杨反党集团"的首领，被撤消了党内外一切职务。

完了，完了

　　"5.16"指示发表之后，"文革"风暴席卷神州大地，《海瑞罢官》成了这场史无前例运动的导火索，批判《海》剧的文章连篇累牍，铺天盖地而来。马连良明白自己将又一次陷入了在劫难逃的罗网，整天忧心忡忡。1966年6月4日下午，马连良与张君秋合演一出现代小戏《年年有余》，在剧中他扮演一个农民老汉"雷老四"。当他在后台听到广播中公开点名批判《海瑞上疏》的主演周信芳是"反革命分子"时，高呼了两声："完了，完了！"知道厄运将至，不得以地为自己近六十年的演艺生活，绝望而痛苦地划上了"句号"。

　　从这一天开始，无论是在北京京剧团、二团，还是在北京戏校，针对马连良的大字报像汹涌的潮水一般"冲"了过来，而且一浪高过一浪。马连良的主要罪名就是排演《海瑞罢官》，意在"影射现实"，"为彭德怀鸣冤叫屈"。排演《年年有余》，是与"革命样板戏唱对台戏"，是"秉承彭真意旨，与江青对抗"。戏班的人文化水平都不高，大字报的内容只会恐吓、谩骂，什么"戏霸"、"汉奸"、"反动学术权威"、"漏网大右派"等等，极尽恶毒攻击之能事，以达到把他"批倒、批臭，再踏上一万只脚，叫他永世不得翻身"的目的。

　　一天，西单报子街马宅的电门铃被人按得像"拉警报"一样，长鸣不止。本来就郁郁寡欢的马连良，被这突如其来的铃声顿时吓得心惊肉跳。幼女马小曼打开街门一看，门前站立着一群红卫兵小将，一个个身穿军装，左手臂上挂着红袖章，手持皮带和鞭子，每个人的头发都剃得很短，不辨男女，气势汹汹地直接闯进了马家的四合院。其中一个带头的对马小曼说："听说这儿住着一个名人马连良啊，把他叫出来，让我们看看！"

　　马连良战战兢兢地从后院走了出来，看见这帮捋胳臂、挽袖子的红卫兵，心里就害怕，头上顿时吓出了冷汗。"你就是马连良？我们不打你，今天来就是看看你的长相。"红卫兵对前后院"巡视"了一番之后，告诉马连良："你们家屋里摆的、墙上挂的都是'封、资、修'的东西，必须马上清除。要挂上主席像和语录，听见没有？过两天我们来检查。走！"一声令下之后，首拨进入马家的红卫兵非常有秩序地撤离了。马小曼后来评价道，这是"文革"中最"文明"的一批红卫兵，以后再来的"抄家大军"，与他们有天壤之别了。

没过两天，复内大街54号的门铃，又一次"警钟长鸣"。把血气方刚的马小曼气得直跳脚，冲出去就想和"小将"们理论。当她把大门打开之后，只见门外里三层外三层站满了红卫兵，洪水猛兽一般，黄黄绿绿的一望无际。这种场面顿时把马小曼给镇住了，她当时才真正明白"腿肚子转筋"的感觉，人一下子就迈不开步了。

外面的红卫兵分为好几拨不同的帮派，一拨人进门之后，动手抄家，其余的就在外面等着。抄完之后，贴上封条，扬长而去。下一批人再继续抄家，如此你来我往，循环往复，把个马宅整整抄了五天五夜，没有任何吃饭、休息时间，昼夜不停。马小曼和母亲一起也整整五天五夜没合眼，精神处于高度紧张的状态，全然忘了什么是饥渴、困乏。

屋内所有的站立之物，如书柜、冰箱、紫檀家具等等，全部推倒，东西堆得有一尺多厚，能拿走的全拿走，不能拿走的堆在院子中间不停地烧，烧剩下的灰土像一座死人坟墓，不停地冒着轻烟。红卫兵听说马家有国宝级的文物"碧耳金蝉"和"翡翠白菜"，就不停地翻找。箱子、柜子里找不到，他们就认定马家必有暗室或夹壁墙，于是把地板全部撬开，掘地三尺，挖墙凿壁，把个好端端的马宅折腾得鸡犬不宁，乌烟瘴气。

家居用品、文玩字画毕竟是身外之物，最让马连良心痛的是他几十年来不断收集、整理的一柜子录音资料，全部被红卫兵抄走了。这里边有他自己的得意唱段，有前辈名家的经典作品，还有他几十年演艺生涯的心得体会，都是最宝贵的艺术资料。本来准备把它整理成书，留给后人的。这些平时他最不喜欢别人动的珍爱之物，红卫兵连续听了五天五夜，一边听、一边毁，长安街上到处都飞舞着长长的褐色录音带。

"文革"进展得如火如荼，打死人的事件时有发生。剧团里也成立了红卫兵组织，他们来抄家时，找到了马家的一个小保险箱。强迫打开之后，把里面存放的公债、金条、首饰、名表等一抢而光。马家从此真正成了"家徒四壁，身无分文"。

马连良小心翼翼地从地上的"四旧"中拣起了一块乌黑发亮的原煤，把它摆在桌子上的一个小架子上，有人问还摆煤块干什么呀？他说："这是我去本溪煤矿演出时矿工们亲自从井下为我开的一块纪念品，代表着他们对我的情义，红卫兵不会把这个也当成'四旧'吧？"

此后，马连良被迫搬到"中和戏院"的牛棚里接受团里的改造。这些红卫兵中有许多是他的同事、学生，多少对马连良还有些崇敬之意。有人私下透露，让他去团里住，会有些保护作用，免受外来红卫兵可能带来的皮肉之苦。

马小曼把父亲送到"中和"楼上的一个小屋里，有两张床、一张桌子，其余什么都没有。小曼就问父亲："这地方您受得了吗？"马连良说："我在科班时什么苦没吃过？没问题。"只是神情凝重，满脸狐疑，对目前所发生的一切，有些丈二和尚摸不着头脑。没人时总问张君秋："君秋，总理当年不是说'来去自由，既往不咎'吗？他们怎么说话不算数啊？"

马连良被关在"中和"的牛棚里，不是学习，就是检讨，一切尽在别人的监视之下。团里每天派两个人负责监督他的一举一动，没有一个人敢和他说话交流。只有在义子王吟秋和义女梅葆玥"监督"他时，他才能趁别人不注意，和两个晚辈聊上一两句话。一天，他和赵荣琛走了个对脸儿，马连良见四周无人，用两个手指比划了一个夹香烟的动作。赵马上会意，赶快买了包"大前门"偷偷地递给了他，马连良心中十分感动。

每天来"中和"看大字报的人很多，许多人并未留意马连良被关在这里。一天，马连良突然听到一个略微熟悉的声音："三弟，你还好吧？"马连良回头一看，不由得一愣，原来是多年未见的堂姐夫夏玉仓。马连良急切地说："姐夫，您什么跑这儿来了？我挺好的，您快回去吧，别让人看见！"夏玉仓连忙说："我一来是看看你，二来是想和你商量个事儿。"马连良不解地说："什么事啊？您快说吧。"夏玉仓欲言又止，张了几次口都没说出来，好像十分难以启齿。马连良恍然大悟，非常理解作为一个父亲此时此刻的心情，对夏说："姐夫，我明白了，您是想让崇仁回你们那边去，对不对？"夏玉仓心情沉重地点点头，承认了。马连良坦诚地说："姐夫，您这么做对，我同意。免得崇仁跟着我受牵连。您去香炉营五条找崇仁，就说我同意。"夏玉仓的心情既满足又无奈，深情地看了马连良一眼，默默地离开了中和戏院。

我就知道人不能没良心

马连良走后，家中剩下了夫人陈慧琏、小儿子马崇恩、小儿媳冯家荣、小女儿马小曼、孙子马龙，以及照看马龙的老奶奶王道荣，还有顾桂春。

顾桂春在马家是个特殊的人物。他是旗人出身，家道落破之后，其母杨二娘在马家照顾马连良的母亲满氏。他本人生得瘦高个儿，细腰扎背，脸上有点麻子，给人一种机警、干练的感觉。成人后找不到事由儿，被马连良收留。他与马连良同年、同月、同日生，就是时辰不一样，马连良稍长，管他叫"春儿"，视如自己兄弟一般。他为马连良"跟包"，行内人称"顾二爷"。

马连良的行头房中物件堆积如山，哪一件行头在什么位置，顾桂春如同"活目录"一样，伸手就能拿到，任何人都没他清楚。对工作恪尽职守，一丝不苟。马连良也对他百般信任，在后台饮场的小茶壶总是在他手里，别人想拿他决不放手。因在旧社会时曾出现过有人向茶壶里下药的事情，据说尚小云曾聘请侦缉队退役人员作他的跟包。顾桂春时常与马连良开玩笑地说："您就比我大几个时辰，您就是角儿，我就是跟包的！"几十年来，对马连良忠心耿耿，对马家的孩子视同己出。

"文革"开始以后，团里许多人给"老团长"贴大字报，没有一个人敢说"不"字，可这顾桂春却不管这一套，见到写大字报的人后，指着鼻子破口大骂："你们这些忘恩负义的王八蛋，都他妈的忘了吃糠咽菜的时候了吧？是谁捧你们才有了今天？！是谁给了你们家救命的钱？！……我是无产阶级，我什么都不怕！我就知道人不能没有良心！王八蛋……"骂完之后，准是被红卫兵们一通暴打。回家之后，就借酒浇愁。带着酒意再去"骂战"，再被打得头破血流地回家。整个儿人就像"中邪"的精神病患者一样，疯疯癫癫的。只有马家的人知道，他心中跟明镜似的，他就是不明白，这世道怎么忽然变成了这样！

红卫兵继续如同走马灯一般在马家抄来抄去，好像没有一件东西不是"四旧"，把马家人的头脑全部搞得麻木不仁了，每天就像一个行尸走肉一般，把没让交出来的东西也都主动地送到街道居委会，好像这样就能使马家的"罪孽"减轻一些。

一天，马连良年仅两岁的小孙子马龙见红卫兵们穷凶极恶地在家里翻箱倒柜，心想一定不是好人，就拿身上的玩具冲锋枪对着"小将"们一通"扫射"。四五个红卫兵顿时恼羞成怒，大骂道："小兔崽子，你敢打红卫兵？！"拿着铜头皮带和棍子就冲了上来，马小曼见状马上扑了过去，用身子把马龙护住，大声地说："他是个两岁多的孩子，不懂事，你们不能打孩子！"在她的高声呵斥之下，"小将"们才算罢休，否则马龙的后果不堪设想。

顾桂春马上把马龙抱出了家门，一边哄着，一边说："看看顾爷爷给你带什么来了？"说着从衣服口袋里掏出了一个小苹果，让马龙开心地笑了。"文革"之中，马龙又随着父亲马崇恩看过两次顾爷爷。记得第一次，顾爷爷从枕头下面拿出了两个槟子，说："这是专门给你留的，估计你这两天该来了。"第二次看他时，他又是一脸醉意，从枕头下面摸了半天，找出了两个沙果，说："就两个沙果了，顾爷爷真拿不出手。"没过多久，这位忠诚、善良、仗义、倔强的老人，就默默地含恨而死了。

是不是快轮到我了

　　"红八月"过去之后，秋风习习，给北京城带来几分寒意，红卫兵的疯狂、亢奋劲头也减弱了几分，马连良终于被允许"下班"之后回家了。这时的马宅已经成了红卫兵的西城纠察队总部。总部设在马宅的后院，把马家成员全部赶到前院居住。马连良在"中和"经过了几个月的"洗礼"之后，人一下子变得苍老了许多，以前悠闲、洒脱的风度荡然无存。脸上也痛苦地"挂了像"，步伐明显地沉重不堪，整天一副心力交瘁的疲惫状态。

　　马连良的私家汽车是绝对不允许再乘坐了，司机刘如九也起来"造反"了，整天用汽车拉着红卫兵到处打砸抢。马连良只好每天回家时乘坐7路公共汽车从前门上车，到六部口下车，先到梅家或亲家（小儿媳冯家荣家）停留一会儿，等天黑了再由冯恩援（冯家荣之弟）陪同，走回西单自己的家。一路之上，提心吊胆，就怕被人认出来。一次在7路车上，有个观众出于好意，买了一张票递给他，说："先生，我给您打了张票。"想用这种方式表达自己对马连良的关心，可却把马连良吓了一跳，心想幸亏他没叫出名字来。

　　到家之前，先要在民族宫门前的广场上站一会儿，见女儿小曼在门口招呼他后才敢进门，表示此时后院的红卫兵正忙于"公务"，没时间注意他。进门之后，就往前院西屋里一呆，坐在一个小板凳上，脑袋在窗棂之下，这样从外面就看不到有人在屋里坐着，他觉得这样就安全一些。

　　亲家母马秀兰是个深明大义之人。有一阵子冯恩援为了看电视转播的第26届世界乒乓球锦标赛，总往报子街跑，马秀兰就对儿子说："没事别老上你姐姐那去，你亲爹家里人太多，别再添乱了。""文革"爆发之后，冯恩援和冯家美（冯家荣之四妹）都不上学了，马秀兰对他们说："你亲爹那边现在有难，咱们得尽量帮，他们现在身边需要人，我允许你们去报子街。"于是，冯恩援与冯家美开始了一段陪伴马连良夫妇的生活。

冯恩援常常陪着马连良乘坐三轮车去北大医院看病，师傅姓赭，是个典型的劳动人民。他每天出车之前与马家有个雷打不动的约定，马家有事，绝不应别的活儿。到了"文革"之中，马家人都不敢出门，但他依然信守诺言，毫无抱怨之意。赭师傅把车篷子拉下来，尽量压低，让马连良坐着安心。上车之后，一边给马连良说着宽心话，一边猛蹬三轮车。后来有人问他对马家这样好，不怕有人说"闲话"吗？他说："我就知道马连良给我们回回办了好多实事，我没见过这样的'坏人'。"

一天在看病的途中，马连良突然对冯恩援说："援儿头，我一会儿随你们家吧！"冯当时有些诧异，一时没明白亲爹的意思。到了医院一填表才明白，马连良把自己的姓改成了"冯"字，害怕大夫一叫名字，被人认出来，可就麻烦了。

如果白天不用去"中和"报到，马连良依然坚持他"遛弯儿"的习惯，手中的文明棍拖在背后，冯恩援还真有点儿追不上。一天，走到西单菜市场旁边的"公义号"商店，马连良让恩援和他一起喝杯牛奶。可能与他从小在科班的严格训练有关，不管坐在哪里，总是正襟危坐，上身保持得笔挺，给人一种在舞台上的感觉。服务员一下子就把他认出来了，焦虑而关切地对他说："马先生，您怎么还敢出来呀？"马连良喝过牛奶后，再三多谢人家的关心，匆匆地起身走了。他让恩援与他一起去洗澡，恩援说："这儿离'又一顺'近，我去看看我妈，您先去吧。"

当冯恩援来到母亲马秀兰跟前时，把她吓了一跳，以为出了什么事，急切地问怎么了，冯恩援说："没事，亲爹洗澡呢，我过来看看您。""哎呦我的主啊，没事就好。"马秀兰长叹一声，一块石头落了地，马上接着说："没事别回来，我这儿挺好，陪亲爹去吧！"那有母亲不想见儿子的，只是她知道，亲家那边更需要有人照顾，只要亲家不出事，就知感主了！

晚上，冯恩援就在亲爹的床边搭个行军床，陪他先聊聊天，然后再休息。爷儿俩聊的最多的还是戏，恩援问道："您去中南海给毛主席唱过吗？主席爱听什么戏呀？"

　　马连良说："唱过不知多少次了，都是吉祥戏，《龙凤呈祥》、《借风》什么的，主席挺懂戏的。"

　　"您觉得在那么多角色当中，您最满意哪一个，一定是孔明吧？"

　　"还行吧，大伙儿都这么说。"

　　"还行吧？全国人民都说您是'活孔明'！"

　　"我自己倒觉得乔玄更好一些，要是唱《群英会·借东风》，我来一个鲁肃到底，让富英来一个孔明到底，效果也一定错不了！"

　　"那干嘛不这么唱一回呀？"

　　"台底下不干呀，没办法。哎，再也没机会了。"马连良不无遗憾地说着，在这乱世之秋，谈起戏来好像还相对轻松一点儿。

　　好不容易能平静地入睡了，最害怕的就是半夜有人砸门。一天，后院的红卫兵半夜饿了，跑到前院不停地砸门，把马连良从安睡中惊醒，以为又是哪来的红卫兵要带他走，顿时吓出了一身冷汗，紧张得用手捂着胸口。红卫兵说："借个锅，我们要煮吃的。"一颗紧揪着的心脏，才渐渐地有所舒缓。白天的情绪紧张，夜晚的不断惊吓，脑海中没完没了的困惑与茫然，已经为马连良埋下了心脏病的"种子"。

　　一天夜里，街门之外又有人敲门，听动静不像是野蛮的红卫兵所为，马连良披上了衣服出去看看动静。门开之后，尚未看清来人的面目，此人"扑通"一下跪在了马连良的面前，满眼泪水地说："三叔，我爸爸过世了。"马连良赶快把来人扶起来，心境一下子又沉重起来，老泪纵横地简单安慰了来人几句，让他赶快离开。报丧人也非常理解马连良的处境，没呆几分钟，转身又消失在夜幕之中了。

　　这突如其来的一幕，把十来岁的冯恩援有点吓懵了，马连良见状后对恩援说："你知道来人是谁吗？他是我几十年的老朋友冯四爷（冯季远）的儿子。"马连良的心境既痛苦又内疚，老哥儿们的去世，他不但什么也做不了，甚至连让冯海山多呆一会儿的可能都没有。如果后院的那帮红卫兵知道来人是北洋政府大总统冯国璋的孙子，还不把他打死呀！

　　马连良无可奈何地长叹不已，又一个老朋友死于非命了，老舍先生也死了，听说"吉祥"那边开了"打人集会"，凡进去的就出不来，是不是也快轮到我了？近来听到太多这样的坏消息，也不知道李四爷（李秋农）、朱二爷（朱海北，著名戏剧学者朱文相之父）他们近来怎么样了，我的这些老朋友怎么全成了"黑五类"？不断的刺激与惊恐，使马连良的心脏再也无法继续支撑，已经快到了崩溃的边缘。双脚越来越肿胀，老话说，"男怕穿靴，女怕戴帽"，这已是明显的大病前兆了。

我至今不明白，我怎么了

1966 年 12 月 13 日夜。夫人陈慧琏把正在熟睡的儿媳叫醒，说："家荣，你快来看看你爸爸他怎么了？"只见马连良全身的棉毛衣裤全都湿透了，胸闷发憋。摸脉时全身冰凉，脸色极差，学医的冯家荣知道这是心脏病的前兆，马上说："妈，您把当年梅家送的日本药（类似的速效救心丹）给我爸爸含一颗，我去西单十字路口诊所请大夫！"马连良这时说想上厕所，冯家荣马上说："不要去了，就坐在屋用那个高痰筒吧，千万别用力。"

当她跑到诊所请大夫时，一问是复内大街 54 号姓马的，大夫均不出诊。她知道，这种病不能耽误，于是又央求他们借电话一用。冯家荣知道，对于宣武门内的出租汽车站来说，只要一提马家，人家全知道。因为以前经常要车，大家都熟了。如果现在他们也不出车怎么办？急中生智地对他们说："复内大街 52 号要车，姓陈，我在门口等你们。"汽车到后，红卫兵们不让马连良出门，百般央告也无济于事，冯家荣只好给他们下跪，才勉强放行。

这天夜里，马连良的女儿马力正好在阜外医院值班，冯家荣和母亲陈慧琏决定把马连良送到"阜外"。进入急诊室后，仍然全身冰凉，不断地出虚汗，心跳只有 40 跳，非常虚弱。经检查是广泛心肌梗塞，即心脏的

"文革"初期，马连良与幼女马小曼在"报子街"家中

前、后、侧壁心梗。如同猝死一般，心肌无血液供给，会引起心、脑、肾的疾病。心血管不通，心脏神经的传导也不行，非常危险。是否进行抢救，医院方面不敢做主，必须请示北京市委"文革小组"。

经批准后，院方决定成立特别护理小组，24小时由三名护士倒班，护士长和主治医生决定让马力加入到三名护士当中，为父亲进行护理工作。医生当中不乏马连良的朋友和马派艺术的崇拜者，院长也比较重视，当即由主任和主治大夫亲自参加会诊，以这种方式尽朋友之谊。

该院的黄婉教授在"文革"之前还为马连良做过体检，心电图、心脏功能等方面都没有问题，血压120/80，黄教授曾说："马先生，您的血压像年轻人一样，不像 60 多岁的老人，身体真棒！"彭真市长也曾问张梦庚："你看马先生这身体如何？还能唱多久？"张梦庚信心满满地说："至少十年，没问题！"

12 月 16 日早晨 8 点，马力为父亲做了"晨间护理"。为他擦脸，用棉签擦洗口腔等。然后医院要为他抽血，叫做"抗凝治疗"。为了化验血液中的粘度，观察是否有血栓现象。根据"抗凝"的结果，进行药物治疗。当时医院有明确分工，医生负责抽血，护士负责试表等。周大夫说："马力，你抽吧。"马力说："您抽吧，我还有事没做完呢。"

马连良在床上微合双眼，静静地躺着。针头刚一刺入他的左臂，只见马连良突然眉头紧蹙，脸上表情十分痛苦，右手一拍脑门，说了一句："怎么那么疼啊？"这一刺激可不得了，医学上称之为"猝死或心室纤颤"，人一下子就不行了。医院立即进行抢救，教授、主任全来了，用了当时最先进的仪器"除颤器"，以及心内注射等方法，大约抢救了一个小时左右，心电图的显示屏上最后出现了一条银白色的直线。马力明白，父亲已经走了。

马连良，一个只想认认真真唱戏，清清白白做人的一代艺术大师，就这样带着他的困惑、不解、诉求、疑问，凄然地离开了这一片混沌的世界。人的自由没有了，人的清白没有了，人的尊严没有了，等于什么都没有了。

夫人陈慧琏在阜外医院已整整守了三天三夜，心里不停地为丈夫祈祷，希望他能闯过这一难关，千万别出什么意外，可周围的环境不得不让她心里七上八下忐忑不安。这间病房她很熟悉，当年她与丈夫一起来这儿看过梅大哥（梅兰芳），他就是从这儿走的，陈慧琏不希望同样的悲剧在丈夫身上重演。可残酷的现实已经摆在了她的眼前，让她不能不接受，提了三天三夜的心终于"放"下了，心想温如终于解脱了。

陈慧琏先让冯恩援回家送信，并特别嘱咐："千万不要告诉春儿伯（顾桂春）。"恩援明白，春儿伯与亲爹名为主仆关系，实为手足兄弟一般，如果春儿伯知道了真相，非急死不可，至少又要借酒浇愁，然后再闹出点儿事来，就不好办了。

刚回到报子街家门口，大门突然开了，原来春儿伯正在门洞里等着呢，劈头就问："你怎么回来了？人怎么样了？怎么一直没人回来呀？我都快急死了！"恩援连忙掩饰说："没事，让我回来拿衣服。"春儿伯叹了口气，自我安慰地自言自语："拿衣服好，拿衣服好，这说明就快回家了，快回家了……"

这时幼女马小曼正在上海"串联"，儿媳冯家荣马上给她拍了电报——"父病重，速归。"马小曼见字后，急忙买了些父亲爱吃的夹心糖，登上了北返的列车。一个人坐在火车的洗手池下面，心想爸爸一定是被人打了，我出门时他还不错，怎么会病重呢？我要查出来谁打了他，就拿一把菜刀和他玩命，拼了！她非常后悔离开了北京，走前父亲还说："不要去'串联'，他们要是知道你是我女儿，非欺负你不可！"

马小曼正在血气方刚、年轻气盛的年纪，越不让去就偏要去。在这令人压抑郁闷的年代里，她不想低三下四、唯唯诺诺，只想堂堂正正地做人，如今追悔莫及。回到家后，才明白了真相。整个儿人完全处于木然的状态，一滴眼泪都没有，不能相信这是事实，好像是说别人家的事情一样，根本不能接受。

陈慧琏等儿女们都赶回北京之后，在阜外医院的休息室里开了个家庭会议，她说："我的心愿是按回教的仪式办，给他土葬，但他们不让，条件不允许，只好火化了。"红卫兵把马家的所有衣物箱子、柜子等统统封存在后院的厨房里。陈慧琏和冯家荣向他们再三央求后，才被允许进去。翻箱倒柜之后，竟然找不到一套像样的衣服。马家人在找衣服时发现，马连良原有 38 套上下一色的西服套装，抄家之后，只剩下人人不敢穿出门的上衣，而所有的裤子都不见了。最后好歹凑合了一身，就算是为马连良送别的"寿衣"了。

送行的那天，复内大街 54 号的马宅门庭冷落，没有任何人前来祭奠。马连良的弟子张学津在马家大门对面的民族宫门口，不停地徘徊踱步、踌躇不前，内心展开了一场激烈的交战。他目前的处境极其不妙，由于是业务尖子、马连良弟子的关系，在"实验团"里是重点批斗对象。红卫兵知道他唱得好，就用拳头专门打他的嗓子，使他备受屈辱。他想，如果自己

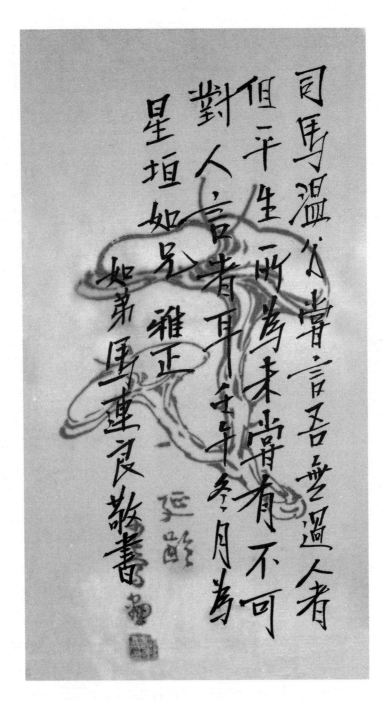

司馬溫公嘗言吾無過人者
但平生所為未嘗有不可
對人言者耳壬午冬月為
星垣如兄雅正
　　　如弟馬連良敬書

马连良亲笔书写的座右铭

马连良与弟子张学津

现在迈进了马家门，很可能被造反派抓了"现行"，回到团里轻则遭到批判，重则不堪设想。前两天马先生的干女儿梅葆玥前去阜外医院探视，据说回到北京市京剧团后就遭到了批斗。如果不进马家门，肯定能避免这些麻烦，可自己的良心能过得去吗？

与先生之间的往事一幕幕地在张学津的脑海里浮现。自从立雪马门之后，学津就长在了马家。基于与张君秋、张学津父子两代人的情意，马连良对学津倾囊相授。不论是在家学戏，出门遛弯，还是在清华园洗澡，北海公园看画展，学津时时刻刻都在汲取着马派艺术真谛，不放过每一个细节。

一天，马连良拿着一个英国"黑猫"香烟盒对学津说："用这种绛红中略带点儿黑的颜色，做蒯彻的衬褶子最合适。用在《十老安刘》第三场，外穿缃色改良蟒，这两种颜色的搭配既美观好看又符合蒯彻老而张狂的性格，但不像正红色那么刺眼，显得浮躁气盛。"他时常嘱咐学津："平时生活中要多留意，本事这东西是'闲来置，忙来用'。"

有时说完戏已经半夜，学津就从报子街马宅走回位于珠市口的"实验团"宿舍，一边走一边唱，把当天所学的戏从头到尾复习一遍。心情愉快，脚下生风，多远的路途也不觉得。今天先生的家门近在咫尺，可脚下却是那么的沉重，路途却显得那么的遥不可及。想到这里，张学津把心一横，决定今天豁出去了，挨批挨斗都认了，无论如何今天也要送马爷爷最后一程。今天不进马家的门将抱憾终身，然后他坚定地走进了复内大街54号的院门。

除了张学津外，送行的还有马连良早年的弟子王金璐、王和霖。当时的恶劣环境下，这两人能去送行，让马家的人大为感动，担心他们会因此而受到"冲击"。一家人把马连良的"埋体"（穆斯林语：尸体）放在一个绿色的铁皮盒子里，坐着一辆卡车前往火葬场。

到达火葬场后，马小曼走进了一个大而空旷的太平间，里面只有三具尸体。她掀开白布看了看父亲，头发有点凌乱，帮他理了理。见父亲躺在一个铁床上，脚下穿着一双圆口黑绒布鞋，摸了摸脚，冷冰冰的，他多冷、多硌呀！马小曼把自己的围巾拿下来，垫在父亲的脖子下面，觉得好像就好多了。她终于明白，父亲真的走了，生离死别的时候就在眼前，再也无法抑制心中的悲伤，抱头痛哭。

火化之后，骨灰被装在一个像铁簸箕一样的东西里，有人一扔就说："收走吧！"家里买了一个景泰蓝的骨灰罐，把它暂存在八宝山的一个骨灰堂内。马小曼问母亲，父亲走前留下什么话没有？陈慧琏说："你爸爸就是说：'我至今不明白，我怎么了？我为什么这样了？不明白！'"

第九章

家国春秋

一阵风留下了千古绝唱

赤壁火为江水生色增光

——选自马派名剧《借东风》（1959年版）

马温如之墓

马连良去世以后，子女们在单位里均受到了不同程度的冲击。他们的头上都带者一顶"黑帮家属"的帽子，最好的评语也只是"可以教育好的黑帮子女"，被打入了另册。无论他们在单位里工作多么努力，永远是属于内部控制使用的对象，入团、入党的要求根本得不到批准。

长子崇仁被发往京郊小汤山干校，当起了菜农；次子崇义被下放辽宁海城农村；三子崇礼被"调动"到山东张店的北镇；五子马建属于"516反党集团分子"，在河南的"五七干校"里劳动改造。干活、吃饭、上厕所、睡觉时刻刻地被人监视，彻底失去了人身自由。一天晚上，马建的心跳只有 38 跳，连躺下休息都有困难。在医生对连部、校部多次的强烈要求下，才暂停了他的劳改，把他从死亡的边缘救了回来。在难友们的照顾下，当上了被人伺候不干活的"王爷"，总算活了下来；六子崇延下放安徽淮南矿区，每天用扁担挑水要走很长的路。因为没有挑担子的经验，腰椎落下了永久的伤痛；幼子崇恩被分配到北京人民机器厂；幼女小曼毕业的前一年正赶上"文革"，中国戏校、舞蹈学校和中央音乐学院的毕业生全部被下放到天津葛沽 4701 部队农场劳动改造。由于身负"狗崽子"之名，除肉体上承受着繁重的体力劳动外，在精神上还要备受折磨。因为父亲是"反动戏霸"，又是回民，所以让小曼在农场负责养猪的工作。每天夜里伤心的时候，只能在被窝里蒙头偷偷地哭几声，艺术青春几乎被葬送。

马家被扫地出门之后，从西单的四合院搬到了和平里的"黑帮楼"。梅夫人福芝芳见陈慧琏身体多病，于是仗义相救，把她接到西旧帘子胡同的"梅宅"居住。在客厅东头用屏风隔出了比床大些的地方，算是陈慧琏的卧室，从此一住就是六年之久。梅宅上下对陈如亲人一般，让马家人终生难忘。

一天，陈慧琏拿着马连良生前珍爱的贾洪林《桑园寄子》剧照，对梅

"文革"期间，陈慧琏与福芝芳（左）在帘子胡同"梅宅"

兰芳生前的秘书许姬传先生说："温如生前搜集的艺术资料都被一而扫光了，只剩下这张照片，望许先生代为保管。"许姬传当即表示："我虽然大半个身子在牛棚里，也不保险，可愿为老朋友保管到最后一分钟。"

孙子马龙有时去梅宅看望奶奶，陈慧琏常把孙子带到梅家东屋饭厅，因为那里经常没人，说话比较方便。一次，正赶上奶奶的生日，马龙拿了几个鸭梨想让奶奶高兴一下，奶奶却触景生情想起了马家这些年的遭遇，心里觉得憋屈冤枉。在别人家里又不敢哭出声来，只得抱着孙子默默的流泪。马龙抬眼望见梅家饭厅的柱子上挂着一个古色古香的条幅，内写当时社会上难得一见的四个大字——吉祥如意。回家后查字典才明白它的含义，马龙心想，什么时候才能让奶奶吉祥如意啊？

1972年，梅夫人福芝芳对陈慧琏说："咱们得让三爷入土为安呐。"大家商议之后，决定用梅家在香山脚下万华山麓的两间房子，与香山大队置换了一块地，做为马连良的墓地。马连良的骨灰终于在他去世六年之后，入土为安了。幼子马崇恩自己找了一块石碑，把他放在岳父家的院子里，自己用锤子一点儿一点儿地在上面刻了几行碑文，不敢写上父亲的名字，只好刻上他的字，中间一行是：马温如先生之墓。

1973年，社会上不断传来"落实政策"的风声，就是把"文革"中的一些斗批改对象松绑，并退还一部分查抄物资。于是，梅夫人福芝芳、马连良的老朋友吴晓铃教授、相声名家侯宝林、马门弟子王金璐等人向陈慧琏建议，给周总理写信要求落实政策。

陈慧琏在报上看到当年神采奕奕、风度翩翩的周恩来，已经累得身体瘦弱、面带愁容了，心想怎么能再给总理添麻烦呀。大家异口同声地说，马先生是周总理从香港给接回来的，而且总理多次在公开场合对马的爱国情怀给予了高度的评价，他不会不管的。在众人的鼓励之下，由幼子崇恩执笔郑重的给总理写了一封信，希望能给马连良一个正确的评价。周恩来很快转批给了北京市委，经过一阵内查外调之后，党的政策终于得以落实，陈慧琏从此离开了居住了六年的梅宅，住进了位于和平里十四区的新家。

一定要为他恢复名誉

"落实政策"以后，马家人在生活条件上得到了部分改善，但扣在马连良头上的种种帽子尚未摘下，在政治上马家的子女仍然是低人一等，在单位里始终抬不起头来。

"文革"后期，陈慧琏与幼子马崇恩摄于梅宅院中

　　1976年秋，"文革"十年的阴霾尽扫，神州大地又一次迎来了晴朗的天空。看到四人帮被押上了审判台后，积郁在马家人心中多年的恶气终于可以一吐为快。为了使马连良在"文革"中遭受的不白之冤得以平反昭雪，也为了子女们在工作岗位上能够扬眉吐气的做人，陈慧琏虽然年事已高、疾病缠身，却又一次展开了她的"外交"攻势，为了恢复马连良的名誉而奔忙。全国政协、国家民委、统战部、文化部以及北京市文化局等，凡是与马连良生前有关的各大部委，几乎都留下了她的身影。

　　1978 年冬天的一个夜晚，北京的天空中飞舞着细细如绒的薄雪花，给人一种沁心舒畅的感觉。陈慧琏带着孙子马龙驱车前往前门饭店，马龙不解的问奶奶："咱们这是干什么去呀？"陈说："去看望一位咱们马家的老朋友、老领导，他叫彭真，他和总理都是咱们家的大恩人。总理已经去世了，彭市长在这十年中也受了很多苦，他刚刚回到北京，连家还没有呢，就要见我们，你永远要记住这位重情重义的好人。"

　　马龙想起在文革期间奶奶曾经说过，抄家以后什么都没有了，奶奶手边只有一台半块砖头大小的"松下"牌半导体。这是当年彭真市长访日归来送给爷爷的礼物，在当时可是个稀罕之物。奶奶一直把它保留在身边，说明彭市长在奶奶心中的位置是多么重要。

　　走进前门饭店里彭真的临时居所，老式的装潢摆设就像电影里上世纪四十年代的上海，给人一种复古怀旧、追思往事的感觉。等了十分钟左右，身材高大、红光满面的彭真从门外大步流星地走来，他亲切地拉住陈慧琏的手激动地说："马太太，你好啊？十多年没见了，你们受委屈了。"说完，彭、陈两人的双手不停地握着，再也说不出一句话，双方的眼里都噙着泪水。

　　心情平复之后，陈慧琏问道："彭市长，这些年您也受了不少苦吧，您去哪儿了？一点音讯都没有。""我前几年一直在山西'改造'呢，没什么了不起，他们越'改造'我，我身体越结实。邓小平不是说他还能为革命工作十年吗，我和他年纪差不多，再干十年没问题呀！"彭真的普通话略带一点山西口音，但不很严重。与同辈的老干部讲话相比，他的话语非常清晰易懂，语气中充满了乐观与坚定。对他在文革中所遭受的苦难只字不提，谈话中重复最多的语言就是："一切都过去了，咱们都要向前看，都会好起来的！"

　　彭真问马龙："你几岁了？会不会唱爷爷的戏？"陈慧琏说："不让他学戏了，让他念书吧。"彭真感叹道："这十年把咱们京剧艺术害苦了，马先生的艺术必须有人继承啊！学津他们那些学生听说都到外地去了，不知调回来没有？要让他们快回来，把马派艺术发扬光大。'文革'时对马先生

马连良珍藏的《桑园寄子》剧照，贾洪林饰邓伯道（右）

的评价是错误的，一定要为他恢复名誉，补开追悼会。到时候如果我已经被安排了工作，有事不能去，花圈一定送到。如果没有安排工作，作为老朋友，我和洁清都会出席。"会面的时间大约一个多小时，彭真自始至终都给人一种和颜悦色、春风扑面的感觉，在刮着微微寒风的冬夜里，令马家祖孙两人的心中充满了暖意。

　　1979 年 3 月 27 日，在北京八宝山革命公墓礼堂为马连良召开了追悼大会。马连良在沉冤十三载后，终于得到了平反昭雪。全国人大委员长叶剑英、人大法制委员会主任彭真、全国政协副主席庄明理、荣毅仁，以及万里、黄镇、郑天翔、周扬、夏衍等送了花圈。社会各界送的挽联、挽帐如雪片般地悬挂在追悼会场内外。其中让马家人深有感触的是半个世纪前就"捧余贬马"的大收藏家张伯驹亲笔书写的一幅挽联：媲美齐周郎，绰号名传称北马；推陈出贾派，更无人演借东风。代表着京剧界内外人士对马连良艺术成就的一致肯定。从此，马家的子女们终于可以像常人一样，挺起腰杆堂堂正正地做人，并为有这样一位优秀的父亲而骄傲。

在为马连良平反昭雪之后，许姬传先生十分郑重地把"文革"期间代为保管的《桑园寄子》剧照交还给陈慧琏，并说："不负所托，原物奉还。"在照片的背后，仍然可见当年马连良的亲笔题记：

此戏是桑园寄子，此老生是贾洪林，青衣是陈德霖，温如得此照，爱如珍宝。

人尽其才

马连良一生共有七子四女，他们分别是萍秋、崇仁、崇义、崇礼、崇政（浩中）、静敏、崇智（马建）、崇延、莉莉（马力）、崇恩及小曼。其中真正从事京剧事业的子女，只有马崇仁、马崇恩和马小曼，其他子女大多也是所在行业的骨干人才。

崇仁自幼真爱京剧艺术，一直在父亲身边工作。对马派艺术的发展，有一个全方位的了解。他学过武生、红生和老生，会的戏多如牛毛，是个行内有名的"戏包袱"。在 1956 年北京市京剧工作者联合会成立的纪念演出中，孙毓昆饰演《八蜡庙》的前部费德功，崇仁饰演后部费德功。架子花脸大家侯喜瑞看后对师弟马连良说："崇仁还是应该走花脸的路子。"马连良高兴地接着说："好啊，那就拜您吧！"从此崇仁开始了习学侯派艺术的生涯。

每天陪师父在天坛遛弯儿，喊嗓子。然后侯老给说戏。头一出学的是《失空斩》里的马谡。侯老说："我们这行不是头牌，是绿叶，但是肚子里要像油盐店，要什么有什么。许多小活要演成好活儿，按大活儿演。"说到《八大锤》中的兀术的出场亮相时，在小节骨眼儿上都要与众不同，"官中"的路子是在【四击头】后亮相。侯老说这样的兀术像傻子，不像元帅。必须在【四击头】后放铙钹的时候亮相才够"份儿"，方符合兀术这个人物的身份。

崇仁自幼一直谨记父亲的一句话，就是"艺不压身，多学、多看、多记、多问，即使不演这个角色，将来就是给人说戏也能用得着"。这句话在几十年后果然应验了。粉碎"四人帮"之后，恢复上演了传统剧目，崇仁除在前台演出外，一直兼任北京京剧院舞台监督的工作。对各个流派的代表剧目都有深刻的认知与了解，在排戏和演出的过程中，起到了"定心丸"的作用。像梅葆玖、张学津等演员上台之前，必须要求马崇仁担任舞台监督，只有这样，他们心里才觉得踏实。

自 1994 年始，李瑞环同志所倡导的京剧音配像工程正式启动。他选定了四位老先生，即张君秋、谢国祥、迟金声和马崇仁，参与并主抓此项"功在当代、利在千秋"的文化工程。从此，年过古稀的马崇仁又开始了他艺术生命的第二个春天。

他与师哥迟金声负责"音配像"的舞台导演工作，一干就是十多年的时光。"音配像"完成了四百多部作品，其中大部分他都是直接参与。由于父亲生前留下的录音资料最多，所以"音配像"中"马派"剧目占了各大流派作品的鳌头，给后世留下了珍贵的历史文化遗产。马崇仁又一次为弘扬"马派"艺术做出了自己的贡献。

在他 80 多岁时，谈起"音配像"的导演工作，他还不无感慨地说："老爷子以前教育我的话真对，现在全用上了。"有记者曾问他，如此高龄做这么繁重的工作有什么报酬时，他仅淡然一笑："要是图钱我们老哥儿几个就犯不着卖这么大力气了。剧组工作这么多年，任何人都没提出过什

《闹昆阳》马连良饰马援，马崇仁饰马洪

么报酬，讲什么条件。我们以为这是历史责任，非常光荣，责无旁贷，它将留给后世一笔无法估量的宝贵财富。'音配像'能够得中央领导的肯定，和广大观众的喜爱，我的愿望就达到了。"

解放前，马连良的其余子女都没有学戏，走上了做读书人的路，并且都学有所成。次子崇义解放初去"鞍钢"工作，从基层财务做起，一直干到鞍钢第一出轧厂的总会计师，一生奉献给了祖国的钢铁事业。

三子崇礼自幼喜欢动手动脑，给他的玩具基本上没有一个不被"肢解"的，人送外号"拆三爷"。不管是旧闹钟，还是废收音机，经过他的手后，常常能废物再利用，此爱好后来变本加厉。高中后考入青岛医学院，1953年毕业，在青岛医学院附属医院胸外科工作。手术台上经常一站七八个小时，是当地著名的外科医生。家人与之开玩笑说："您现在不拆东西了，改'拆人'了！"他的夫人李元和也在青岛医学院，主教组织胚胎学。"文革"期间，林彪搞"沿海医院内迁"，把医学院搬到了张店附近的北镇，现名滨州市。从此，夫妻两人开始了两地分居的生活，事业上也备受阻碍。粉碎"四人帮"后，两人才被评为副教授。

四子崇政在上海读东吴大学，解放前夕乘最后一条轮船离开上海前往香港。上世纪五十年代，以"马力"为艺名，从事电影工作，是当时香港影坛的英俊小生之一。当时香港电影界不太景气，他与李翰祥等八人结为盟兄弟，共同打拼。最艰苦时，八人只有一套西装，谁有"外事"活动谁穿。邵氏影业公司常常需要前往日本拍戏，崇政在此期间以超人的速度学会了日本语，还认识了日本姑娘村山圣子，并结为连理。

他在日本的经历对他日后在商界的发展起到了重要的作用。后来，日本鹿儿岛举办世界博览会，香港馆的主题是宣传中华饮食文化，从此开始了与香港美心集团伍氏兄弟的合作。进军商界，改名马浩中，进而成为"美心"的股东之一。后又与伍氏合作开办雅达旅行社，代理世界超级邮轮"皇家之星"号中国段的业务，在香港旅游业赫赫有名。中国改革开放后，成为海外旅行社进入内地市场的"拓荒牛"之一。为推动内地旅行社与海外市场的"接轨"不遗余力。

五子马建解放初期在广州中南军区歌剧团工作。由于该团在全军当中水平比较高，除能演歌剧外，还能演出各种地方戏，如豫剧《花木兰》、湖南花鼓戏《刘海砍樵》和汉剧《借靴》等，因此于1954年6月调到北京，组建解放军的总政文工团。"南下"期间，马建患上了严重的关节炎。在1956年赴朝慰问演出之后，回京后已经无法走路，被评为"先进一等奖"。

1959年转业到了广播艺术团工作，一直干到离休为止。在地方工作期间，马建一直秉持部队的工作作风，即"革命战士像块砖，哪里需要哪里搬"。以服从命令听指挥为天职，干过秘书、接待、剧务、灯光、仓库等工作。有人曾对他说，让你父亲跟领导上打个招呼，你的工作环境一定会有很大改善。可惜马氏父子在"关系学"方面的确少了根筋，除了"凭本事吃饭"外，其它手段一概不懂。编入中央台电视剧制作中心后，参与了多部大型电视连续剧的制片工作，是《西游记》、《水浒传》、《三国演义》等名剧的"功臣"之一。

六子崇延1952年考入北京大学生物系，这时父亲马连良已经回到北京，家中的生活条件也随之大为改善了。每月父亲给他20元钱，在同学中已经是明显的"大户"了。不仅能够时常请生活条件较差的同学吃饭，而且还抽上了"恒大"牌香烟，一包香烟没两天就被"蹭"光了。由于人际关系好，团组织想发展他入团。一天团委成员找他谈话，让他说说这些年是"谁培养了你，你对这种培养的感受"。马崇延也如同其父亲一样，对政治极不敏感，理直气壮地回答说："我父亲培养了我！"团委成员一怔，问道："怎么是你父亲呢？应该是组织上嘛！"马崇延认真地说："我爸爸给我交学费、书本费、饭费，管我穿，管我用，当然是他培养了我。"这种回答让团委成员哭笑不得。

崇延于1956年毕业，留在北大任科研助教，作为植物生理学教授曹宗巽的助手，研究"小麦幼期对磷的吸收"等课题。"反右"运动开始后，他被划为"反右不太积极"的分子，这些人的下场就是支援外地高校。被指派到合肥师范大学，主教"植物生理学"。1964年"四清运动"后，再次被发往淮南市十四中学任生物教师。"文革"结束后，被评为高级教师，

马连良与六子马崇延、三女马力摄于西单家中庭院

并担任淮南生物学会理事长。由于说话直率，敢向各级政府提意见，被推举为市、地区及省人大代表。在安徽省人大中，有"马大炮"的雅号。1988年调到天津教育学院，主讲教育学，直到1992年退休。

幼子崇恩自幼聪慧过人，备受父母亲的宠爱，可以说是"要星星不给月亮"，京剧界无人不知这位"马小弟"。哥哥、姐姐见父母溺爱小弟有些过分，就多次劝说，可母亲陈慧琏却认为"小树不管自然直"。

马小弟长大后，聪明程度超乎常人，只有他有兴趣的事情，稍加注意，就能学个八九不离十，做事情完全凭兴趣。喜爱相声后，很快就能自编、自导、自演；他的相声表演已成为当时游园会中不可或缺的节目之一。儿子马龙刚上小学一年级，说学校开联欢会让个人出节目，他一夜之间就写了一段相声《讲卫生》，马龙从此懂得了什么是"三番四抖"的相声术语。喜爱书法后，无论钢笔、毛笔，字体风格独特，秀逸而有风骨；喜爱烹调后，既能做母亲偏爱的淮扬风味，又能煮父亲喜欢的清真菜肴。

马家还能开正宗的俄式大菜、西餐筵席。从原料准备，到主理完成，皆由其一人负责。一项被旁人看来异常繁琐的工作，在他一边说笑、一边玩的时候，已经轻松地搞定了。餐饮界专业人士均对马小弟惊为天人，因为他完全是无师自通。

玩是他的长项，以上几种特长只要是让他玩着干，一定干得出类拔萃，而且能玩出彩来，这正是他追求的境界。京剧界什么都喜欢评出"四大"，除了"四大名旦"、"四大须生"、"四大名爹"、"四大名妈"、"四大名妻"之外，还有"四大名少"。他们都是当年能玩出彩的梨园子弟，即李小春、梅葆玖、谭元寿和马崇恩。

高中毕业后，马小弟喜欢上体育了，考入体育学院。不久，又喜欢上了京戏，热爱马派艺术。马连良见他生得人高马大，根本不是继承自己衣钵的材料，不同意他学戏。马连良认为他文章写得好，又懂戏，希望他能拜香港剧评家沈苇窗为师，从事戏剧评论工作比较合适。可他正在"痴迷"的时候，谁的话也听不进去。

每次马连良在家给弟子冯志孝、张学津、张克让及义女梅葆玥等说戏时，马小弟就在一边旁听。弟子们尚未学会要领时，马小弟已经能够把全部过程丝毫不差地走下来了，这一点让父亲马连良也不得不服他。只好同意让他上弟子梁益鸣的"鸣华"京剧团去工作。到了"鸣华"后没多久，他已经可以给团里排戏了。

最令马连良哭笑不得的是马小弟"偷艺"的本事。1960年时，马连良兴高采烈地投入了排演新戏《海瑞罢官》的工作，每天在家中与有关编、导、演探讨《海》剧的场子、调度、唱腔、服装等等，忙得不亦乐乎，让他万没想到的是身边有一位"鸣华"的"卧底"。马小弟到剧团后，也紧锣密鼓地为梁益鸣排了一出《海瑞罢官》。从剧本到舞台，宛如"马连良亲授"的一般，鸣华京剧团与北京京剧团同时贴出了《海瑞罢官》的海报，此事顿时震动了京剧界，马小弟之才不可小觑。

"文革"之后，在何贤的帮助下，马小弟赴香港定居，从事商业活动多年。发现自己喜爱的还是京剧艺术，从商不过是谋生手段罢了。于是在

马连良与幼女马小曼

香港与众多内地来港的京剧演员组织了"燕京京剧社"，并出任导演及演员，该剧社还曾在台湾和日本等地做了巡回演出。在港期间，马崇恩被香港电台及香港中文大学等机构聘请主讲京剧及相声等传统艺术。到了1990年，又被台湾的陆光剧团、国光戏校、复兴戏校等聘为教师，主教京剧。

　　长女萍秋长期任家庭主妇，后在白塔寺茶叶店工作直到退休。次女静敏在香港定居，也是一名家庭主妇。三女马力一直在阜外医院工作，后任内科病房护士长之职，直到离休。

幼女小曼是马连良的所有子女中最小的。父亲马连良在解放之后，看到唱戏的地位大为提高，成为了文艺工作者，再也不是任人欺负的"下九流"了，才同意她报考中国戏曲学校。在戏校期间，小曼学习的是刀马旦专业，能文能武，唱做繁重，是不可多得的全才演员。

1972 年被分配到湖南京剧团工作，曾参与多出样板戏演出，在《杜鹃山》中出演主角柯湘。小曼身材高挑，当地男演员普遍比较矮小，与之配戏非常困难。"文革"之后，在黄镇同志任文化部长期间，把她从湖南调回北京，加入中国京剧院四团，除演出本工戏《穆柯寨》等剧目外，还为师姐杨秋玲、张曼玲等配戏。同时，又向梅葆玖等老师学习梅派艺术，艺乃大进。《穆桂英挂帅》、《宇宙锋》等梅派名剧是她的拿手好戏。特别是《四郎探母》中的萧太后一角，小曼演来惟妙惟肖，熔梅、尚两派于一炉，从扮像到演技，堪称一绝。特别是萧太后下场时，后背上都有戏，蟒袍的下摆能左右摆动，以示萧当时的心绪不宁之意。每演到此时，台下必有热烈掌声。观众都说，能有如此效果，绝非一日之功，这个角色非她莫属，目前尚无出其右者。

退休后，全力辅佐夫婿"京胡圣手"燕守平的工作，为燕守平事业上不可稍离的人物。每次燕守平举办京胡音乐会，所有幕后工作皆由小曼负责总提调。从曲目策划到演员的约请，从赞助的提供到酬劳的发放；从交通的安排，到舞台的布置等，比以前的经励科本事还大。除此以外，小曼每年都在全国各大院团和艺术学院之间不断奔波，为培养京剧青年演员尽职尽责、不遗余力。

天堂里的花园

　　2001年，在马连良诞辰100周年之际，在朱镕基总理的关怀和批示下，由政府出资为他重新修葺了墓地。香山脚下，万华山麓，在苍松翠柏的掩映之下，灰色花岗岩的墓墙中间，镶嵌着一座伊斯兰风格的黑色墓碑，中间的五个金字"马连良之墓"在阳光的照射下，熠熠生辉；碑的下端是他的生卒纪年：1901—1966；碑的上端镌刻着金色的阿拉伯经文：天堂里的花园。在马连良墓地的旁边是与他合作多年的同事周和桐、任志秋及高足言少朋的坟墓。在梅兰芳和马连良墓之间，有"京胡泰斗"徐兰

2001年重新修葺的马连良墓园

沄和老生名家王少楼的墓地，万华山麓已经成了一座著名的"梨园公墓"了。时常有行山锻炼的人士在梅、马墓地歇脚，有戏迷不无感慨地说："这山上的几位要是唱一出，那绝对是'超一流'的水准，真是'此曲只应天上有'啊！"

再版后记

　　我的祖父马连良早在 1948 年于上海演出期间，就曾有出版他个人传记《温如集》的想法，后来又委托他的好友国画大师张大千题写了书名，由剧评家沈苇窗先生做案头工作。希望通过对他四十余年经历的描写，把他的艺术人生做一个良好的总结。内容既涉及艺术，又触及生活，图文并茂，洋洋大观。由于历史的原因，《温如集》未能付梓，但沈先生后来每每提及这项计划都十分兴奋。

　　在 1974 年 "落实政策" 以后，我家搬到和平里十四区居住，在那里我曾有幸接触过尚小云、李万春、叶盛兰、张君秋等京剧泰斗，从他们的口中听到了不少有关祖父的故事和梨园界的奇闻轶事，使我对京剧前辈艺术家们有了一个鲜活的、生动的、立体的了解，并被那些生动有趣的梨园掌故所吸引。

　　1981 年夏季，我的祖母陈慧琏曾希望通过她口述，欧阳中石先生记录并整理的方法，将祖父出版年谱的心愿完成。不料，当年 10 月祖母突然病逝，使编写年谱之事无法进行，欧阳先生称之为 "一大憾事"。

　　上世纪九十年代，我移居香港后，与研究马派的专家沈苇窗先生多次见面，了解了许多祖父的往事。每当我对有些往事有疑问时，常常向在香港的姑姑马静敏请教，姑姑也就滔滔不绝给我讲了不少家里的故事。一天，姑姑拿出不少她珍藏的祖父照片让我看，想不到四五十年前的老照片，被姑姑保存得十分完好，宛如一幅祖父在民国时期的风情画卷，生动传神地展示在我的面前。姑姑语重心长地对我说："我看呀，咱们家这点儿事，以后就靠你了。"

自从电视剧《大宅门》开播以后，我的大伯父马崇仁基本上每播必看，问其原委时他说："这里面讲得好像就是咱们家的事儿。"因此我也萌生了把祖父的故事写出来的念头。

祖父一生襟怀坦荡、光明磊落，"认认真真唱戏、清清白白做人"是其毕生经历的写照，为世人所称道。友人向他索要手迹时，他经常书写的文字就是："司马温公尝言，吾无过人者，但平生所为未尝有不可对人言者耳。"我想这既是他人生的座右铭，又可以作为我撰写他的传记的宗旨。如果用两句简单的话概括祖父的一生，我想应该是"轰轰烈烈的艺术成就，坎坎坷坷的生活历程"。

有关祖父马连良艺术成就方面的文章书籍已有很多，笔者做为马家的后人，对祖父的认知与了解与社会人士的角度不同。2006年是祖父诞辰105周年暨逝世40周年，我决定写一个我所了解的马连良。通过对他一生坎坷经历的描写，衬托出他所创造的艺术成就是多么得来之不易，以表达对他老人家的缅怀和思念。感谢团结出版社，《我的祖父马连良》于2007年初正式出版。使我始料未及的是此书收获了极大的反响，此后的三五年间，一直受到各方媒体的热切关注。我想，祖父在天之灵当含笑矣。

随着互联网时代的飞速发展，信息媒体日新月异，很多过去很难找到的资料大量涌现，有关祖父马连良的许多艺术资料也不断出现，说明守护和珍爱传统艺术资料的有心人也是传承有序源源不绝的。特别是上海李世强先生编著的《马连良艺事年谱》一书的出现，对祖父大半生的演出时间、演出剧目、演出评论等艺术资料做了精准详实的记录，是研究祖父马连良的不二法门。

在这些资料的基础上，我近期又对祖父的艺术人生进行了进一步的梳理，力求达到纠正谬误还原本来的目的。同时，加强了对马派艺术发展脉络的描写，希望通过此次《我的祖父马连良》修订版的发行，能够使本书成为全方位了解、认知京剧艺术大师马连良的传记。

在本书创作期间，笔者对家人马崇仁、马建、马崇延、马力、马崇年、马崇禧、马小曼、冯家荣、冯恩援、王椿立等进行了采访，并作了详尽的笔记。在北京、上海、香港等地的图书馆里，查阅了有关祖父马连良的大量资料。同时还走访了京剧研究家吴小如、刘乃崇先生，京剧名家罗蕙兰、萧润德，马家的世交吴崇仁夫妇、马门弟子迟金声、张学津，搜集了难得的素材和珍贵的图片。在本书初步成稿后，又由孙侃、冯恩援、崔岱远先生进行了初步修改，画家郑希成先生为本书绘制了精美的插图。十年飞逝，如白驹过隙。时至今日，以上诸位之中有些已经仙逝，但他们给与我的帮助和支持，本人一直铭记在心。值此之际，笔者再次对上述人士表示衷心的感谢。此次再版，又蒙著名书法家马铁汉先生为本书题写宋诗，笔者在此一并感谢！

马龙

2017 年 8 月 9 日于京华古历轩